JN232449

戸原四郎 著

ドイツ資本主義
戦間期の研究
German Capitalism in the Inter-War Period

桜井書店

目　　次

図表目次　v

序　章　第一次大戦前のドイツ資本主義 …………………………………3
第1章　第一次大戦とドイツ資本主義 …………………………………29
　第1節　戦時体制とその破綻 …………………………………………29
　第2節　戦後危機と体制の再編 ………………………………………43
　第3節　インフレの昂進と経済の破綻 ………………………………60
第2章　相対的安定期のドイツ資本主義 ………………………………79
　第1節　概観——問題の所在 …………………………………………79
　第2節　産業の合理化 …………………………………………………89
　　　化学工業　93
　　　鉄鋼業　104
　　　機械工業　110
　　　繊維産業　117
　第3節　合理化の限界 …………………………………………………123
　　　労働問題　124
　　　農業問題　129
第3章　世界恐慌とドイツ資本主義 ……………………………………145
　　　——1931年のドイツ銀行恐慌——
　　　銀行恐慌の背景　146
　　　銀行恐慌への道　149
　　　銀行恐慌の後始末　156
第4章　ナチス体制下のドイツ資本主義 ………………………………163
　第1節　概　　観 ………………………………………………………163

　　　　ヴァイマル体制下のドイツ経済　163
　　　　ナチス体制の成立　172
　　　　ナチス体制下のドイツ経済　180
　　　　むすび　191
　　第2節　労働政策 ……………………………………………195
　　　　ヴァイマル体制下の労資関係　195
　　　　ナチス労働体制の形成　206
　　　　ナチス労働政策の展開　214
　　　　むすび　229
　　第3節　農業政策 ……………………………………………230
　　　　ヴァイマル体制末期の農業政策　231
　　　　ナチス農業政策の展開　235

編者あとがき　工藤 章・藤澤利治　255

人名索引　263

事項索引　265

図表目次

序章
- 図 0-1　イギリス・ドイツ・アメリカの工業生産と輸出（1825〜1913年）　8
- 表 0-1　産業別就業者数（1882〜1907年）　16
- 表 0-2　農業経営の規模別構成（1882〜1907年）　17
- 表 0-3　鉱工業経営の規模別構成（1882〜1907年）　19
- 表 0-4　鉱工業経営の規模別・部門別の労働力数（1907年）　20-21

第1章
- 図 1-1　ドイツの戦費金融（1914〜18年）　34
- 表 1-1　ドイツの部門別労働者数（1914〜18年）　38
- 表 1-2　ドイツの部門別生産指数（1914〜18年）　40
- 表 1-3　ドイツの大手企業の収益状況（1913年度, 1915年度）　41
- 表 1-4　戦前の全国値に占める割譲領域等のシェア　54
- 表 1-5　戦後内閣の変遷（1918〜25年）　58
- 図 1-2　総選挙における各党の得票率（1919〜28年）　59
- 表 1-6　ドイツの国家財政収支（1919〜23年度）　61
- 図 1-3　ドイツの経済指標（1918〜24年）　62

第2章
- 図 2-1　ドイツの経済指標（1924〜30年）　82
- 表 2-1　ドイツの設備投資額（1924〜29年）　84
- 表 2-2　ドイツ鉱工業の部門別構成（1907年〜20年代中頃）　88-89
- 表 2-3　ドイツ鉱工業の設備投資（1924〜28年合計）　90-93
- 表 2-4　主要諸国の化学工業の生産額と輸出額（1913〜29年）　94-95
- 表 2-5　IGの売上高と研究開発費の構成（1928年）　97
- 表 2-6　主要諸国のタール染料の生産と輸出（1913〜29年）　98
- 表 2-7　主要諸国の窒素生産量（1913〜29年）　100-101
- 表 2-8　IGの売上高の推移（1926〜32年）　100
- 表 2-9　IGの収支状況の推移（1926〜32年）　102-103
- 表 2-10　合同製鋼の株式等の配分（1926年5月）　105
- 表 2-11　ドイツ鉄鋼業の生産集中度（1929年）　106
- 表 2-12　合同製鋼の各独占体内でのシェア（1926年, 1929年）　106

 表 2-13 合同製鋼の設備投資（1926〜31年） 107
 表 2-14 ドイツの圧延製品の生産と輸出入（1913〜32年） 108
 表 2-15 主要諸国の機械の生産額と輸出額（1913〜31年） 112
 表 2-16 ドイツ機械工業の展開（1913〜31年） 114
 表 2-17 主要諸国の電機工業の生産と輸出（1913〜29年） 115
 表 2-18 ドイツの乗用車生産（1929年） 117
 表 2-19 繊維産業の生産と輸出入（1913〜32年） 122
 表 2-20 失業扶助事業の収支（1924〜27年） 126
 表 2-21 組合の系統別人員数（1928年末） 128
 表 2-22 農産物の品目別生産額（1927/28年度） 130
 表 2-23 地帯別・経営規模別の農業負債（1928年7月現在） 133

第3章
 図 3-1 ドイツの経済・金融指標（1928〜32年） 150

第4章
 図 4-1 総選挙における各党の得票率（1928〜33年） 170
 表 4-1 労働協約の内訳（1929年初頭） 197
 図 4-2 労働経済指標（1924〜32年） 199
 表 4-2 系統別の組合員数（1931年末） 200
 表 4-3 失業と雇用の動向（1933〜34年） 216
 図 4-3 労働経済指標（1933〜39年） 218
 表 4-4 実収賃銀指数（1933〜39年） 224
 表 4-5 世襲農場の分布（1933年，1938年） 238-239

ドイツ資本主義

― 戦間期の研究 ―

序章　第一次大戦前のドイツ資本主義

　第一次世界大戦前のいわゆる古典的帝国主義は，一連のヨーロッパ諸国を巻き込みつつ二分する形で展開されたが，それを推進した基本的な動力は，列強の勢力圏をめぐる国際的な対立にあった。周知のように世界は19世紀末までに主要諸国の勢力圏にほぼ分割されつくしたが，このあと積極的な対外進出をつづけたドイツはその再分割による拡張を要求し，逆に広大な勢力圏をもつイギリスその他の諸国はその要求を拒否して現状維持をはかり，この両者の対立が国際的緊張を激化していったのである。そしてこの国際政治の次元での対立は，窮極的には各国資本主義の構造的な差異に規定された経済的な対立に基礎を有したが，その構造的差異そのものは，各国の資本主義的発展のうちに形成され定着したものであった。そこで以下では，さしあたりドイツについて，その資本主義的発展の特質からみてゆくこととしよう。

　ドイツが本格的に資本主義化しだしたのは，イギリスよりかなり遅れて，19世紀の30年代以降のことであった。むろんそれ以前にも，資本主義化の前提をなす商品流通の拡大は漸次に進行したし，それにつれて旧来の小生産者を基礎にした社会構造も徐々に弛緩し，ことに19世紀初頭のナポレオン戦争はその過程を強力に促進しはした。だがそれでも，商品経済がなお未発達であったことを反映して，この戦争のあともドイツでは34の邦が併立し，これら諸邦が個々に張りめぐらす関税障壁がまた全国的な商品流通の展開を阻害したのであって，こうした状態が当分はつづくありさまであった。この障害を克服するものとして，紆余曲折のあげく1834年にドイツ関税同盟が発足し，その内部では域内関税の撤廃によって経済的統一が政治的統一に先立って達成されたが，その直後には鉄道の建設も開始され，以前とは比較にならないほどの大量の商品輸送によって，商品経済は格段に深化することとなった。これによって，一方では商人その他の手中に資本が蓄積され，他方では農

民・手工業者などの旧中間層が没落して無産労働者化するようになり，この原始的蓄積をつうじて産業資本が成立するための条件も整備されていった。こうして，1848年の革命によるブルジョア的変革のあと，1850年代には世界的な好況を背景にドイツでも企業勃興期が訪れ，ここに産業資本の段階が成立をみるにいたったのである。

　しかし，後進資本主義国のつねとして，ここで成立したドイツの産業資本は，先進国イギリスのそれとは種々異なる特質を帯びざるをえなかった[1]。周知のようにイギリスでは，18世紀後半以降の産業革命によって，綿工業を中心に産業資本が機械制大工業としていちはやく確立し，これは圧倒的な競争力にものをいわせて，国内市場だけでなく国外市場をもますます広汎に制圧しつつ順調な資本蓄積をつづけていった。これによって先進国イギリスは文字どおり「世界の工場」として，綿製品を中心とした資本主義的工業品の輸出を拡大しつつ，見返りに資本主義化しにくい原料・食糧農産物の輸入を拡大し，逆に後進諸国はこの貿易関係によって商品経済にますます深く巻き込まれつつ，多かれ少なかれ農業国の地位につかされるという，イギリスを頂点とした農工間の国際分業に基づく世界経済の構造が定着していったのである。この構造のもとでイギリスは，産業資本の蓄積につれて国内の階級関係をしだいに整理し，資本家・地主・労働者の3大階級からなる純粋な資本主義社会に接近する方向に進むことができた。ところが後進資本主義国では，その新興産業資本は上記の構造のもとで先進国の圧倒的な競争にさらされることになったから，この競争に耐えて発展しうるためには，自国の在来の生産力に頼るのではなく，これとは隔絶した先進国の既成の高度な生産力水準を一挙に導入し，当初から大規模な機械制大工業として発足する以外になかった。

　だがそうなると，企業の所要資本額は当初から巨額に上り，往々にして個々の資本家の個人的な蓄積の範囲を上回ることにもなるから，これらの個人的蓄積をある程度社会的に集中して大資本にするためには，株式会社の形式が早期に採用されざるをえなかった。生産力の自生的展開によって資本蓄積が進行したイギリスの場合には，産業では個人企業（数名の共同出資によ

るパートナーシップを含む）が支配的であったが，ドイツの場合には，1850年代の企業勃興期にすでに株式企業が主流の座を占めざるをえなかったのである。そして同様の事情から，銀行制度においても，ドイツはイギリス型の商業銀行ないし預金銀行とは異なって，それ自身株式によって調達した多額の自己資本に基づいて長期の貸付や株式の引受けなどの産業金融に重点を置く，いわゆる大陸型の銀行ないし信用銀行が主流をなすこととなった。このような資本調達機構をつうじて，ドイツでは綿工業においても株式大企業が中枢の地位を占めたが，しかしこの部門はイギリスの絶対的な優位のまえに発展を制約されたから，いきおい鉄鋼その他の重工業が国内産業に占める比重を高め，ことにその中心地としての地位を築きつつあったルール地方では，比較的少数の株式大企業が銀行の緊密な金融的支援のもとに急速な発展を開始したのである。

　しかし反面，前述の事情は，資本の原始的蓄積の基礎をなす直接的生産者の生産諸条件からの分離，つまり無産労働者層の形成をいちじるしく不徹底にした。新興の産業資本が従来の生産力とは隔絶した高度の有機的構成をもって発足したことから，その労働雇用力は相対的に小さく，農民・手工業者等の旧中間層は没落しても容易に工場労働者としての雇用先を見出すことができず，生活水準を切り下げてでも以前の地位にしがみつく以外になかった。もちろん資本の有機的構成が高度化しても，それを上回るテンポで産業資本が蓄積されれば，雇用量は絶対的には増大するし，実際にもその傾向は見られはしたが，しかし大口の雇用先である繊維産業等では，世界市場をイギリスに制圧されていたり，また国内では低賃銀を武器にした小生産者の頑強な競争がつづいたりしたから，産業資本の蓄積そのものが制約され，雇用拡大のテンポも緩慢化せざるをえなかったのである。このため産業予備軍が大量に累積したが，このことは労働者の賃銀水準を圧し下げ，国内市場の拡大を妨げたばかりでなく，旧来の社会関係の解体・整理をも遅らせて複雑な階級関係を残し，ひいては地主その他の旧勢力の政治的・社会的発言力を温存させる結果ともなった。19世紀中葉のドイツでは，経済的には西部を中心に産業資本が勃興し実力をたくわえつつあったが，政治的には東部のユンカーを

中心とした大地主層が依然として圧倒的な勢力を保ったのである[2]。

　このことは経済政策の面にも反映した。イギリスの場合とは逆にドイツでは，地主等がイギリスへの農産物の輸出とそこからの安い工業品の輸入を拡大するために自由貿易を要求し，これがイギリスとの競争に悩む産業資本の側での保護関税の要求を圧倒することとなった。もっとも地主等もその要求をストレートに貫徹できたわけではない。彼らの自由貿易の要求は以前から唱えられながら，これがすぐには実現されず，逆に産業資本が勃興した1850年代には資本主義的工業品にたいする育成保護関税が強化されさえもし，自国産業資本がある程度の競争力をつけた60年代になってはじめて，国際的な自由貿易運動の潮流を背景にようやく自由貿易への接近を達成しえたのである。このことは，一見強力な政治力をもつ地主等の要求も結局は国内の経済関係によって制約されざるをえないことを端的に示しているが，そうなればまた後進資本主義国の場合には，保護貿易にせよ自由貿易にせよ，ともに徹底しえずに中途半端に終わるしかないことをも物語るものといえよう。

　このように後進国ドイツの産業資本は，先進国イギリスのそれに比して，階級関係を整理し純化するという展望をもちえない奇型的なものにならざるをえなかったが，ともかくもその発展につれて，政治的統一という残された課題を達成する条件も整備されていった。こうして，ビスマルクの支配するプロイセンは，1866年にオーストリアを破って北ドイツ連邦を結成し，さらに71年にはフランスとの戦争に勝ってドイツ帝国を建設し，ここに政治的宿願を成就するにいたった。こうした経緯から当然に，新生ドイツ帝国はプロイセン邦のいわば拡大版であり，後者の国王が前者の皇帝を兼ねることに象徴されるように，後者を基底とした前者という二重構造が築き上げられた。それは財政的には，貧弱な間接税しかもたない帝国が豊かな税源をもつ邦に制約される関係として，また政治的には，普通・平等・直接選挙によって資本家階級やのちには労働者階級の進出を許した帝国議会が，依然として不平等・間接の三級選挙制によってユンカーの牙城をなしたプロイセン邦議会によって種々制約される関係として，表面化することともなった。それはともかく，この戦勝によってドイツは，フランスからアルザス・ロレーヌを併合

し，さらに50億フランもの賠償金を獲得したが，それらはフランスの反ドイツ感情をかきたて，これ以後，両国の関係を決定的に悪化させたばかりか，広く国際政治全般に深刻な対立を生み出す契機ともなった。このような政治上のデメリットはありながらも，ドイツ経済にとっては，アルザスは大陸随一の綿工業地帯として，ロレーヌはのちの主要鉄鋼業地帯として，ともに重要な意味をもったし，また巨額の賠償金の流入は，ドイツの金本位制への移行を可能にしたほか，さしあたりは投資資金を潤沢にし，戦後ブームを加速する主要な要因として役立った。70年代初頭のドイツでは，証券市場の活況に支えられて，各種の大規模な建設・建築活動や産業企業の新設・拡大が活発をきわめ，前回の50年代を上回る規模で2度目の企業勃興期が訪れたが，ここにのちの経済発展のための基盤は格段に強化されることとなったのである。なおこれと似たことは，フランスを除く他のヨーロッパ大陸諸国でも多かれ少なかれみられたし，さらにアメリカでも南北戦争後の勃興ブームがみられた。

　このように一連の後進資本主義国は当時急激な経済発展をとげたが，このブームは1873年に入ると，金融の逼迫から激烈な反動恐慌を迎えて中断されるにいたった。なおこの間イギリスは，後進諸国への輸出の拡大につれて景気の上昇をみながらも，いまだ活況をみないうちに諸外国の恐慌のために景気後退を迎え，パニックこそまぬがれたものの諸外国と同様に不況に陥った。従来は先進国イギリスの景気循環が世界の景気動向を規定してきたが，今回はその点に変化が生じたわけである。そればかりでなく，従来とは異なる新現象として，イギリスをはじめとしてヨーロッパ諸国は，この73年恐慌のあと90年代中頃までの20年余にわたって，大不況（Great Depression）と呼ばれる長期の慢性不況に見舞われることとなった。もちろんこの間にも景気の一進一退はあり，70年代末と80年代末とには景気の上昇もみられはしたが，しかしいずれも活況にはいたらないうちに短期に崩壊し，慢性不況基調がつづいたのである。このほか，ヨーロッパでは当時いわゆる農業恐慌も併発した。これは直接には，南北戦争後の復興によってアメリカの穀物輸出余力が増大し，鉄道・海運業の発達も加わって安い穀物がヨーロッパに大量に流入した

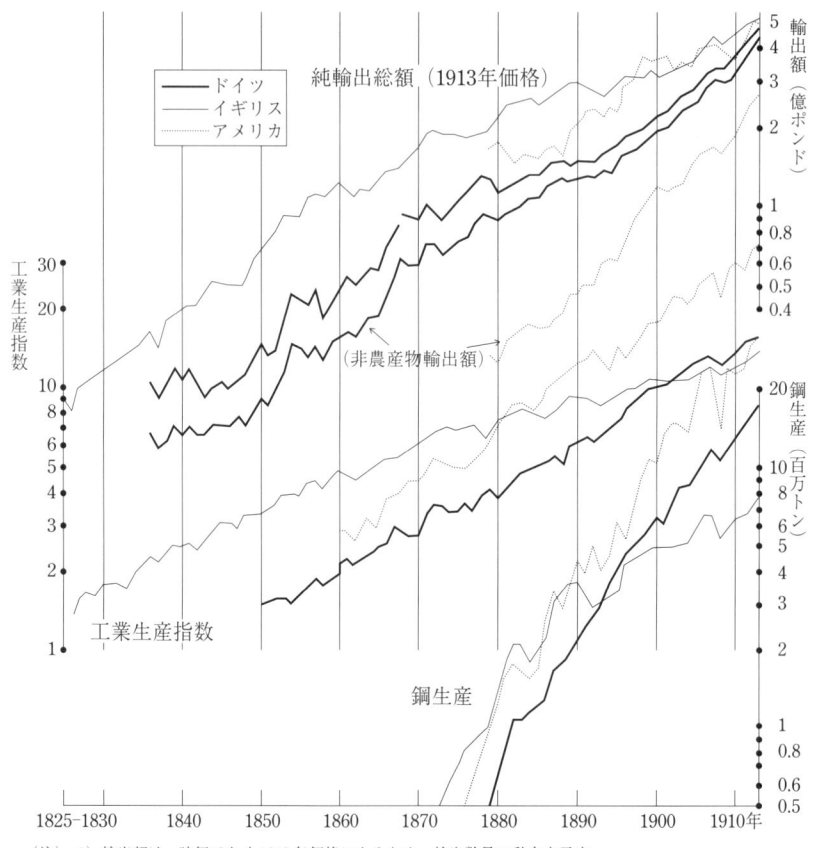

図 0-1　イギリス・ドイツ・アメリカの工業生産と輸出（1825〜1913年）

(注)　1) 輸出額は，時価でなく1913年価格によるため，輸出数量の動向を示す。
　　　2) 工業生産指数は，Société des Nations, *Industrialisation et commerce extérieur*, Genève, 1945, p. 14 により，1913年の世界工業生産を100とした場合の各国のシェア（イギリス 14.0；ドイツ 15.9；アメリカ 35.8）を基準にした指数。

(資料)　1) 輸出額は，A. H. Imlah, *Economic Elements in the Pax Britannica*, New York, 1958, Tab. 8；W. G. Hoffmann, *Das Wachstum der deutschen Wirtschaft seit der Mitte des 19. Jahrhunderts*, Berlin 1965, Tab. 129；R. E. Lipsey, *Price and Quantity Trends in the Foreign Trade of the United States*, New York, 1963, Tab. A-26 から算出。
　　　　2) 工業生産は，W. G. Hoffmann, *British Industry, 1700-1950*, Oxford, 1955, Tab. 54-B；R. Wagenführ, *Die Industriewirtschaft* (*Vierteljahrshefte zur Konjunkturforschung*, Sonderheft 31), Berlin 1933, Tab. 4（ただし1850年代は Hoffmann, *Das Wachstum*, Tab. 76）；E. Frickey, *Production in the United States, 1860-1914*, Cambridge, 1947, Tab. 6 から算出。
　　　　3) 鋼生産は，T. H. Burnham and G. O. Hoskins, *Iron and Steel in Britain, 1870-1930*, London, 1943, Tab. 89 による。

ことから生じたものであって、これを契機に西ヨーロッパ農業では穀作の衰退と畜産への転換が本格化しだしたが、この農業恐慌は、国内市場の収縮や物価の下落を促すことによって、工業を中心とした資本の過剰つまり収益の悪化に追いうちをかけ、慢性不況を加重する要因となったのである。

ところで、従来みられなかった大不況という異常な事態がこの時期に現出したことについては、さしあたり後進資本主義国の擡頭と、鉄鋼業を中心とした重工業の成長が、重要な契機をなしたといえよう。まず前者からみてゆくと、後進資本主義国の工業的発展は、自国市場や近隣諸国の市場からイギリス工業品を駆逐することによって、「世界の工場」としてのイギリスの独占的地位を掘り崩し、同国を頂点とした従来の世界経済の構造を転換させる方向に働いた。もちろん世界貿易の規模自体は、工業諸国間の水平的分業や後進農業諸国とのあいだの垂直的分業の展開によって拡大しうるから、イギリスの工業品輸出がただちに絶対的に減少したわけではないが、後進工業諸国の競争によってそのシェアは低下し、もはや以前のような伸びをつづけることはできなくなった。その間の実態は図0–1の長期指標からもうかがえる。この図は対数目盛りによっているから、折れ線の傾斜が伸び率の変化を表わすが、これによれば、イギリスの輸出数量（1913年価格による輸出額）は、自由主義段階には短期の変動をともないながらも趨勢としては一定の伸び率を保ってきたのが、1870年代初頭を境にして、以後その伸び率を明確に鈍化させた。なお図示は省略したが時価による輸出価額は、大不況期には価格の低落も加わって70年代初頭の水準にさえ容易に回復しえなかったほどである。したがって、輸出の急速な拡大を前提としてきたイギリス産業資本の順調な蓄積は継続できなくなり、直接には市場をめぐる競争の激化、価格の下落、等々のために収益が圧迫され、資本の過剰が容易に整理されずに再生産されることとなった。このためまた工業生産も、イギリスでは70年代初頭以後、それまでの伸び率を保つことができなくなり、格段に低めざるをえなかったのである。それに反してドイツやアメリカは、国際競争力をしだいに強めることによって、大不況を迎えて以後も以前とほぼ同じテンポで生産や輸出を伸ばすことができた。もっとも輸出額、とくに非農産物のそれでは、イギリ

スがそれら諸国に追いあげられながらも，第一次大戦まではなお首位の座を保ったが，工業生産では，すでに80年代初頭にアメリカが，さらに20世紀初頭にはドイツもまたイギリスを追い抜くにいたった。このようにして後進資本主義国の擡頭はイギリスの地位を低下させ，したがってまた後者が主導してきた世界経済にたいしても構造的な再編を迫ることとなったのである。

　だが，世界経済のこの構造的再編は，たんに複数の工業国の併存・競争から生じただけではなく，その基礎に生産力水準の質的転換をはらみ，したがってまた資本の蓄積様式の変更をもともなっていた。大不況期はいわゆる鉄鋼革命の時期でもあり，これ以後，鉄鋼業を中心とした重工業が綿工業等に代わって新たな生産力水準を代表することとなった。もちろん鉄鋼の生産はそれ以前から行なわれ，とりわけ鉄道建設の進展につれてその規模を拡大してはきたが，しかし製鋼工程がなお機械化されず高度の職人的熟練に依存していたため，その拡大にも狭い限界が画されていた。19世紀後半における一連の製鋼法の発見は，そうした技術的制約をしだいにとりはらい，これによる鋼の低廉化が使途の拡大とあいまって製鋼業の躍進をもたらしたが（前図参照），これはまた先行の製鉄業や後続の圧延業の拡大を必至にし，大不況期に近代的鉄鋼業が成立するにいたったのである。しかもここでは，たんに各工程が大規模生産のために多額の固定設備を必要としたばかりでなく，品質管理や熱経済などの技術的理由，さらには流通費用の節約などの経済的理由から，各企業が先行・後続の生産工程を縦断的に統合し一貫生産を行なうことをとくに有利としたから，企業の所要資本は当然きわめて巨額に上った。綿工業の企業が蓄積につれて資本の集積を漸次に増進させていったのとはいわば質的に異なって，近代的鉄鋼業では諸資本の集中による大規模な資本集積がまずもって前提されるために，比較的少数の巨大株式企業が支配的となり，したがって自由競争の基盤も狭められざるをえなかったが，それと同時に固定資本が巨大であるために，その蓄積様式も産業資本の場合とは異ならざるをえなかった[3]。

　すなわち，固定資本が巨大化すると，設備の新設に長期間を要するうえ，稼働しだすと供給が一挙に増大するため，需要に応じた供給の小刻みな調整

は困難になる。むろん稼働率を操作すれば，それも技術的には可能であるが，しかし固定的経費が大きいため稼働率を低めれば製品当たりコストが大幅に高まるから，企業間競争が制限されないかぎり，そうした形での供給調整は経済的に困難である。そこで，需給の不均衡が拡大して価格や利潤率は暴騰・暴落するが，恐慌後に問題はとくに深刻化する。巨大株式企業は恐慌にたいする抵抗力が強いため容易に倒産せず，しかも価格競争に勝つため稼働率を高く保とうとするから，供給過剰が持続して価格は底なしに低落し，収益もますます悪化して好転の兆しを示さない。それは個別企業には耐えがたい事態である。そこで，利潤率を安定させ引き上げる方策として独占の形成が志向される。そして重工業の基幹部門ではもともと少数の巨大株式企業への生産集中度が高いし，また株式会社制度は資本調達の面でも企業支配の面でも集中機能をもつから，そこでは独占の形成も可能となる。関係大企業を結集したカルテル等の独占組織が，供給を制限することで価格を人為的に維持し，資本価値の破壊を回避しつつ利潤の安定と増大をはかる。これは，産業資本が最大の利潤を追求しながらも自由競争をつうじて結局は平均利潤を分与されるというのとは，いちじるしく異なる。もはやそうした方法では，巨大化した重工業の生産力を資本が自己のもとに包摂できなくなったことから，資本主義的商品経済の基礎をなす自由競争をも部分的に否定することによって，この生産力を資本が処理しようとするのである。それは，産業資本に代わる新たな資本形態としての金融資本の蓄積様式を示すものといえよう。大不況期は，こうした産業資本から金融資本への蓄積様式の転換をとげる過渡期をなし，そのようなものとして20年余にもわたって持続したのである。

　この大不況のもとで，ドイツ資本主義は種々の面で変質をとげていった[4]。たとえば経済政策の面でも，貿易政策は1860年代以降ようやく関税の軽減ないし撤廃によって自由主義化しつつあったが，79年にははやくも保護主義へと基調を逆転させた。当時，鉄鋼その他の大工業は，大不況による国際競争の激化から国内市場を防衛し確保するために保護関税の復活を強く要求したが，従来はこれに敵対した地主等の農業勢力も，自国の工業化による外国農産物の輸入増大が農業恐慌による価格低落と重なるに及んで，自由貿易に代

えて農業関税を要求するようになったし、さらに新生の帝国政府も、独自の財源を確保する必要から関税収入の増大を望んだから、これらあい異なる要求の妥協の産物として、79年の関税法が成立することとなった。後進資本主義国では、自由貿易の体制が先進国イギリスの場合のように強固な経済的基盤に基づいて定着しえなかっただけに、それの保護貿易体制への転換も早期かつ容易に達成されえたのである。そしてこの新たな保護関税は、もはや幼弱産業保護のための育成関税ではなく、輸出産業化した大工業を保護するものとして独占保護関税の性格をも備えた。もっとも当初はその税率が低かったうえ国内で過当競争がつづいたから、ただちに独占保護関税としての機能が発揮されたわけではない。この機能は国内産業の独占的再編によってはじめて発揮されうるのであって、その意味では、79年の関税導入はさしあたりのちの時期への布石として一定の意義をもつにとどまったといえよう。事実、鉄鋼業ではこの関税の成立よりも、むしろそれと時期を同じくしたトーマス製鋼法の発見のほうが、不況への対応策として重要な意義をもったといわれるが、この製鋼法の採用はまたたんなる不況対策としての生産合理化にとどまらず、産業体制の再編を促す有力な要因ともなったのである。

　この新製鋼法の発見は、ロレーヌ地方をはじめとして大陸に多い燐分を含む鉄鉱石の利用を可能にしたが、これに基づいて同地方で鉄鋼業が勃興すると同時に、ルール地方でも製鋼業が躍進をとげ、ここに大規模な銑鋼一貫生産企業を軸とした近代的鉄鋼業が確立するにいたった。そしてこれに要する巨額の資本は、株式会社制度に基づいて証券の発行なり銀行の融資なりによってまかなわれたが、これによる大企業の発展は弱小企業の淘汰をもともないつつ、生産ないし資本の集中を促進し、独占形成の基礎を強化することとなった。1870年代末以降、石炭・鉄鋼等の基礎資材の分野では、過当競争への対策として生産制限や価格維持などを内容としたカルテル協定の締結が再三試みられるようになった。そして初期の協定は、範囲も局地的・部分的であり期間も比較的短かったから、ほとんど実効をあげることができなかったし、まれに効果をあげて市況が好転すると、たちまち傘下の企業が協定違反の活動をしたり外部のアウトサイダーが伸びたりして、これまた短命のうち

に崩壊せざるをえなかった。だが，こうしたことの反復のうちに，企業の集中も漸次に進み，また大企業と金融的に結びついた大銀行の介入もあって，1890年代に入ると，以前とは異なって強固な独占体が成立するようになった[5]。

　この種の最初の組織は，1893年に成立したライン・ヴェストファーレン石炭シンジケートであった。これは，ルール地方の石炭生産量の約9割を占める98の企業（このうち上位14企業のシェアが約5割，最大3企業のそれが2割強）を結集し，傘下各企業の石炭とコークスの生産ないし販売を割当制と共同販売制とによって厳格に規制することをつうじて，独占価格を堅持しようとしたものであった。具体的にいえば，この独占体が市況を勘案して販売基準価格を設定し，この価格で受注を一手に受け付けて販売総量を確定する。そして傘下の各企業は，あらかじめ過去の販売実績ないし生産能力に基づいて全体のなかに占める部分を定められており，これに応じて上記の販売総量の可除部分を割り当てられるが，これ以外の自由な国内販売はすべて禁止されることによって，独占体の供給制限が達成されるわけである。しかもこの割当部分も独占体の共同販売規制を受け，各企業は指定された買い手に画一的な条件で販売することを命じられ，企業間競争による値引きなどの余地は封じられ，基準価格としての独占価格の維持がはかられた。そしてこの市場規制を補強するため独占体は流通機構の再編をも急ぎ，ことに商社の自由な取引活動によって市場が攪乱されるのを防止するため，これらを独占体の販売代理店に系列化し各種の規制を加えるなどしたが，さらにアウトサイダーや安い輸入品の伸びを抑えるため，一部の競争地域では意識的に投売りをつづけたり，競争商品の買い手にたいして供給停止その他の差別措置を講じたりもした。このような組織的規制によって石炭業では過当競争が制限され，やがて価格の引上げによる利潤の増加をつうじて資本過剰も現実的に処理されていったが，これによる原料炭価格の騰貴は当然に鉄鋼業での独占組織の強化をも促した。たとえばルール地方の製鉄業では，個々の銑鉄品目ごとに別個のカルテルが結ばれてきたが，96年にはそれらを統合して石炭業と類似のライン・ヴェストファーレン銑鉄シンジケートが主要18企業によって結成

され，翌年には隣接地方の組織との調整機構もつくられたし，また製鋼・重圧延の分野でも，99年には従来のカルテルを統合・強化した半製品連合が全国約20の大企業によって結成された。なお軽圧延の分野にも種々のカルテルが存在したが，一般にここでは製品が多種多様であるうえ関係企業も多数で雑多なため，その規制力は上記のものに比してはるかに弱かった。

　このように基礎資材の各段階で強固な独占体が形成されて価格が引き上げられてくると，採炭から圧延までを統合して一貫生産を行ないわゆる混合企業は，特定の一生産段階だけを担当する単純企業に比して，自家製の安い原材料を加工できるために競争上でいちじるしく有利になった。そこで大企業は，さらに設備投資や企業集中を進めて，シェアを拡大すると同時に企業内での原材料の自給・加工体制を整備することに努めたが，こうした混合企業の充実は単純企業の販路を狭めることになるから，両種企業間の利害対立は深化せざるをえなかった。ことに1900年恐慌後の不況期にはこの対立が激化し，独占体は内部分裂のため解体の危機を迎えた。不況による市場の収縮に直面して各独占体は価格維持のため大幅な生産制限を課したが，それによって単純企業は生産＝販売量の減少とこれによるコスト上昇の両面から収益の大幅な悪化をみたのにたいして，混合企業は独占体の規制を受けない企業内での原材料の生産・加工をつづけることによって，それらの負担をかなりの程度回避し，これによる競争力の強化を武器として各生産段階でシェアを拡大することができた。そこで単純企業側は，独占体内部での混合企業の自家消費にたいする規制を要求したが果たせず，反面，この要求に固執して独占体が解体すれば，生産力的に劣る単純企業が競争戦でヨリみじめに敗退することは明らかであったから，結局は大幅に譲歩して混合企業のイニシャティヴのもとに独占体が再編されるのをまつ以外になかった。こうして1903～04年，石炭・銑鉄の各独占体は拡充改組され，半製品連合等も全国27の混合企業からなる製鋼連合に再編されたが，この一連の過程で，従来とかく個々の生産段階の利害にそって運営されがちだった各独占体は，いまや全生産段階を統合し支配する混合企業の再生産を保証するような運営をはかるものとなり，ここに巨大混合企業を軸にした統一的な独占体制が確立したのである。

むろんそれも競争を完全に排除しえたわけではなく，むしろ独占価格が維持されれば外部でのアウトサイダーの擡頭や内部でのシェア競争も刺激され，このため一部の独占体が解体することもあった。事実，1907年恐慌後には銑鉄の独占体が一時崩壊したが，しかし大不況中とは異なって，それらは短期間に再生したのであって，このように復元力をもったという意味で，独占体制は20世紀初頭に定着したといえよう。

　以上のように独占体制の確立は鉄鋼業を中軸に展開されたが，同様のことは他の重化学工業でもみられた。たとえば新興の電機工業でも，20世紀初頭にはAEGとジーメンスの2大企業による支配体制が成立したし，また化学工業でも当時，染料部門を中心に2大企業群への再編がみられたから，ドイツ産業の独占体制はこの時期に確立したといってよい。

　こうした主要産業での動向とあいまって，銀行業でも構造的な変化がみられた。大不況下の1880年代以降，産業集中と並行してさしあたり地方銀行のあいだで合同運動が進展したが，しかし重工業で大企業が躍進するにつれて，地方銀行ではその資金需要に応じきれなくなった。ことに産業証券の引受け・売出しについては，中央の資本市場と密着したベルリン大銀行の支援が不可欠であったし，またこれら大銀行にしても有望な大企業との取引関係を強化するためには，みずからルールその他の工業地方に進出して拠点を築く必要があった。そこで大不況あけの90年代中頃以降，ベルリン大銀行は地方銀行の合併ないし系列化を強力かつ急速に推進し，20世紀初頭にはそれら数行が全国銀行の主要部分を支配下におさめるまでになり，さらに大銀行間では証券業務や融資業務で協調体制を組むなどして，金融市場で独占的地位を確立した。ドイツでは銀行と企業とがもともと密接な関係をもったが，これがいまや個々の銀行と個々の企業との個別的な関係にとどまらず，独占的な銀行群と独占体に結集した大企業群との機構的な結びつきにまで強められたのである。この構造のもとで大銀行は，証券業務と融資業務とを機能的に結合することによって，大企業にたいして資金供給を拡大して資本蓄積を促進すると同時に，株式の保有や寄託制度をつうじて大株主ないしはその代行者として企業支配にも積極的に関与した。こうしてドイツの金融資本は，大銀

表 0-1　産業別就業者数（1882～1907年）　　　　　　　　　（単位：千人）

	総数[1]	農林業	鉱工業	商業・交通業
1882年	17,632（100）	8,236（46.7）	6,396（36.3）	1,570（ 8.9）
1895年	20,140（100）	8,293（41.2）	8,281（41.1）	2,339（11.6）
1907年	26,176（100）	9,883（37.8）	11,256（43.0）	3,478（13.3）
うち業　　主	6,049〈23.1〉	2,501〈25.3〉	1,977〈17.6〉	1,012〈29.1〉
家族従業者	4,288〈16.4〉	3,895〈39.4〉	133〈 1.2〉	261〈 7.5〉
職　　員	1,588〈 6.1〉	99〈 1.0〉	686〈 6.1〉	506〈14.5〉
賃銀労働者	14,251〈54.4〉	3,389〈34.3〉	8,460〈75.2〉	1,699〈48.8〉

（注）　上段の（　）内は各年の総数にたいする％，下段の〈　〉内は各上段の1907年の数値にたいする％。
　　1）右の3項目のほか自由業・公務・サービス業等を含む。
（資料）　*Statistisches Jahrbuch für das Deutsche Reich*（以下 *St. Jb. D. R.* と略す）1915, S. 18-19, 22.

行と大企業とが共通の利害のもとに内部的に融合するという形で，20世紀初頭に確立をみたのである。

　そこで，この金融資本を軸にした当時のドイツ経済の全体像を，センサスの資料によって概観しておこう。はじめに産業別の就業者数の推移を1882～1907年についてみると，表0-1のように，その総数は1800万人から2600万人へと増加したが，この増加はその間の工業化と都市化の進展を反映して大部分が商工業で達成され，ここでの就業者数は農業のそれとは対照的に，この25年間にほぼ倍加するほどの急速な伸びを示した。だが，こうした傾向にもかかわらず，遅れて資本主義化した国では旧中間層の解体・整理が徹底しえないという既述の事情から，就業の構成も資本主義的に整理されるにはほど遠かった。20世紀初頭になっても，ドイツでは農業の就業者がなお全体の4割近くにも上り，その内部では業主と家族従業者とが過半を占めたことに示されるように，自家労働力による農民経営が大量に残っていたし，同様に商工業でも賃銀労働者に比して業主がかなり多かったことからうかがえるように，旧来の小営業が広汎に残存していたのである。

　このうち農業について，その経営の規模別構成を示せば表0-2のごとくである[6]。これによると，一方では農用地2ha未満の零細層が経営総数の6割近くを占めながら農用地面積では全体のわずか数％しか占めず，他方では20ha以上の上層が経営総数の数％にすぎないのに農用地の半分余りを占め，ことに100ha以上の最上層は全体の0.5％で農用地の4分の1近くを占める

表 0-2　農業経営の規模別構成（1882～1907年）

		総　数	2 ha 未満	2～5 ha	5～20ha	20～100ha	100ha 以上
経営数（千）	1882年	5,277	3,062	981	927	282	25
		(100)	(58.0)	(18.6)	(17.6)	(5.3)	(0.5)
	1895年	5,558	3,236	1,016	999	282	25
		(100)	(58.2)	(18.3)	(18.0)	(5.1)	(0.5)
	1907年	5,737	3,379	1,006	1,066	262	24
		(100)	(58.9)	(17.5)	(18.6)	(4.6)	(0.4)
農用地面積（千ha）	1882年	31,868	1,826	3,190	9,158	9,908	7,786
		(100)	(5.7)	(10.0)	(28.8)	(31.1)	(24.4)
	1895年	32,518	1,808	3,286	9,722	9,870	7,832
		(100)	(5.6)	(10.1)	(29.9)	(30.3)	(24.1)
	1907年	31,835	1,731	3,305	10,422	9,322	7,055
		(100)	(5.4)	(10.4)	(32.7)	(29.3)	(22.2)
一九〇七年の就業者（千人）	就業者総数 A	15,169	4,353	2,914	4,596	2,069	1,237
		(100)	(28.7)	(19.2)	(30.3)	(13.6)	(8.2)
	経営当たり（人）	2.6	1.3	2.9	4.3	7.9	52.5
	うち恒常的 A′	*10,116*	*2,149*	*2,079*	*3,501*	*1,553*	*834*
		(100)	*(21.2)*	*(20.6)*	*(34.6)*	*(15.4)*	*(8.2)*
	A′の経営当たり（人）	*1.8*	*0.7*	*2.1*	*3.3*	*5.9*	*35.3*
	自家労働力	10,622	3,852	2,503	3,396	833	38
	〔うち女子〕	〔6,188〕	〔2,771〕	〔1,371〕	〔1,663〕	〔372〕	〔10〕
	うち恒常的	*7,609*	*2,043*	*1,948*	*2,867*	*717*	*34*
	〔うち女子〕	〔*3,865*〕	〔*1,271*〕	〔*994*〕	〔*1,304*〕	〔*289*〕	〔*7*〕
	他人労働力 B	4,548	501	411	1,200	1,237	1,199
	うち恒常的 B′	*2,506*	*105*	*131*	*634*	*836*	*800*
	B/A（%）	30.0	11.5	14.1	26.1	59.8	96.9
	B′/A′（%）	*24.8*	*4.9*	*6.3*	*18.1*	*53.8*	*95.9*

（注）　経営規模は農用地面積による。下段のイタリック体は恒常的就業者数を示す。
（資料）　*Die deutsche Landwirtschaft: Hauptergebnisse der Reichsstatistik*, bearb. im Kaiserl. Stat. Amte, Berlin 1913, S. 34-35, 61, 73, 81.

というように，階層別の分化はかなり大きかった。そしてこれらの各層の性格は，そこでの就業者の構成からうかがうことができる。ちなみにこの経営調査での就業者は，表 0-1 で用いた職業調査が各人の主たる職業にのみ即していたのとは基準を異にし，一時的ないし副業的な就業者までも含み，これを除いた恒常的就業者が前表にある程度対応するが，それでもなお両者のあいだにはかなりの開きがある。それはともかく，2 ha 未満の最下層は，もともと農業経営として自立するには過小な規模であり，経営当たりの就業者

数が1名前後，それも女子が多いということからわかるように，あくまでも副業的な存在であり，実際には農村の低賃銀労働者が家計補充のために営む菜園が大部分であった。したがって，農業を主業とするのは2haから上の層であったが，このうち20haまでの層は，農繁期などに若干の他人労働者を利用しはするものの，基本的には2～3人の自家労働力によって営まれる小農経営であった。これ以上の層になると他人労働力が不可欠の要素となるが，それでも20～100haの層では自家労働力がなお半分近くを占め，いわゆる大農経営をなし，100ha以上の層は，数十人もの他人労働力にもっぱら依存する資本家的経営をなしていた。そしてこの階層別の差は，同時にまた地帯別・業態別の差とも結びついていた。周知のようにドイツでは，ほぼエルベ河を境にして東西では農業の基本的構造を異にした。東部では，大地主でもあるユンカーの資本家的大経営が支配的であり，さきの100ha以上層は大部分がそれであったが，これは農村に堆積した過剰人口の圧力を背景に，多分に前近代的な社会関係をも利用して，僕婢なり零細土地持ち労働者なり一般の農業労働者なりを劣悪な条件のもとに雇用し，これによってライ麦などの穀作を中心にした粗放な大経営をつづけた。これにたいして西部では，一部の地方に大農経営がみられはしたものの，基本的には小農経営が支配的であり，これは穀作よりもむしろ商業的農業や畜産に重点を置き，家族労働力による集約的経営をつづけたのである。

　このような内容をもつことによって，各階層ごとにその発展傾向も異なった。さきの表0-2にみるように，1882～1907年のあいだに2ha未満の最下層では，その農用地面積が相対的にも絶対的にも減少するなかでその数が増加し，したがって零細化がさらに進んだが，このことは，土地持ち労働者という形での低賃銀労働力の再生産が拡大したことを意味する。そしてこの労働力の販売先について，当時の経営調査では業主の兼業部分についてしかわからないが，それによると，1895年には農業労働者化するものが工業労働者化するものになお匹敵していたのが，1907年には前者が絶対的にも減少して後者の半分近くにまで落ち込んだ。工業化による農業外での雇用の拡大につれて，農村の過剰人口は，一部が挙家離村なり出稼ぎなりの形で外部に流出

表 0-3　鉱工業経営の規模別構成（1882～1907年）

		総数	5人以下	6～50人	51人以上	うち201人以上	1,001人以上
			千	千	千		
経営数	1882年	2,270 (100)	2,176 (95.9)	85.0 (3.74)	9,481 (0.42)	1,839 (0.08)	123 (0.005)
	1895年	2,147 (100)	1,990 (92.7)	139.5 (6.50)	17,941 (0.84)	3,215 (0.15)	248 (0.01)
	1907年	2,086 (100)	1,870 (89.6)	187.1 (8.97)	29,033 (1.39)	5,476 (0.26)	478 (0.02)
就業者数（千人）	1882年	5,934 (100)	3,270 (55.1)	1,109 (18.7)	1,554 (26.2)	849 (14.3)	205 (3.5)
	1895年	8,001 (100)	3,191 (39.9)	1,902 (23.8)	2,907 (36.3)	1,544 (19.3)	430 (5.4)
	1907年	10,853 (100)	3,200 (29.5)	2,715 (25.0)	4,938 (45.5)	2,756 (25.4)	879 (8.1)

（注）　経営規模は業主・家族従業者等を含めた就業者数による。
（資料）　*Statistik des Deutschen Reichs*, Bd. 119, S. 43; Bd. 213, S. 42f.

したが，これと並行して，農業に片足を残した形でも事実上の脱農化が進んだのである。そしてこれは，農村地帯での低賃銀労働に基づく中小企業の展開を可能にした反面，農業労働者不足を加速した。このため大農やユンカーの経営は展開の条件を失い，さきの表0-2にみるように，経営数・農用地面積とも相対的かつ絶対的に減退をつづけるにいたった。ことにユンカー経営は，過剰人口の圧力が低下するにつれて劣悪な労働条件の改善を余儀なくされ，それでも労働力が確保できないためポーランド人等の外国人労働力への依存を深めたが，これらは賃銀の上昇や労働能率の低下をつうじてコストの上昇につながった。しかも他方で，中心的生産物である穀物は国際競争によって価格を圧迫された。そこでユンカーたちは，伝統的に強いその社会的・政治的影響力を行使して農業関税の大幅な引上げを迫り，国内価格の吊上げをはかると同時に，一部の穀物については関税払戻し制度などを利用して輸出を強行するなどしたが，所詮，経営の悪化による衰退と負債の累積をまぬがれず，それだけにまた国家の保護政策への要求をも高めていったのである。こうした上下両極の動きとは対照的に，小農経営とくに5～20haの層は，経営数でも農用地面積でも一貫して相対的・絶対的に伸びつづけた。この層

表 0-4 鉱工業経営の規模別[1]・部門別[2]の労働力数[3]（1907年）

部門＼規模	総　数	うち11人以上	51人以上	201人以上	1,001人以上
全鉱工業　A	8,267 (100)	6,320 (76.4)	4,738 (57.3)	2,910 (35.2)	1,189 (14.4)
うち株式企業	*1,464* ⟨*17.7*⟩	*1,461* ⟨*23.1*⟩	*1,428* ⟨*30.1*⟩	*1,268* ⟨*43.6*⟩	*699* ⟨*58.8*⟩
重　工　業　B	3,326 (100)	2,956 (88.9)	2,483 (74.7)	1,851 (55.7)	1,009 (30.3)
〔B／A〕	〔40.2〕	〔46.8〕	〔52.4〕	〔63.6〕	〔84.9〕
うち株式企業	*1,040* ⟨*31.3*⟩	*1,039* ⟨*35.1*⟩	*1,026* ⟨*41.3*⟩	*944* ⟨*51.0*⟩	*595* ⟨*59.0*⟩
鉱山・冶金業	837 (100)	832 (99.4)	819 (97.8)	769 (91.9)	575 (68.7)
うち株式企業	*432* ⟨*51.6*⟩	*432* ⟨*51.9*⟩	*430* ⟨*52.5*⟩	*413* ⟨*53.7*⟩	*318* ⟨*55.3*⟩
鉱山組合	*211* ⟨*25.2*⟩	*210* ⟨*25.2*⟩	*209* ⟨*25.5*⟩	*197* ⟨*25.6*⟩	*146* ⟨*25.4*⟩
機械工業	966 (100)	879 (91.0)	766 (79.3)	583 (60.4)	291 (30.1)
うち株式企業	*311* ⟨*32.2*⟩	*310* ⟨*35.3*⟩	*305* ⟨*39.8*⟩	*287* ⟨*49.2*⟩	*178* ⟨*61.2*⟩
軽　工　業　C	3,644 (100)	2,338 (64.2)	1,644 (45.1)	839 (23.0)	159 (4.4)
〔C／A〕	〔44.1〕	〔37.0〕	〔34.7〕	〔28.8〕	〔13.4〕
うち株式企業	*395* ⟨*10.8*⟩	*392* ⟨*16.8*⟩	*374* ⟨*22.7*⟩	*300* ⟨*35.8*⟩	*94* ⟨*59.1*⟩
繊維産業	893 (100)	821 (91.9)	720 (80.6)	471 (52.7)	106 (11.9)
うち株式企業	*203* ⟨*22.7*⟩	*203* ⟨*24.7*⟩	*201* ⟨*27.9*⟩	*185* ⟨*39.3*⟩	*69* ⟨*65.1*⟩
食品工業	916 (100)	425 (46.4)	254 (27.7)	93 (10.2)	16 (1.7)
うち株式企業	*78* ⟨*8.5*⟩	*77* ⟨*18.1*⟩	*65* ⟨*25.6*⟩	*32* ⟨*34.4*⟩	*5* ⟨*31.3*⟩

(注)　（　）内は各部門の総数にたいする％，⟨　⟩内は各部門・各規模内での株式企業等の％。
　　1) 規模別は就業者数による。
　　2) 全鉱工業のAはB・Cのほか建築業を含む。Bの重工業は，鉱山・冶金，土石・窯業，金属加工，機統計分類上でⅢ～Ⅶ）の合計であり，その他で建築業以外を軽工業とした。
　　3) 本表で労働力とは，賃銀労働者と家族労働者との合計であり，前表の就業者とは業主・職員を除くほか異がある。
(資料)　*Statistik des Deutschen Reichs*, Bd. 214-2, Tab. 12 から作成。

は，一方でその主要生産物の価格関係が穀物よりも有利であり，他方で雇用労働力をあまり使わずに自家労働力を基幹とし，しかもこれを完全燃焼させるだけの規模をもったことから，経営的にも安定しえた。むろんそのことは，小農経営の生産力的な優越性を示すものではなく，単位労働当たりの所得が低くても過就業によって家計を維持しえたことを物語るだけである。その意味では，この小農も既述の零細層と同様に，農村過剰人口の存在形態の一つをなしたといえるが，そうしたものとして，資本主義のもとでたんに残存しただけでなく，まがりなりにも再生産されえたのである。

　つぎに鉱工業について，同様に経営規模別の構成を示せば，表0-3のごとくである。ここでも経営総数200万余のうち9割内外は，業主を含めて就業者5人以下という，経営とも呼べないような零細営業からなっていたが，こ

れらは衣服・食品・その他の雑業にとくに多かった。むろんこの層の実質的な地位ははるかに低く、たとえば就業者総数に占めるそのシェアは1882〜1907年のあいだに55％から30％へと急落した。そしてこれとは逆に、また農業の場合とも異なって、鉱工業では資本主義的大経営のシェアが急速に高まった。もっともどの階層からが資本主義的であるかは、部門によっても異なり一概にはいえないが、かりに就業者が50人を超える層をとれば、全体に占めるそのシェアは経営数では1％内外にすぎないのに、就業者数ではこの間に4分の1から2分の1近くに急上昇し、この上昇率は上層に進むほど高かった。いうまでもなくこの事実は大企業への生産の集中を表わすが、一般に規模の大小は生産手段の優劣をもともない、たとえば使用動力数についてみても、1907年に50人を超える層のシェアは、就業者数では5割弱であったのが動力数では7割余に上り、さらに1000人を超える層では前者が1割弱で後者が3割という具合であったから、実際の生産集中度は就業者数の場合よりもはるかに高かったはずである。しかも以上は「経営」つまり工場ないし事務所単位のことであるが、大企業は通例多くの工場をもつから、企業単位では集中度はさらに高まるわけである。

だが企業単位での包括的な統計は得られないので、ふたたび経営単位での統計によって、1907年の鉱工業での規模別労働力数を業種別に整理して示せば表0-4のごとくである。これによると、家族従業者を含めた労働力の総数では軽工業が重工業をやや上回ったが、前者では食品・衣服等の部門を中心に零細自営業が多かったから、就業者11人以上（表示は略したが正確には4人以上）をとるとすでに順位は逆転し、51人以上では重工業が軽工業を5割も上回り、この開きは上層になるほど拡大した。したがって、資本の有機的構成や生産性などの差を考慮すれば、鉱工業において重工業の大企業が支配的地位を占めていたことは明らかである。そしてこのなかでは、石炭・鉄鋼

を主内容とした鉱山・冶金業が最大のウェイトをもって中核に位置し，機械工業や金属加工業などがそれにつづいた。なお，こうした構成を企業形態とからめてみると，零細層ではむろん個人企業が圧倒的に多かったが，上層に進むにつれて株式企業が比重を増し，鉱工業全体では就業者200人を超えるあたりからそれが他のどの企業形態をも上回るようになり，また一般に軽工業より重工業でその比重が大きかった。もっとも鉱山・冶金業ではその比重が5割程度にとどまったが，これは，株式企業に似た資本調達力をもつ鉱山組合という特殊な企業形態が鉱山業には以前から普及していたためであって，実質的にはこれも株式企業の亜種とみることができる。このことは，鉱工業における大企業の発展が株式会社制度を基礎にしていたことを示すが，それによって20世紀初頭に基幹部門で独占体制が確立したあとも，中小企業や零細自営業は一面的に淘汰されることなく，種々の形で独占企業に支配され利用されつつ再生産されたのである。

　この独占体制の確立によって，産業資本とは異なる金融資本の蓄積様式も展開の条件を整えた。産業資本の蓄積が国内でも国外でも自由競争をつうじて展開されたのにたいして，金融資本のそれは，国内では独占体の供給制限を基礎に保護関税を利用して価格を高位に維持し，これで独占利潤を獲得しながら，これに基づいて対外的にはダンピング輸出や資本輸出を進めつつ勢力圏の拡大をはかった。だが，これも景気の各局面ごとに現われ方を異にし，また景気動向自体も金融資本の体制下で以前とは変容した[7]。恐慌の急性的性格が薄れ，全体として変動が小幅になったが，同時にまた過剰資本の整理，それによる自生的な景気回復力も弱まった。既述のように重工業的生産力を価格メカニズムに委ねれば，恐慌後に価格暴落が止まらずに資本過剰が深刻化するから，それを避けるためこの分野では独占体が，供給制限・価格支配をつうじて資本過剰の負担を他に転嫁しようとした。だが稼働率の低下によるコスト上昇を避けつつ供給制限をつづければ，在庫圧力が増大して国内価格の維持も早晩不可能になる。そこで独占体は国内で過剰な商品を国外にダンピング輸出したが，それら基礎資材を加工する国内の非独占企業は，たんに国内の価格関係が不利であるだけでなく，輸出でも安い資材を買える外国

企業との競争に敗れ，ひいては独占体からの国内買付けを縮小せざるをえない。そのため独占体も，輸出加工品用の資材には一定の条件下で値引きを認めたが，これにより独占企業だけでなく非独占企業も国内価格を下回るダンピング輸出を可能とされた。既出の図0-1で，イギリス等と異なりドイツの輸出が恐慌後に大幅に落ち込まなかったのは，一つにはそれによる。しかし，そうした国内過剰在庫の処理だけでは景気は回復しない。独占企業は資本過剰の負担を転嫁し軽減したにしても，それは供給制限と過剰設備の温存を前提とし，積極的な対応を避けたし，非独占企業は資本過剰の圧力を加重されたからである。そのため景気回復の契機は，住宅建築・公共投資・軍備拡大などといった，資本以外からの需要の発生に求められた。とくに軍備拡大は重要であり，帝国主義的対立を背景に大規模化し，しかも発注が重工業の中枢部面に向かう点でも，金融資本の蓄積を促す有力なテコとされた。これに支えられて中枢部面で景気が回復し，それがしだいに周辺の非独占部面にも及ぶという形で，跛行的な景気上昇が到来したのである。このように金融資本の蓄積様式は，再生産過程における資本の自立性の低下をともなったが，そうなれば当然に，この蓄積様式のもとで再生産される階級関係のあり方にも，さらには国家の政策にたいする各階級の態度にも種々の変化が生ぜざるをえなかった[8]。

　まず資本の内部では，金融資本とこれに従属する諸資本との分化が構造的に定着した。そしてこの金融資本は，かつて先進国イギリスで産業資本が国家の経済過程への介入に反対して自由主義を要求したのとは逆に，かかる国家の介入を要求し，国家権力の強化を歓迎した。それは金融資本の蓄積様式の当然の帰結であった。この資本は，国家の保護関税を利用して価格を高め，国家の公共投資や軍備拡充によって販路を拡げられ，さらには資本輸出その他による国外での勢力圏の拡大にさいしても，国家権力による政治的・軍事的な支持を背後にもつことによって，それを効果的に達成できたからである。むろん個々の点では，金融資本の内部でも部門なり企業なりによって利害が異なった[9]。しかし総体としてそれらは19世紀末以降，建艦競争を軸にした軍備の拡充やこれを背後にもった各種の帝国主義政策を積極的に支持し，ま

たそのための公債増発についても，資本蓄積との競合を懸念しながらも，不況期の遊休資金に有利な投資先を与えるものとして，それを歓迎したのである。これにたいして金融資本に支配され収奪される自余の諸資本は，一面では当然それに対立し反撥したが，他面では自己の存立・発展が金融資本の蓄積による経済の高成長に依存するため，それと利害をともにした。ことに低賃銀労働を存立の基盤とした中小資本は，労働者階級の地位向上によって没落の危険が迫るにつれて，ますます金融資本の反動的政策に荷担し，後者が資本の要求を政治的に代表するようになりえたのである。

これにたいしてユンカー等は，その存立基礎をなした低賃銀労働力を金融資本的蓄積のために侵蝕され，これによる没落を避けるため国家にたいして農業保護関税の大幅な引上げを要求した。そしてこれは，畜産関係の関税引上げをも含むことによって，小農をも含めた農業者の一般的要求となり，19世紀末以降，保守党が中心になってその実現に努力したが，これは資本の経済的利害と対立するため，資本との政治的妥協なしには容易に達成できなかった。彼らは資本の代表と同盟を結び，資本の要求する軍備拡充を支持するのと引換えに，農業関税の引上げについて資本の支持をとりつけ，これによって双方の要求が実現されたのである。もっともこの同盟は内部に種々の対立をはらんでいたから，たえず動揺をくり返した。たとえばドイツ保守主義の牙城をなしたプロイセンでは，国会の場合と異なって邦議会では旧時代の三級選挙制度によって保守党が優位を占め，ここでの勢力拡大を狙ってブルジョア諸政党が選挙法改正を要求するなどして，1910年前後には両者の同盟にも危機が訪れた。しかし，まがりなりにもそれが維持されたのは，労働者階級ないしはそれを代表する社会民主党の伸長をまえに，現存の支配体制を擁護するためには資本・農業の両勢力の結束が必要だと考えられたためであった。事実，前記のプロイセン選挙法改正も，社会民主党の進出を抑えるため骨抜きに終わったほどであった。またドイツではビスマルク治下で社会保険をはじめとする社会政策が早期に採用され，20世紀に入っていっそうの充実をみたが，これも労働者を社会主義から切り離して国家の側に引きつけるための措置であった。

ところで問題の労働者階級の側では，社会主義者鎮圧法が撤廃された1890年以降，社会民主党が国会で目ざましい進出をとげ，またその系統の自由労働組合も組織を拡大した。だがこの伸長は同時に変質をはらんでいた。金融資本のもとでの高成長は，雇用の安定化と同時に実質賃銀の上昇傾向をもたらし，さらに国家や大企業による社会政策の強化もみられたから，労働者とりわけ大企業のそれには改良主義が根をおろす条件があった。19世紀末に社会民主党内でベルンシュタインらが修正主義を提唱し，マルクス主義路線の変更を求めたのは，こうした背景のもとにおいてであった。そしてこの主張は，カウツキー，ルクセンブルクらの正統派によって反論され，党大会ではマルクス主義を党是として再確認し，一応の決着がついたかのごとくにみえた。しかし実際には，労働組合はこれに批判的であり，これに引きつけられて党もしだいに右寄りの路線を進むこととなり，それにつれて正統派も，ベーベル，カウツキーらの中間派とルクセンブルクらの少数の左派とに分解し，この分裂は前述のプロイセン選挙法をめぐる戦術問題の対立から決定的となった。こうして同党は，表面的にはともかくも，実質的には反体制的性格をうすめていったのである[10]。

これによって支配階級は帝国主義政策を貫徹しやすくなり，これがまた国民のかなりの層にまで支持を見出しえた。こうした国内の政治情況を背景に，ドイツは3B政策等によってバルカン地方で勢力圏の拡大を進めた。そしてこれは，同地方に勢力圏をもったイギリス・フランス・ロシア等との対立をますます深め，そこから，これら大国をそれぞれ背後にもつ現地諸国間でバルカン戦争がくり返されることとなった。しかしこうした代理戦争がくり返されるあいだに，相互の対立はもはや局地戦争ではすまないまでに激化し，こうして1914年夏，帝国主義的列強を2分する第一次大戦が勃発するにいたったのである。

注
1) ドイツ産業資本の具体的様相については，戸原四郎『ドイツ金融資本の成立過程』（東京大学出版会，1960年）第1章，同「ドイツ産業資本の特質——

19世紀の南ドイツ綿工業について」(上)(下)(東京大学『社会科学研究』第14巻第1号，第15巻第1号，1962～63年)，武田隆夫編『帝国主議論 上巻』(東京大学出版会，1961年) 第1～2章，等を参照。

2) この点ではプロイセン邦議会の三級選挙制も重要な役割を演じた。同邦では1848年の革命のあと，一応は普通選挙制が導入されたが，そこでは，納税総額を上から3等分して，それぞれを納めた上位・中位・下位の各納税者集団（下位のそれは非課税の大衆と合体）に同等の投票権が与えられた。こうした財産による差別選挙制によって，多額納税者たるユンカーは邦議会で容易に多数を占めえたのである。

3) 以下については，宇野弘蔵『経済政策論』改訂版（弘文堂，1971年) 第3篇第1章，参照。

4) 大不況下のドイツ資本主義について詳しくは，戸原，前掲『成立過程』第2章を参照。

5) ドイツの独占体制について詳しくは，戸原，前掲『成立過程』第3章，同『恐慌論』（筑摩書房，1972年) 第6章II，武田，前掲書，第4章，等を参照。

6) 当時のドイツ農業について詳しくは，*Die deutsche Landwirtschaft: Hauptergebnisse der Reichsstatistik*, bearb. im Kaiserl. Stat. Amte, Berlin 1913，小沢修『ドイツ農業労働者論』（御茶の水書房，1965年)，藤瀬浩司『近代ドイツ農業の形成』（御茶の水書房，1967年) 第3部，大内力編著『農業経済論』（筑摩書房，1967年) 160頁以下，等を参照。

7) 詳しくは，戸原，前掲『恐慌論』第6章IIIを参照。

8) これについては，ヒルファディング『金融資本論』第5編のほか，彼がペン・ネームで発表した Karl Emil, Der deutsche Imperialismus und die innere Politik (*Die Neue Zeit*, Jg. 26, Bd. I, 1907/08, S. 148ff.) が優れている。また当時のドイツ政治情況については，村瀬興雄『ドイツ現代史』（東京大学出版会，1954年) 第1～4章，飯田収治ほか『ドイツ現代政治史』（ミネルヴァ書房，1966年) 第3章を参照。

9) このような金融資本の個別的差異を，東部と西部，石炭・鉄鋼業と電機・化学工業，等々の対立として，「資本類型論」の形で固定的に把握しようとする試みもある。たとえば大野英二『ドイツ資本主義論』（未来社，1965年)，熊谷一男『ドイツ帝国主義論』（未来社，1973年) 等がそれである。しかしそこで指摘される差異は，当該部門が新興産業か否か，またその国際競争関係がどうかという，生産力の内容とこれに規定された市場関係に主として由来するものであって，これを経済学的に解明せずに，西部の石炭・鉄鋼資本＝「政商資

本的」,電機資本=「技術者的」等々という「資本類型」を固定化したのでは,問題の解決にはならない。この種の議論では,たとえば「技術者的」資本の代表とされた AEG のラーテナウが,第一次大戦中に国策的統制機構の設置を推進して,まさに「政商資本的」に活躍したことは,説明できないであろう。「資本類型論」への批判としては,星野中「ドイツ帝国主義の類型的把握をめぐって」(同志社大学『社会科学』第2巻第1号,1967年),参照。

10) ドイツの労働運動・社会主義運動については,H. Grebing, *Geschichte der deutschen Arbeiterbewegung*, München 1970, Kap. IV が要を得た概観を与えており,また社会民主党の建て前と実態については,G. A. Ritter, *Die Arbeiterbewegung im wilhelminischen Reich*, Berlin-Dahlem 1959; P. Gay, *The Dilemma of Democratic Socialism*, N. Y., 1962 が興味深い。

第1章　第一次大戦とドイツ資本主義

第1節　戦時体制とその破綻

　1914年7月末，セルビアの青年によるオーストリア皇太子暗殺事件を契機に両国間に戦端が開かれたが，これが導火線となって，それまでバルカンをめぐって対立を深めてきた帝国主義列強は，あいついで熱い戦争へと突入した。ドイツは8月1日，セルビア支援の軍事行動を起こしたロシアにたいして，ついで3日にはフランスにたいして宣戦を布告し，翌4日にはイギリスがドイツにたいして宣戦布告するという形で，第一次世界大戦の幕が切って落とされた。そしてこれ以後4年有余にわたって，ドイツを盟主にオーストリア・ハンガリー，やや遅れてトルコ，ブルガリアが組んだ同盟国と，イギリスを筆頭にフランス，ロシア，さらには日本その他多くの国々，またのちにはアメリカも加わった連合国とのあいだで，大規模な消耗戦がつづけられた。その間の戦局を要約すれば，緒戦ではドイツ軍が西部戦線で快進撃をつづけたが，14年9月にパリに迫るマルヌの戦いで頓挫をきたして以後は戦線が膠着し，また東部戦線でも9月末にロシア軍の進撃をくいとめて反攻に転じ，翌15年夏にはワルシャワを陥落させるなどしたが，このあたりから同様に膠着状態を迎えた。そして16年春，西部戦線でドイツ軍は有名なヴェルダン要塞への攻撃を再三試み，逆に連合軍は夏から秋までフランス北西部のソンムで大攻撃をくり返すなどしたが，いずれも膠着状態を崩すにはいたらず，その間，双方とも人的・物的に多大の消耗を重ねるのみであった。このあと17年にはロシアが革命によって脱落したため，東部戦線では一応同盟国が勝利をおさめ，ブレスト・リトフスク条約が成立した18年3月以降，ドイツは東部軍を西部に注入して最後の一大攻撃を試みた。しかしこれも7月以降，物量を誇る連合軍の反攻に圧倒され，同盟国はあいついで降服し，11月には

ドイツも革命が起きて降伏するにいたり,ここに長い戦争はようやく幕を閉じたのである。

　この大戦はヨーロッパの交戦諸国にとって,以前の戦争とは異なり,まさに死力をつくした総力戦であった[1]。ドイツではこの間,6500万の人口のうち1100万が軍事的に動員され,このうち180万が戦死し420万が傷ついたが,その犠牲は戦時中の出生減退とあいまって,人口の性別・年齢別構成に大きなくぼみを残すほどであった。また戦争による物的消耗も未曾有の規模に達し,ドイツでは直接的な戦費だけでも総額1600億マルクに上ったと推計されるが,これは1913年当時の国民所得の3～4倍にも相当した。もっともそれは戦時中の物価上昇による名目増を含み,これを消去した実質額では2倍余にとどまったが,それにしても4年余にわたって年々の国民所得の約半分が戦争のため不生産的に浪費された勘定になるから,それが経済にとって阻害的な一大負担であったことに変わりはない。したがって,この総力戦を継続するためには,国内で政治的にも経済的にも強固な戦時体制を確立することが必要であった。もっとも当初は戦争が短期の電撃戦で片づくものと予想されていたため,その体制づくりも部分的であり,持久戦の様相が濃くなるにつれて,遅ればせに全面化するという経過をたどった。したがって開戦当初は,さしあたり戦費調達のための財政金融対策が施策の中心をなし,政府は14年8月4日,戦時公債50億マルクの発行を主内容とする補正予算案と,これと密接に関係する一連の金融立法案とを国会に提出したが,これによって経済的にばかりでなく政治的にも重要な事態が生み出された[2]。

　この戦時公債にたいする賛否は,同時に大戦にたいする各階級ないし階層の態度表明でもあり,国内の政治的結束が得られるか否かを示す試金石であった。そのさいとくに注目されたのは,国会で最大の反対勢力をなした社会民主党の態度であった。同党はこれまで,公式には帝国主義戦争反対の路線を内外でくり返し表明してきたが,この路線の貫徹は国内世論の分裂を広く内外に印象づけ,戦争遂行にも重要な障害となるはずであった。ところが実際に戦争が勃発すると,この戦争は反動の堡塁たるロシア・ツァーリズムにたいする祖国防衛戦争であり,労働者階級はこれに協力すべきである,とい

う主張が党内で強まった。8月4日，戦時公債法案にたいする態度を協議した同党議員団は，一部の反対論を多数で否決し，本会議では全員が法案に賛成票を投じたのである。なおこれよりさき，同党系の自由労働組合も戦争協力のため戦時下のストライキ自粛を決議していた。こうした態度表明は，既述のような同党ないし組合の体質変化からすれば当然の帰結でもあったが，従来の公式路線が公然と放棄された点で，それが内外に及ぼした影響は大きかった。対外的には第2インターによる国際社会主義運動の分裂が白日のもとにさらされ，対内的にはいわゆる城内平和が結ばれて戦争協力の姿勢が明確に打ち出され，ここに帝国主義戦争は階級を超越した国民的事業として遂行されうることとなったのである。そしてこの挙国体制を維持し強化するため，いわば代償として労働者の社会的・政治的地位を向上させてその体制内化を促す措置も，部分的に講じられるようになったが，しかしこれは資本家側の抵抗もあって，さしあたりは遅々たる歩みしか示さなかった。その間に，当初示された政治的結束も徐々に弛緩していった。すでに14年12月の第2回戦時公債法案の採決では，社会民主党左派のリープクネヒトが党議に反して反対票を投じ，1年後にはこれが20名にふえ，別の20余名が棄権するなどして，同党議員団は分裂した。そして翌16年には，1月にルクセンブルクらの党内左派が帝国主義戦争反対の非合法組合組織「スパルタクス団」の全国大会を開いたほか，3月には党内の幅広い反戦派が独自の組織をつくり，これは1年後に，戦争協力の多数派社会民主党から分かれて独立社会民主党を結成するにいたった。これと並行して労働組合の内部でも，幹部の戦争協力路線にたいして一般労働者のあいだで反撥が強まり，ストライキもしだいに増加し，やがては大規模な政治ストさえ打たれるようになった。こうして，城内平和による政治的結束も徐々に色あせていったのである。

　だが，その点はのちに再論することとして，ここでは戦時経済体制の樹立を，まず財政金融の面からみてゆこう。ドイツ政府は，戦勝のあかつきには戦費の負担が敵国からの賠償金によって肩代わりされるという大前提のもとに，さしあたりは抵抗の多い増税などの手段に訴えることなく，もっぱら公債発行によって戦費をまかなう方針をとった。年々の戦費が実質国民所得の

半分にも及んだこの大戦では，それを租税収入だけでまかなうことはむろん不可能であり，事実どの交戦国も多額の戦時公債の発行を余儀なくされたが，そのなかにあってもドイツでは，租税による戦費充足率が1割にも満たず，公債発行への依存度がとりわけ高かった。そのさい，長期公債の発行には時期的・技術的に種々の制約がともなうから，その手取金が入るまでのつなぎとして，政府はとりあえず短期の大蔵省証券（Schatzanweisung）ないし大蔵省手形（Schatzwechsel）を随時発行し，これを中央銀行に割り引かせて，その資金でもって当面の支出を支弁することとした。そして毎年春秋の2回，長期の戦時公債を民間に売り出し，これで集めた民間資金によって既存の短期公債を償還する方針をとったが，そうすれば，さきに短期公債の中央銀行引受けで膨張した通貨も収縮し，インフレーションの進行に歯止めがかけられる，というわけである。

　しかし，この戦費調達を円滑に展開するためには，他方で銀行法の改正その他によって，中央銀行の発券限度を拡大し，信用膨張の余地をつくりだしておくことが必要であった。この点でドイツの中央銀行たるライヒスバンクの銀行券発行には，これまで二様の規制が課されてきた。すなわち一方は，発券高の少なくとも3分の1が金その他の現金準備によって，また残りが一定の要件をそなえた期限3ヵ月以内の手形によって，それぞれ保証されなければならないという，比例準備制（いわゆる3分の1準備制）の規定であった。なおここでいう現金準備（Barvorrat）は，金準備に銀鋳貨を加えた金属準備のほか，国庫証券つまり政府紙幣からなり，こうした夾雑物を含む点で，本来の金本位制からは逸脱する面をもったともいえるが，しかし実際には現金準備のうち金準備が約70％，金属準備が95％内外を占めていたから，とくに問題はなかった。そしてこれとならんで他方のヨリ間接的な規制は，現金準備に定額の保証準備（1913年当時で5.5億マルク，ただし毎四半期末には7.5億マルク）を加えた額を基準にして，これを上回る限外発行には5％の発券税を課することでそれを抑えるという，屈伸準備制の規定であった。これらの規定によって発券の限度が画されると同時に，銀行券は金兌換を義務づけられることによって，実際の発券高は法定限度をかなり下回る水準で金

ないし現金準備の動向にリンクして変動することとなり，信用膨張にも節度が課されていたのである。

そこで，これらの規定は14年8月4日の法律改正によって大幅に緩和された。銀行券の金兌換義務がいちはやく停止されたほか，限外発行への課税も免除され，また発券準備としての手形の要件も緩和されて，大蔵省証券等も期限が3ヵ月以内でさえあれば，それに加えられることとなった。これによって同証券の割引が容易になったが，しかし3分の1準備の規定はなお維持されたから，中央銀行が信用膨張をつづけるためには，さらに現金準備の拡大策をはかる必要があった。その方策として一方では，国内で流通する金貨等を銀行券に代置し回収することが急がれた。これは戦前からすでに部分的に試みられてきたが，開戦後は国民の愛国心に訴える形で大規模に推進され，15年春ごろまでに一応の成果をあげた。それとならんで他方では，新たに貸付金庫証券が現金準備に加えられることとなった。この貸付金庫（Darlehnskasse）は，大戦による経済界の混乱を防止するためライヒスバンクの下部機構として全国各地に新設された政策金融機関であって，本来は商工業者を主たる対象として，中央銀行では適格性を欠くような商品や有価証券でも担保にとって，期限3ヵ月（例外的には6ヵ月）までの貸付に当たることを使命としたが，この貸付は同金庫証券という独自の通貨を発行して行なうこととされた。したがって，この証券は，本来の銀行券に比して信用基盤の劣る一種の不換銀行券であったといえるが，公的機関では法貨なみに額面での受理を保証されたことから流通性を与えられ，あげくのはて本来の銀行券の発行準備にさえされたのである。こうしてライヒスバンクは，3分の1準備の規定を形式的には維持しながら，実質的にはその中身を水増しすることで空洞化し，大幅な信用膨張の余地をもつにいたった。ここに，同行の大蔵省証券引受けを軸にした戦費金融は，制度上の枠組みを整えることとなったのである。

そこで，この枠組みのもとでの実際の動きをみれば，図1-1のごとくであった。銀行券の流通高は，開戦と同時に20億マルクの安定した水準から一挙2倍の40億マルクに跳ね上がったあと，なおも徐々に増加をつづけて16年

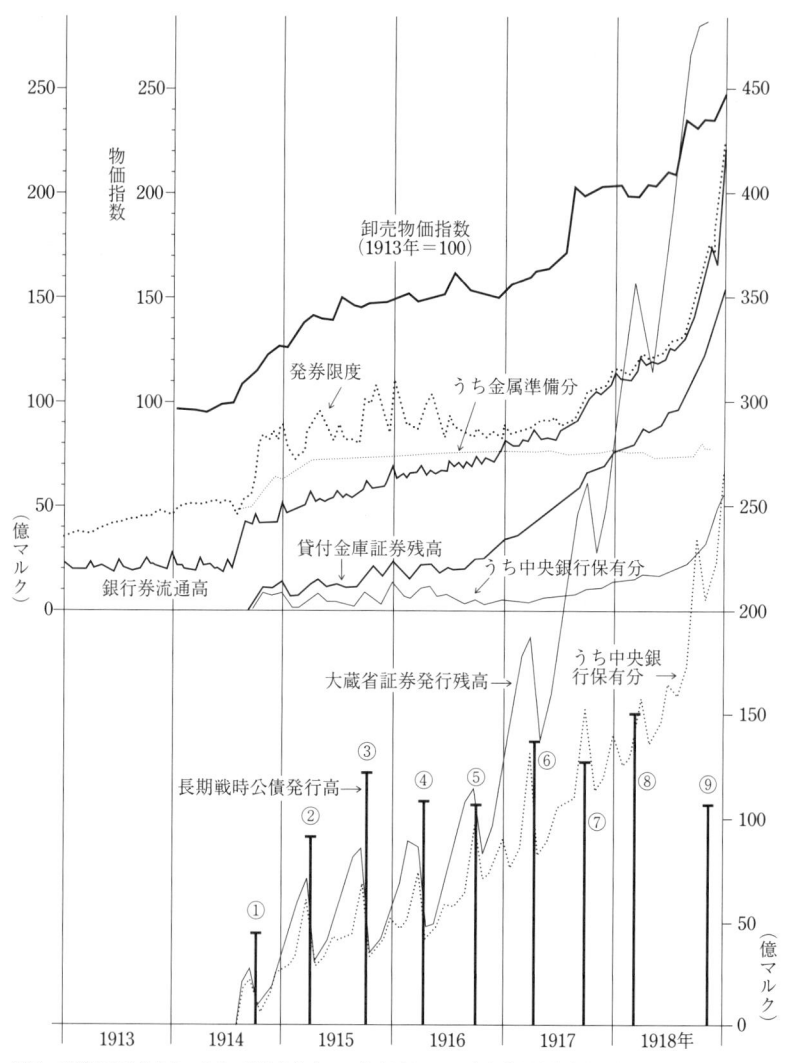

図1-1 ドイツの戦費金融（1914～18年）

(注) 発券限度は各月央・月末の現金準備高の3倍を示し、このうち金属準備由来分を上回る部分は、国庫証券由来分をも含みはするが、これは終始ネグリジブルのため、ほぼ全額が貸付金庫証券に由来する。

(資料) 大蔵省理財局編『独逸財政経済統計要覧（昭和2年10月調）』14, 16, 92-97, 278-279頁、F. Hesse, *Die deutsche Wirtschaftslage von 1914 bis 1923,* Jena 1938, S. 426-428, 454-455.

末には80億マルクに達し，以後その増加テンポをさらに早めた。この増発を可能にしたものは，上述の現金準備の拡大，つまりその3倍に当たる発券限度の拡大であったが，この拡大は15年春まで鋳貨回収による現金準備の増加に多くを負ったのにたいして，以後はこれが頭打ちを呈し，貸付金庫証券の保有高によって動向を左右されるようになった。そして同金庫の貸付は，初期には予想に反してあまり伸びず，その内部では本来の商工業貸付よりも，むしろ長期の戦時公債の購入資金貸付を含む同公債担保の貸付が過半を占めた。そしてこの貸付のため発行された同金庫証券は，公債払込金として中央銀行に流入し，ここで信用膨張の基礎となったから，そのかぎりでは，短期公債だけでなく長期公債についても，民間資金を動員せずに中央銀行が直接に引き受けたのと同じ結果が生じた，といえそうである。事実，そうした批判は当時とくに諸外国で行なわれたが，しかし戦時公債担保の貸付も短期であり，また公債発行高に比して発行時の貸付の伸びは小さかったから，それが公債発行に直接大きな役割を演じたとは考えられない。むしろ，公債払込みのため金融市場が一時的に引き締まるのにたいして，まさにその時点で中央銀行が信用拡大を可能にされ，その影響を相殺することで，間接的に公債の民間消化に貢献したというべきであろう。それはともかく，16年秋以降になると，後述のヒンデンブルク計画との関連で，貸付金庫の融資は地方自治体向け等を中心に急速に拡大し，これにつれて同金庫証券残高のうち中央銀行による保有高も，以前のように一時的にではなく恒常的に増加するようになった。当時，発券高はすでに金属準備による許容限度を超えていたから，同証券保有高が発券限度を直接規定し，この限度いっぱいの発券をつづける形で通貨の急膨張がつづいたのである。

　ところで，この発券高の膨張は，直接には短期大蔵省証券の中央銀行引受けに由来した。そしてこの引受額は，戦争の進展につれて趨勢的に増大していったが，それでも当初はなおその残高も，春秋にこれを上回る額の長期戦時公債の発行によって償還されたため，増勢をある程度は抑えられた。ところが16年秋の第5回戦時公債発行以後，その発行高は短期証券の残高を下回り，後者が償還されきらずに累増すると同時に，民間資金の吸収による銀行

券収縮作用も働かなくなり，銀行券の膨張が一方的に進行することとなった。この事態に直面して中央銀行は，引き受けた短期証券を金融市場に売り出して銀行券増発にブレーキをかけるなどしたが，しかし同行自身のその保有高の増加さえ抑えることはできなかったし，また軍需景気を反映して民間企業の手許流動性が増大し預金通貨が膨張したため，インフレーションの顕在化は避けることができなかった。このため，一方では生活資料を中心に価格統制が強化され，他方ではこれに対応してヤミ取引が拡大するなどした。ドイツの物価指数は公定価格を中心に作成され，市場の実勢を反映するものとはいいがたいが，それでも前図にみるように，卸売物価は開戦後1年間に5割の上昇をみたあと，17年中頃からふたたび上昇して戦前水準の2倍に達し，戦後の急上昇へとつながったのである。そしてこの物価上昇は，産業における軍需生産体制の樹立によって促されたから，つぎにそれをみることとしよう。

　産業の活動は14年夏の開戦直後，貿易取引の中断や軍事動員による輸送難，熟練工の召集などのため，異常な攪乱に見舞われた。たとえば石炭の生産は同年8月に半減し，鉄鋼の生産は3分の1にも激減し，また失業率も平時は2〜3％であったのが一挙に20％を上回るにいたった。そしてこの高失業は，国内の社会的・政治的安定を保つうえで放置できなかったから，政府は早速，全国的な職業紹介制度の整備をはかる一方，地方自治体による失業者への扶助金支給を勧奨し，これに補助金を交付することにした。もっとも輸出向けの中小企業地帯などでは開戦による打撃がとくに強く，失業救済が緊急を要しながら，他方で自治体の財政も悪化したため，補助金が交付されるだけでは容易にそれに踏み切れないというように，その施策には狭い限界があった。とはいえ，これまで社会政策の拡充が急がれたドイツでも，失業救済事業だけは依然として労働組合や地方自治体にもっぱら委ねられてきたのが，いまや補助金交付という間接的な形でではあれ，国家がこの分野に乗り出してきたわけであって，これは戦時社会政策の出発点をなすものとして，十分注目に値する[3]。

　それはともかく，開戦によるショックは15年春までに一応おさまり，失業

率も一部業種を除けば低水準に戻った。そしてこれ以後，軍需生産の拡大を軸にして景気も上向いたが，しかしその展開は，一方で軍事動員による労働力不足のため，他方で連合軍の経済封鎖による食糧・原材料の輸入削減のため，重大な障害を課せられていた。これによる生産の頭打ちは，物量戦における同盟国側の将来に暗い影を投げかけたが，ことに16年夏のソンムの攻防戦でそれが表面化した。そこで同年秋以降，軍の最高責任者となったヒンデンブルク将軍のもとで，軍需品生産の飛躍的拡大を内容としたヒンデンブルク計画（Hindenburg-Programm）が実施に移され，戦時経済体制が本格化するなかで，上記の両障害にたいする対策もいっそう強化されることとなった。

　まず労働力の面からみてゆくと，戦時中に男子就業者は召集のため大幅に減少した。雇用の動向を示す疾病保険統計によれば，男子労働者は開戦直前に650万を数えたが，14年秋までに召集や一部は失業のため約7割の460万に激減し，その後やや持ち直したものの，15年後半にふたたび減少して，16年には当初の6割に近い400万にまで下がった。そこで企業は女子労働者の雇用を拡大し，その数は開戦直前の360万が秋までに2割減の290万にまで下がったあと増勢に転じ，1年後に当初の水準に戻り，16年末には1割増の390万にふえて男子と肩を並べ，17年末には2割増の430万というピークに達した。しかしこれも男子の欠員補充が精いっぱいであって，労働者の総数は開戦直前の1000万が秋までに750万に減少したあと，16年末までの2年間，これをやや上回る水準で一進一退をつづけるにとどまった。もっともその間，労働日の延長などによって総労働時間はかなりの回復をみたが，しかし反面，男子熟練工に代わって女子不熟練工が増加したため生産性は低下し，さらに食糧事情の悪化などによる労働意欲の減退も加わって，生産の縮小は避けられなかった。

　そこで，この労働力の隘路を打開するため，ヒンデンブルク計画では16年12月5日の祖国奉仕法（Gesetz über den vaterländischen Hilfsdienst）によって国民総動員体制がしかれ，兵役外の17歳から60歳までの男子は軍需産業に徴用されることとなった。ここで興味あるのは，同法がたんに鞭の規定だけでなく，労働組合の支持を取り付けるため，それへの譲歩という飴の規定をも含

表 1-1　ドイツの部門別労働者数（1914〜18年）（1913年＝100）

部　　門[1)]	1914年	1915年	1916年	1917年	1918年
軍 需 産 業	88	78	89	103	110
民軍需混合産業	91	77	69	63	63
民 需 産 業	91	53	46	43	41

(注)　1）各部門の主要業種については表1-2を参照。
(資料)　R. Wagenführ, *Die Industriewirtschaft* (*Vierteljahrshefte zur Konjunkturforschung*, Sonderheft 31), Berlin 1933, S. 23.

んでいたことである。同法では，労働者が労働条件の差を理由に軍需工場のあいだで転職する自由を認めら れ，またそのさいに生じうる紛争を処理する機構として，工場内での労働者委員会の選出やこれによる労使同数の調整委員会の設置も規定された。ちなみにこれまで労働条件の決定について，軽工業では労使の団体交渉によることが多かったが，重工業では大企業が組合を極度に敵視し，いっさいの交渉を拒否してきた。そこで同法の規定についても，重工業資本の代表者はそれが賃上げを助長するという口実のもとに強硬に反対しつづけたが，それは産業平和による増産を狙った軍の主張によって押し切られてしまった。実際には軍需品は経費プラス「適正」利潤という価格で買い付けられたから，重工業企業は賃上げがあってもその負担を国に大部分転嫁できたわけであるが，そうした企業側の反対から，新たな機構としての両種委員会の設置が引き延ばされることも多かった。しかし建て前としては，これまで虐待されてきた労働組合が正規の交渉相手として認められ，ひいては経営参加への手がかりをもつかんだのであって，その点は戦後の事態への伏線として注目されなければならない[4)]。

　それはともかく，この総動員体制の実際の効果は，労働力の隘路打開にはほど遠かった。17〜60歳の男子にはもはやゆとりがあまりなかったから，それはせいぜいのところ男子労働者のいっそうの減少をくいとめるだけに終わった。疾病保険統計によれば，男子労働者は16年末以降400万の水準で横ばいをつづけ，むしろ同法の対象外であった女子の増加によって，総労働者数は以前よりやや多い800万前後を保ったのである。だがその内部では軍需産業への転換が急速に進んだ。表1-1にみるように，広義の軍需産業の雇用は

16年以降大幅に拡大し，18年には戦前の1割増に達したが，これは民需産業が半分以下，民軍需混合産業が3分の2以下に圧縮させられることによって達成されたのである[5]。なお工場監督官報告によって就業者10人以上の工場の雇用を13年と18年について業種別に対比すれば，全体では雇用が90％に縮小したなかで，石炭・鉄鋼などの基礎資材では100％前後で平均を上回り，軍需と密着した機械工業では150％，化学工業では270％と激増し，逆に軽工業部門は軒なみに平均以下に縮小し，繊維産業などは42％にも低下した。戦時中にドイツ経済の重化学工業化は一段と進行したわけである。

　以上の労働力対策と併行して，輸入削減で不足が生じた工業原料にたいする対策も講じられた。輸入原料のうち，軍需生産に不可欠な銅その他の非鉄金属の鉱石や硝石その他の化学工業原料は，開戦後ただちに不足が問題となった。そこで陸軍省は14年8月，大電機企業 AEG の代表ラーテナウの進言に基づいて，彼を長とする戦時原料局を省内に設置したが，さらにこれが音頭をとって関連業種ごとに，大企業の代表者を加えた半官半民の統制会社として戦時会社ないし戦時原料会社（Kriegs-〔rohstoff-〕gesellschaft）をあいついで新設させた。この会社の任務は個々の場合で異なるが，一般には，国内にある原料在庫の把握や場合によっては収用，原料の企業への割当や使途の制限，原料の一括輸入や代替原料の生産をはじめとして，軍需品受注等の企業への配分，さらには直接的な生産割当や価格規制などにも及んだ。このように戦時会社は，原料統制を軸にして当該部門の経済活動全般にまで規制を加えるものであったが，当初は少数の特定部門に限られていたそれが，戦争の進展につれて種々の分野に普及し，その数は合計200にも達し，国民経済の全面をおおうにいたった。そして16年秋のヒンデンブルク計画はこれをさらに強化した。同年11月，陸軍省は再度ラーテナウの進言に基づいて，戦時原料局を含む数局を統合して戦時局を新設し，これがヨリ多くの軍需品を計画的に調達するため，原料のほか労働力や食糧についても統制の権限を集中し，戦時経済統制の心臓部をなすにいたった。そこで同局は，代替原料の生産を促進するため，関係工場の新設への国家融資を積極化し，たとえば火薬や肥料の増産のため，窒素固定法を採用する2化学工場に3.5億マルクを貸し付

表 1-2　ドイツの部門別生産指数（1914～18年）　（1913年＝100）

部門		1914年	1915年	1916年	1917年	1918年
軍需部門	鉱業	84	78	86	90	83
	鉄鋼	78	68	81	83	53
	非鉄金属	89	72	113	155	234
民軍需混合部門	繊維	87	65	27	22	17
	嗜好品	92	88	84	67	63
民需部門	商船	73	65	75	61	42
	建材	88	69	59	58	35
	住宅建築	68	30	10	4	4
総合		83	67	64	62	57

（資料）　表1-1と同じ。

けたりした。それと同時に乏しい原料の効率的利用をはかるため，戦時会社の原料配分にさいして生産性の高い優良工場を優先し，劣等工場を閉鎖させる方針を指示した。そして優良工場は一般に大企業に属したから，それは中小企業を整理して独占体制を強化することを意味した。もともと戦時経済は独占企業の協力なしには継続できなかったから，戦時会社による経済統制も，既存の独占体による規制を前提にして，これを国家権力の介入によって強化するものでしかありえなかった。たとえば戦時中に石炭や鉄鋼の独占体が内部の利害対立のために存続期限の延長を危ぶまれたとき，国家が介入することで延長が達成されたことや，また棒鋼など一部の分野では戦時統制下ではじめて独占体が結成されたことなどは，それを端的に示すものといえよう。

こうした一連の統制措置にもかかわらず，表1-2にみるように，鉱工業生産は全体として縮小をつづけ，総合指数は13年に比して15年には3分の2に下がり，18年には6割を割った。そのなかで広義の軍需部門は，とくに16年以降，相対的に高位を保ち，そのかぎりで統制の効果があったといえる。しかしこの部門にしても，鉄鋼などの基礎資材の生産でさえ戦前水準を大きく下回っていたし，民需部門にいたっては極度の生産縮小のため壊滅に瀕していたから，総力戦におけるドイツの敗北は不可避であった。こうしたなかで企業の収益は軍需部門を中心に大幅に増加した。たとえば株式会社の配当率は13～17の各年度に，全産業平均では8.0％，5.0％，5.9％，6.5％，5.4％であったが，このうち鉄鋼業では8.3％，5.7％，10.0％，14.6％，9.6％，また

表1-3　ドイツの大手企業の収益状況（1913年度，1915年度）　　（単位：百万マルク）

年度	粗収益 A	減価償却 B	$\left(\dfrac{B}{A}\right)$	純収益 A−B	配当・賞与	（配当率）	積立金 C	$\left(\dfrac{C}{A-B}\right)$	内部資金 B+C	$\left(\dfrac{B+C}{A}\right)$
			%			%		%		%
1913	867.3	289.1	(32.8)	578.2	405.3	(9.55)	118.0	(20.4)	407.1	(46.9)
1915	1,484.9	593.4	(40.0)	891.5	542.7	(12.51)	268.9	(30.2)	862.3	(58.1)
倍率	1.71	2.05		1.54	1.34		2.28		2.12	

（資料）　L. Grebler and W. Winkler, *The Cost of the World War to Germany and Austria-Hungary,* New Haven, 1940, p. 105（邦訳，246頁）より作成。

化学工業では5.9％，5.4％，9.7％，11.8％，10.9％というように，15年度以降，平均の２倍前後を記録した（表1-1と同じ資料による）。だが収益の伸びはこれをさらに上回っていた。全会社の株式資本金の約４分の１を占める大手企業の収益状況を示した表1-3によれば，13年度に比して15年度には粗収益は1.7倍に増加したが，このうち減価償却引当金が33％から40％に，絶対額では２倍に引き上げられることによって，公表の純収益は1.5倍の増加に抑えられた。そしてこの純収益の処分をみると，配当率は引き上げられたものの，配当等の支払額は1.3倍に抑えられ，積立金繰入が20％から30％に，額にして2.3倍に引き上げられた。したがって，減価償却と積立金とを合わせた内部資金形成は2.1倍にふえ，粗収益にたいする割合も47％から58％へと高まった。なお16年度以降については同種の資料が見当たらないが，ヒンデンブルク計画によって大手企業が優遇されたことを考えれば，その内部資金がいっそう潤沢になったことは容易に推測できるであろう。もっとも16年以降，戦時利得税が新設・増徴されたが，これも収益の増加に較べれば微々たるものであったから，大勢に影響はなかった。そこで大企業はこの潤沢な資金によって積極的な集中・集積運動を再開し，たとえば鉄鋼企業は，一方で原料不足に対処するため石炭等の原料部門を強化するかたわら，他方で有利な軍需品生産を拡大するため機械工業へ進出するなどして，のちの大コンツェルン形成を準備したのである。

　このように大資本が戦争によって大きな利益を得たのとは逆に，一般大衆は多大の犠牲を強いられた。たとえば労働者の賃銀は戦時中に名目額で２倍

前後に上昇したが，インフレの進行によって実質では以前の7～8割にまで低下しつづけた[6]。しかもこれだけの生活資料でさえ，実際には供給不足のため入手できなかった。すでにみたように民需品の生産は軍需品に圧迫されて大幅に収縮したが，とくに食糧農産物は，国内生産が労働力や肥料の不足のため減少し，そのうえ外国からの輸入も激減したため，いちじるしい払底をつづけた。そのため14年秋にはやくも主食の公定価格制度や穀物の飼料への利用制限が課されたが，15年には早々にパンが，ついで砂糖が配給制となり，これは翌年にはバターや肉，さらに衣料品や靴にまで拡げられ，17年以降は配給制がほぼすべての生活資料に及ぶと同時に，配給量の引下げが避けられなくなった。これと並行してヤミ取引もむろん活潑となったが，戦時利得に恵まれない一般大衆は耐乏生活を強要され，乏しい賃銀からの強制貯蓄をも余儀なくされた。だがこの生活水準の低下は，労働意欲を喪失させて生産性を低下させると同時に，厭戦気分をも蔓延させて，戦争協力のための城内平和にもひびを入らせることとなった。ちなみに労働組合員数は開戦後，召集のため激減し，たとえば社会民主党系の自由労働組合では，戦前の260万人が16年末までに100万人以下に下がったが，これ以後，労働者の不満増大や一部は祖国奉仕法による組合の発言力拡大を反映して増勢に転じ，戦争末期までに150万人に回復した。しかもその内部では，軍需品生産に従事する機械工を中心に，幹部のスト自粛方針に反して生活防衛のため反戦をもかかげてストライキを打とうとする動きも強まっていった。

　こうした情勢のもとで支配階級の側でも，戦局が不利になるにつれて自信喪失や内部対立が目立ちはじめた。この動揺した体制を建て直すため，16年8月，軍の責任者が交替し，東部戦線で初期に武勲をあげ国民的英雄となったヒンデンブルク総司令官と腹心のルーデンドルフ参謀総長が，保守勢力の支持のもとにはなばなしく登場し，軍事だけでなく広く政治・経済の分野でも事実上の独裁権を振るうようになった。そしてこれは，既述のように戦争遂行のため総動員体制をしいたが，これも予期したほどの成果をあげず，しかも連合軍の海上封鎖を打破するため17年1月に首相の反対を押し切って開始した潜水艦による無差別攻撃は，アメリカを硬化させて参戦に踏み切ら

せ，戦局の展望をいっそう暗くした。これに反撥して国会では，17年3月，社会民主党・中央党・進歩党の3党が議院内閣制の採用を含む内政改革を要求して，特別委員会の設置に成功し，また夏には和平提案をするなどしたが，院外でもこの間，4月にはベルリンやライプツィヒで飢餓と戦争に反対する大規模なストライキが起き，7～8月には水兵が反乱を起こすなどした。これらの動きを封ずるためヒンデンブルクは，首相の首のすげかえをはかり，7月にベートマン・ホルヴェークに代わって二流官僚のミヒャエリスが就任したが，これも3ヵ月半ともたず，10月末には前例に反して南ドイツ出身のヘルトリングが首相の座についた。そして彼は遅ればせながら各種の改革に着手したが，もはや国民の不満はそれによって鎮静させられることなく，種々の形で噴出した。18年11月にはベルリンで機械工を中心に40万人が政治ストに入り，軍の警告にもかかわらず，これは各地に波及して軍需生産に打撃を与えた。なお5月には，組合がかねて要求してきた営業条例第153条の廃止が決定され，労働者の団結権が正式に認められることとなった。そして10月初めには内閣が更迭し，マクス・フォン・バーデン公が首相になったが，これは前年来の運動に基づいて，社会民主党など3党を与党とする事実上の（同月末の憲法改正で正式の）議院内閣であった。国民総動員による総力戦の遂行は，好むと否とにかかわらず，結果として民主化の進展を不可避とするが，ドイツでは戦時体制が破綻するなかで，それが開始されたのである。そして同内閣は，年初来くり返されてきたアメリカのウィルソン大統領の平和14ヵ条による講和提案の受入れを申し出るとともに，内政改革にも乗り出したが，翌11月初めに革命が勃発し，ドイツは皇帝の反対を押し切って連合軍に降服し，大戦の幕を閉じるにいたったのである。そしてここに，革命による体制の再編がはじまることとなった。

第2節　戦後危機と体制の再編

　1918年11月9日，ドイツでは11月革命が勃発し，政権は社会主義政党の側に移った[7]。そしてこの新政権は，同日ただちに帝政の廃止，共和政の発足

を宣言したが，2日後の11日には連合軍にたいする降服・停戦協定に調印して和平を実現し，翌12日には戦後の内政の基本方針として「社会主義綱領の実現」を国民に公約した。これまで大衆は，長い戦争による耐乏生活に疲れ，平和を待ち望むなかで現行の体制にたいする不満をつのらせてきたが，他方で体制側も，敗戦を控えた絶望的情況のもとで内部の対立を深め，支配機構の弛緩・動揺を避けられなかったから，革命が勃発する素地はすでに熟していたといえよう。事実，その直前に北ドイツのキール軍港で出撃を拒否し即時和平を求めて起きた水兵の反乱は，以前の同種の場合とは異なって地元民衆の支持を受け，同市を一時制圧することにさえ成功したし，それはまた内陸各地に波及して，局地的ながら随所で権力機構を麻痺させるなどした。こうした情勢のもとで11月9日，首都のベルリンでは左派社会主義勢力の呼びかけに応じて労働者がゼネストをもって革命に起ち上がり，これを鎮圧しようとした軍隊も兵士の反乱のため動きがとれなくなったから，旧秩序はもはや維持されうべくもなかった。支配階級は統治の能力も自信も喪失し，中道3党連立のマクス公内閣は後事を与党の多数派社会民主党に託して退陣せざるをえなかったのである。

　しかし，旧社会民主党の右派からなるこの多数派は，革命勢力というにはあまりに微温的であった。もともと彼らは，議会制民主主義のもとで社会改良の積み重ねによって漸進的に社会主義を実現するという改良主義を奉じていたから，秩序の維持をことのほか重視し，前年のロシア革命のような大衆の直接行動による革命には強い反撥をさえ抱いていた。ところがいまやドイツの事態はそのロシア革命に似た様相を呈しつつあった。革命の原動力となった労働者や兵士は，それぞれの代表者からなる評議会（Räte：ロシア語のソヴィエトと同義）という大衆組織に結集され，これが母体となって，左派の独立社会民主党の影響下に革命情勢は社会主義の方向へ急速に高揚する形勢にあった。もっとも評議会自体は資本主義から社会主義への体制変革を明確に自覚的に目標としたわけではないが，しかし広範な大衆の厭戦気分に支えられて現状の打破が追求されるなかで，政治勢力の指導の仕方によっては社会主義が実現する可能性も十分に存在していた。事実，革命の翌日にベルリ

ンの労兵評議会は「社会主義共和国」の誕生を宣言し、即時和平とならんで「資本家的生産手段の急速かつ徹底的な社会化」を要求していた。このような情勢のもとでは、多数派社会民主党も本来の穏健路線に踏みとどまるわけにはゆかず、大衆にアピールしてその支持を取り付けるためには背伸びをする必要があった。そこで彼らは、革命の当日に予定外の共和政宣言を左派に先がけて急遽独断で行なったり、政敵で革命推進派の独立社会民主党を連立政権に抱き込むため、政策協定で社会主義化を公約したりもしたのである。こうした社会主義革命の波によって、ドイツ資本主義はその存廃を問われる体制的危機に直面することとなった[8]。

　だが、革命を指導し推進する点では独立社会民主党にも多くの弱点があった。同党はもともと反戦を唯一の旗印として多数派から分裂しただけに、党内に種々の分子を抱えており、革命の進め方についても意見が分かれていた。執行部を握っていた旧中間派は、理論的にはともかくも実践的には旧右派の多数派と大同小異であり、後者との連立政権の結成に賛成した。これに反して党内左派は多数派との協力に反対し、当面は労兵評議会による下からの革命の推進を目ざしたが、しかしその勢力も内部ではさらに分裂していた。このなかでは、革命的オプロイテ（Obleute とは頭目の意）が相対的に多数を占め、これはベルリンの労働運動と密接な関係をもっていたため、革命の過程で重要な役割を演じたが、しかし政治的には明確な方針を欠いたため、重大な局面を迎えるたびに狐疑逡巡して時宜を失することが多かった。これにたいしてローザ・ルクセンブルクに代表される最左翼のスパルタクス団は、レーニンのボリシェヴィキとは異なりながらも、「すべての権力を評議会へ」というスローガンのもとに明確な政治路線を打ち出していたが、しかしその組織はインテリ中心の小勢力にとどまり、労働運動にはほとんど影響力をもたなかったから、実際の運動では独自の路線を貫徹することができず、革命的オプロイテに追随するほかなかったのである。

　このような左派勢力の弱体・分裂のため、ロシア革命と異なってドイツ革命では、大衆の革命的エネルギーが有効に結集・発揮されないままいたずらに拡散され、革命も龍頭蛇尾に終わる危険をはらんでいた。その前兆は、す

でに革命の翌日にベルリン労兵評議会の大会でうかがわれた。この大会では，多数派社会民主党のエーベルト，シャイデマンらの 3 名と独立社会民主党のハーゼらの 3 名とからなる臨時政府を人民代表委員会（Rat der Volksbeauftragten）として承認するとともに，これを監視すべき機関として労兵の各評議会から選出される同数の委員による執行委員会（Vollzugsrat）を設置した。だがこの委員選出にさいして，労働者評議会では委員を左派で独占しようとした革命的オプロイテの試みが失敗して上記両党から同数の委員が選ばれ，他方，兵士評議会では一部に多数派社会民主党員が選ばれたから，執行委員会では左派勢力が下回ることとなった（ちなみにスパルタクス団からは 1 名の委員も選ばれなかった）。こうした執行委員会の構成のため，臨時政府は両党対等の連立政権でありながら，実際には多数派社会民主党の右よりの政策を展開しうることとなり，やがては権力の基礎を，労兵評議会という大衆組織から新たな総選挙による国民議会へと移行させる方針をも打ち出すにいたった。この点について12月16～20日にベルリンで開かれた全国労兵評議会代表者大会は，穏健な地方代議員を多数含んでいたため，評議会独裁の継続を主張した左派の提案を圧倒的多数で否決し，翌年 1 月19日に国民議会の総選挙を行なうことを正式に決定した。評議会は自発的に権力を放棄して議会制民主主義に道を譲ったわけであるが，ここにも左派勢力の影響の弱さと多数派社会民主党路線の貫徹が認められる。こうした動きは，その間に生じた左派の活動にたいする政府側の妨害事件などとあいまって，独立社会民主党の政府不信感を強め，12月29日，同党は閣僚を引き揚げるにいたったが，その党内では今後の路線をめぐって左右の対立が深まり，翌30日，最左翼のスパルタクス団は脱党して共産党を結成にするにいった。もっとも革命的オプロイテは条件が折り合わずこれに同調しなかったから，新生のドイツ共産党はさしあたり弱小勢力にとどまり，しかも政治運動に無経験な急進分子が社会的混乱を背景に数多く入党したため，結党大会ではルクセンブルクらの執行部の方針に反して，国民議会粉砕・総選挙ボイコットという左翼小児病的な方針が採択され，同党は大衆からさらに遊離することとなったのである。

こうしていまや単独で政権を掌握した多数派社会民主党は，秩序の回復と政権の維持をはかるため，旧勢力とくに軍との連繋を深めつつ，左派の革命勢力への対抗を強めることとなった。その一環として政府は19年1月早々，独立社会民主党所属のベルリン警視総監を罷免したが，これは左派勢力の憤激を買い，ベルリンでは労働者の大規模な抗議デモが展開された。これをみて情勢を過信した左派の幹部は，十分な検討をへないまま，政府打倒・革命推進という旗印のもとにゼネストと街頭闘争を呼びかけ，いわゆる1月闘争に踏み切った。これにたいして政府は，社会民主党員ノスケを総司令官に任命し，その指示のもとに旧将校からなる義勇軍を差し向け，武力でまさる義勇軍は数日にわたる市街戦で革命派を鎮圧し，はてはルクセンブルクらの共産党幹部を虐殺しさえした。これによってドイツ共産党は有能な指導部を失い，やがては自主路線の欠如のため再三にわたる方向転換をくり返すこととなったが，それを別としても，総じてドイツ革命は右翼勢力の擡頭につれて反革命の局面転換を明確にすることとなった。ドイツ革命では，軍隊をはじめ行政・司法等の国家権力機構は，根本的に変革されることなく，ほぼ帝政期のまま継承されたが，このことが旧勢力による反革命を容易にしたのである。むろん大衆の革命的エネルギーがそれでただちに封じ込められたわけではない。政府の暴挙に抗議し，あわせて社会主義化のため生産手段の社会化を要求して，これ以後，ルール地方，北ドイツ，中部ドイツでゼネストや大衆蜂起があいつぎ，3月前半にはベルリンでそれが再発し，4月には南ドイツのミュンヒェンでハンガリーの例にならって評議会共和政が樹立されさえしたが，しかしそれらはいずれも政府派遣軍によって武力で鎮圧されてしまった。主体的条件が不備のまま大衆の厭戦気分に支えられて社会主義革命として早産した11月革命は，2ヵ月後にはすでに反革命の局面を迎えていたが，しかしそれで事態がただちに沈静したわけではなく，なお当分は政治的・社会的不安がつづかざるをえなかった。

　このような情勢のなかで19年1月19日には国民議会の総選挙が行なわれた。その結果は，後出の図1-2にみるように，和平の実現と秩序の回復に当たった社会民主党が得票率38％で大勝し，カトリック勢力の中央党とブルジョア

中道派の民主党とが各20％弱であいつぎ，左派の独立社会民主党はわずか8％（共産党は選挙ボイコットのためゼロ）で敗退し，残る15％弱が右翼の国家国民党（国家人民党とも訳されるが，戦前の保守党の後身で，ユンカー等の利害を代表する）や国民党（人民党とも訳されるが，戦前の国民自由党の右派を中心に結成され，保守的な資本家層の利害を代表する）に帰属した。これに基づいて2月6日，政情不安なベルリンを避けてヴァイマルに国民議会が召集され，11日に社会民主党の幹部で臨時政府首相のエーベルトが初代大統領に選出され，13日にはその指名によって同党のシャイデマンが新首相に就任し，社会民主・中央・民主の中道3党によるいわゆるヴァイマル連合政府が発足した。労兵評議会を基盤にした臨時政権に代わって，議会制民主主義による政権が正式に樹立されたわけである。そしてこのあと国民議会は，民主党所属の国法学者で内相のフーゴー・プロイスが起草した草案をもとに新憲法の審議をつづけ，7月31日の採択（賛成は与党の262票，反対は野党の75票，棄権1票）をへて，8月11日に大統領の署名によっていわゆるヴァイマル憲法が成立した。戦後ドイツの国内体制，通称ヴァイマル体制は，ここにその法的な枠組みを与えられたのである。

　このヴァイマル憲法は，それまでの内外の憲法に比して民主的・進歩的なものとして注目を集めたが，それは同憲法が国民の基本権を重視し，いわゆる生存権的基本権をも認めたことによる。いいかえれば，政治的民主主義だけでなく経済的民主主義をも打ち出した点に，一大特色があった。この特色は，同憲法の第2編「基本的権利義務」の第5章「経済生活」（第151～165条）の規定に集中的に表現されている。そこでは，「所有権」やそれに基づく「営業の自由」，「契約の自由」等の「経済的自由」を保障するという伝統的な規定（第151～153条）とならんで，反面で「所有権は義務をともなう。その行使は同時に公共の福祉に役立たなければならない」（第153条3項）という規定があり，これとの関連で「国は法律により……社会化に適する民間経済企業を公有に移すことができる」（第156条1項）という社会化の規定までもが含まれていた。また労働者保護についても，「団結の自由」の保障（第159条）や「包括的〔社会〕保険制度」の設置（第161条）などのほか，「すべ

てのドイツ人に経済的労働によって生計の途を得る可能性が与えられなければならない。彼に適当な労働の機会が与えられないかぎり，その必要な生計については配慮がなされる」（第163条2項）として，一種の労働権とその反面たる社会保障的な失業救済制度が約束された。さらに労使関係については，労使対等の団体交渉による賃銀その他の労働条件の決定，労働者の社会的・経済的利益を擁護するための労働者評議会（のちの経営協議会）の設置，基本的な経済政策や社会政策を審議する公的機関としての経済協議会への労働者の参加，等々も規定された（第165条）。このような労働者の同権化と社会政策の格段の拡充をうたった規定は，たしかに努力目標を掲げただけのプログラム規定という面を残してはいたが，しかしそれも立法者のたんなる主観的願望ではなく，革命後に現実にとられた一連の措置の――潤色をこめた――成文化でもあったのである。そしてこれらの措置は，戦時社会政策の経験を踏まえて戦後に危機への対応策として打ち出されたものであったが，その背後にはまた11月革命の性格を象徴的に示す過程があった[9]。

　すなわち，敗戦が決定的となった18年夏以降，資本家団体の内部では，戦後に予想される革命や社会化要求にたいして企業を防衛するため，従来の労働組合敵視路線を緩和し，労使協調路線によって組合を体制内化しようとする動きが盛んになった。こうして10月下旬から労使のトップ会談が精力的に重ねられ，資本家側ではルール地方の鉄鋼資本家で戦後に活躍するシュティンネス（Hugo Stinnes）が，労働者側では社会民主党系の自由労働組合の議長で改良主義者のレギーンがイニシャティヴをとり，資本の側の一定の譲歩と引換えに労使協調路線を確立することについて，双方とも基本的には革命直前に，最終的には革命直後の11月12日に合意に達し，これが15日に正式調印され，臨時政府の承認のもとに一般に公表された。労使協調契約（Arbeitsgemeinschaftsvertrag）とも呼ばれるこの合意は12項目からなるが，要点を示せば，労働組合を労働者側の正式代表として承認し，その団結権・団体交渉権を保障するとともに，賃銀その他の労働条件は最高8時間労働の枠内で労使の団体交渉によって決定することとし，その実施を監視するために工場ごとに労働者委員会を，また紛争解決のために労使同数の調整委員会を

設置し，さらに全般的な労使関係の調整や，戦時動員の解除を含む一般経済問題を協議するため，全国レヴェルで労使同数の中央委員会を設け，その決定には双方の下部機関も従うこととする，というものであった。それらは一見して明らかなように，資本家的企業の存続を大前提とし，そのもとでヨリ正常な協調的労使関係を樹立しようとした規定であった。ちなみにこの最終的合意が成立した11月12日には，既述のように前日夜のベルリン労兵評議会での「資本家的生産手段の急速かつ徹底的な社会化」という要求を受けて，臨時政府が「社会主義綱領の実現」を基本路線として公約していた。つまり，同じ日に同じ労働者階級の名において，一方では社会主義革命が追求され，他方では資本主義の存続が容認されたわけであるが，ここに端的に示された11月革命の二面性は，その後の過程では，社会主義路線が資本主義路線に圧倒され葬り去られる形で処理されることとなるのである。

　だが，社会主義との関連ではいかに不徹底であるにもせよ，この種の協定が結ばれたこと自体は，ドイツの労使関係史上で画期的な事件であった。これまで中枢的な重工業の大資本は組合否認の態度を堅持し，戦時中も祖国奉仕法に定められた労働者委員会や労使同数の争議調整制度の設置に抵抗してきたが，この頑迷な態度をついに放棄せざるをえなかったわけである。そして今回の交渉で最大の争点は，最終段階で組合側が持ち出した最高8時間労働制であり，このため一時は交渉の決裂さえ予想されたが，それもシュティンネスの決断で資本家側が譲歩することによって一応の落着をみた。これらのことは，企業防衛のためには大幅な譲歩もやむをえないという，資本家側の危機感ないし無力感の反映であったといえよう。

　こうした労使の力関係を背景にして，革命直後には社会政策の格段の拡充を内容とした一連の政令が公布された。まず11月12日に，農村の古い労使関係を規定した僕婢条例や戦時統制色の濃い祖国奉仕法が廃止されたあと，翌13日には，軍需工場の閉鎖や軍隊の復員による失業の発生，ひいては社会不安の増大に対処するため，公的な失業扶助制度が制定された。これは，開戦直後に地方団体が試みた同種制度が財政面から破綻したことにかんがみ，経費を国が2分の1，州が3分の1，地方団体が6分の1の割合で分担しつつ，

各地域の標準賃銀相当額を失業者に支給するという内容のものであり，その細目はこのあと再三変更され，やがて失業保険制度へと移行したが，国による社会保障的措置のはしりとして十分注目に値する。そして同月23日には，戦時から平時への経済の転換を助長して雇用の維持をはかるという趣旨から，動員解除局の新設と8時間労働制の採用が公布されたが，さらに12月23日には，賃銀協約・労働者委員会・争議調整にかんする政令が公布され，労使の団体交渉による労働協約は当局が認定すれば法的に一般的拘束力を付与され，この場合には同一の業種の非当事者にまで適用範囲が拡大されることで，労働条件の統一と改善への道が拓かれ，戦後の労使関係に新たな要因が持ち込まれることとなったのである。なお産業の社会化についても，11月20日の政令で社会化委員会が設置され，これは翌年2月に大企業とくに石炭企業の公有化を内容とする報告書を政府に提出した。しかし革命がすでに退潮期に入り，資本家側が強く反撥したため，政府はその実施にきわめて消極的であった。もっとも労働運動の突き上げによって翌3月には社会化法が一応は成立したが，これは企業の所有関係には手をつけず，逆に既存の石炭独占体を公的に認定し，その運営に消費者や労働者の代表を部分的に参加させるだけのものであった。このため社会化の要求はその後もくすぶりつづけ，20年3月，後述のカップ一揆のあとで労働側の要求によって第二次社会化委員会が設置されたが，これもまた実質的な成果をあげずに終わってしまった[10]。

以上の事例からも明らかなように，ヴァイマル憲法の「経済生活」の規定は，戦時中の経験に基づいて戦後に実施された社会政策的措置を成文化したものであった。そしてこれらの措置は，既述の労使協調契約を大前提としていたことから当然に，革命の波をくいとめ労働組合を体制内化することによって資本主義体制を防衛することを最大の目標としたのである。したがってまた，体制の変革に通じかねないような問題はすべて棚上げされた。社会化問題がそうであり，また革命推進派が拠点にしようとした労働者評議会にしても，さしあたりは労働者委員会として公認されたものの，その政治的機能を払拭する試みがつづけられ，ついに20年2月の経営協議会法によって，それはたんなる経済的機関へと変質させられたのである。だが，こうして資本

主義体制の存続が既定の事実となってくると，資本はそのために払った犠牲が大きすぎたとして，政治的・経済的に種々の巻き返しをはかるようになる。したがって，大衆民主主義ないし経済民主主義を基盤としたヴァイマル体制は，当初の形のままでは定着せず，不断に修正または動揺にさらされることとなるのである。

　ところで，この草創期のヴァイマル体制がかかえた難問は，さらに連合国の圧力によって外からも加重された。18年11月の停戦協定によってドイツは和平こそ実現したものの，連合国によってライン左岸地帯を軍事的に占領され，また経済封鎖も講和条約の締結までは解除されないなど，種々の圧力をかけられた。こうしたなかで連合国は19年1月中旬以降，ドイツを排除したまま講和の条件について協議をつづけ，5月7日にその結論をドイツに通告した。それは，降伏の前提とされたアメリカのウィルソン大統領のいわゆる14ヵ条に示された無併合・無賠償などの原則にも背馳し，戦勝国による戦敗国の帝国主義的収奪を内容とする過酷なものであった。そのためドイツ側は条件の緩和を要請したが拒否され，6月17日には全土の軍事占領という威嚇のもとに1週間以内にそれを受諾することを強要された。これにたいして国内では失望と不満が拡がり，政府・与党の内部でも諾否の意見が分かれ，19日にシャイデマン内閣は抗議の意思表示として退陣し，社会民主党と中央党によるバウアー内閣と交替した。そしてこの新内閣は22日，条約受諾の可否を国民議会に問い，賛成237票，反対138票，棄権6票という結果に基づいてその受諾を連合国に通告し，28日にパリ郊外のヴェルサイユ宮殿で講和条約に調印した（発効は翌20年1月10日）。ちなみにこの票決では，左翼の独立社会民主党の全員と与党の社会民主党・中央党の過半が，軍事占領による国内の混乱と分裂を回避するため，将来の条約改訂を期待しつつ賛成票を投じたが，逆に右翼の国家国民党や国民党，それに旧与党の民主党の過半は，有効な対案もないままに反対票を投じた。これらの保守勢力は，旧体制下で戦争を支持し遂行してきながら，それがもたらした不利な結果についてはいっさいの責任を新体制支持派に転嫁し，これ以後，新体制にたいする批判勢力

として行動するフリー・ハンドをもつこととなったのである。

　このヴェルサイユ講和条約は，他の戦敗同盟国の講和条約とあいまって，戦後のヨーロッパ大陸に新秩序（いわゆるヴェルサイユ体制）を樹立することを企図した。たとえばフィンランド，バルト3国，ポーランド，チェコスロヴァキア，ユーゴスラヴィアの諸国が，ソ連や同盟諸国の領土割譲によって独立したことは，新秩序の重要な構成要素であった。そしてこの独立は，民族自決の原則によるものとされたが，しかし同時にまた戦勝列強が，一方では社会主義国ソ連を封じ込め，他方では強国ドイツを挟撃し弱体化するためにとった措置でもあった。ことに後者の点では，フランスの対独復讐と自国の安全保障，さらにはヨーロッパ政治での発言力の増大を目ざした露骨な帝国主義的主張が，アメリカやイギリスの主張と部分的に衝突しながらも，決定的な役割を演じたのである。

　こうした方針のため，講和条約によってドイツは東西の国境地帯の大幅な割譲を求められた。西部では，普仏戦争の結果フランスから奪ったアルザス・ロレーヌ地方が奪い返されただけでなく，隣接のザール地方もフランスの管理下に移され，15年後には住民投票によって仏独への帰属を最終的に決めることとされた。ちなみにフランスがザール地方に執着したのは，同地方（できればさらにルール地方）の石炭がロレーヌ地方の鉄鋼業にとって必要だからであり，これを確保するためザール地方の炭鉱は同条約によってフランス側への移譲を命じられたのである。また東部では，主としてポーランドに広大な領土（ポーゼン・ヴェストプロイセン両州の大部分やその他）が割譲され，バルト海に伸びるポーランド回廊によってドイツの東北端（オストプロイセン州）が分断されたが，さらに重工業のある上部シュレジエンについても，住民投票によってドイツまたはポーランドへの帰属を決めることとした。そして21年3月の住民投票ではドイツ帰属票が過半を占めたが，連合国側はこれを無視して，同年10月，同地方の東部をポーランド領に編入してしまった。戦勝国がその民族自決の原則をみずから放棄したこの決定は，当然ドイツ人のヴェルサイユ体制への反撥を強め，国内での戦後新体制にたいする排撃運動も強まらざるをえなかった。それはともかく，以上の割譲領土

表 1-4　戦前の全国値に占める割譲領域等のシェア

	戦前の全国値	割譲領域			ザール	合計
		東部	アルザス ロレーヌ	計[1]		
		%	%	%	%	%
面　　積	541千平方km	9.4	2.7	13.0	0.4	13.4
人　　口	64.9百万人	6.7	2.9	10.0	1.0	11.0
農業用地	34.8百万ha	10.5	2.7	14.3	0.3	14.6
うち耕地	25.5百万ha	11.9	2.5	15.5	0.4	15.8
うち穀作地	16.3百万ha	12.3	2.3	15.3	0.3	15.6
生　産　高						
小　　麦	4.7百万トン	7.2	5.1	13.1	0.2	13.3
ライ麦	12.2百万トン	15.7	0.8	16.8	0.3	17.1
馬鈴薯	54.1百万トン	15.5	2.3	18.0	0.7	18.7
石　　炭	190.1百万トン	17.0	2.0	19.0	7.0	26.0
鉄鉱石	28.6百万トン	0.5	73.9	74.5	－	74.5
（価額）	116千マルク	0.8	47.3	48.2	－	48.2
銑　　鉄	16.8百万トン	3.7	23.0	26.7	8.2	34.9
粗　　鋼	17.1百万トン	5.9	13.4	19.2	12.1	31.4
圧延材	13.1百万トン	6.7	9.1	15.8	11.7	27.4

（注）　1）前掲2項のほか，北部の対デンマーク，西部の対ベルギー割譲分を含む。
（資料）　St. Jb. D. R. 1924/25, S. 14-15, 20-22 その他。

が戦前のドイツに占めた地位は表1-4のごとくであった。それは面積で13％，人口で10％であるが，農業では東部が穀倉地帯であったためシェアが15％内外に高まり，さらに石炭・鉄鋼業ではザールを含めて30％前後に及び，鉄鉱石ではロレーヌ産のミネットを中心に75％（ただし低品位のため価額では50％弱）にも達した。これら生産地帯の喪失が戦後ドイツ経済に再編を迫ったことはいうまでもないが，それについては次節で述べよう。なお以上のほか，ドイツ弱体化のため軍備もきびしく制限され（陸軍は10万人以下，海軍は1.5万人以下で，潜水艦や空軍は保有禁止），さらにライン左岸の全域と右岸の50キロメートル幅が永久非武装地帯に指定され，その監視のため連合軍が15年間ライン左岸に駐留することとなった。

　また対外面では，ドイツは植民地や対外投資の資産・権益を没収されたほか，戦争責任を一方的に負わされ，その加害にたいして膨大な賠償を義務づけられた。この賠償は現物と現金とからなり，現物賠償としては，大型船

舶・鉄道施設等の一括引渡しと，大量の石炭等の継続的引渡しが求められたが，それ以上に負担となったのは巨額な現金賠償であった[11]。この賠償問題は以後のドイツ経済に決定的な悪影響を及ぼした。

　講和条約では，連合国賠償委員会が21年5月までにドイツの賠償総額を決めることとしたが，英仏とくにフランスが過大な要求に固執したため，その総額はドイツの支払能力をはるかに超えるものにふくれあがった。こうして21年5月の第2回ロンドン会議で連合国は，賠償総額を1320億金マルク，その元利償還用に年々6％を徴収することとし，当面は年次金として20億金マルクと輸出額の26％とを徴収するという方針を決定し，これをドイツ側に最後通牒として突きつけ，1週間以内に受諾しなければルール地方の軍事占領に踏み切ると通告した。そこでドイツ側は，支払不能を承知のうえやむなくそれを受諾し，同月中に満期の10億金マルクをとりあえず支払ったが，同年末にははやくも次回分の支払猶予(モラトリアム)を申請せざるをえなかった。これにたいして連合国の内部では，あくまでも強硬な賠償取立てを主張するフランスと，これを牽制してドイツの支払能力の範囲内での取立てを主張するイギリスとが対立し，賠償会議は再三にわたって空転をつづけた。これに業を煮やしたフランスは，ベルギーとともに23年1月，ドイツの生産物賠償引渡しの遅延を口実にしてルール地方の軍事占領に踏み切った。そこでドイツ政府は，これを講和条約違反だとして占領軍にたいする消極的抵抗を命令し，占領軍への生産物賠償の引渡しを停止させるとともに，占領地域での経済活動の麻痺による企業の損失や失業にたいしては財政資金から巨額の補償を支払うなどして，強硬に抵抗をつづけさせた。このため独仏関係は決定的に悪化し，賠償交渉も完全に暗礁に乗り上げたが，他方でドイツ経済も生産の激減やインフレの破局化によって崩壊寸前の状態に陥った。そこで同年8月に政権が交替し，翌月末には連合国との関係改善とインフレ収束のため消極的抵抗を中止するにいたった。そしてこのあと，アメリカの主導のもとに賠償委員会が改組され，やがて賠償問題も一応の解決をみることとなるのである。

　このようにヴェルサイユ体制は新生ヴァイマル体制の抱える困難をいちじるしく加重した。ことに賠償問題によるインフレの加速化は経済の攪乱と大

衆の生活不安を激化し，新体制にたいする不信ないし不満を増大させたが，これを土壌にして左右の反体制運動も盛んになり，政治的動揺がつづくこととなった。その間の経済過程は次節でみることとして，以下ではまず政治過程を一瞥しておこう。

ドイツでは19年中頃の講和条約調印・新憲法成立のあと，20年3月に右翼の旧将校らが反動的政治家カップを擁立して新体制打倒の一揆をベルリンで起こした。これにたいして旧軍隊の後身である国防軍は静観をつづけたから，バウアー政府は中部ドイツに逃れ，カップが新政権を宣言したが，労働組合が抗議ゼネストを打ったため一揆はわずか4日で潰え去った。この闘争で主役を演じた労働組合は，このあとゼネスト中止の条件として，社会民主党と独立社会民主党とによる労働者政権の樹立や社会化の貫徹を政府に要求した。しかし，前者は両党の相互不信とくに左派の反対のために実現せず，社会民主党のミュラーを首班としたヴァイマル連合政府に衣がえしただけに終わり，後者も社会化委員会の再発足をみたものの，前回と同じく成果なしに終わってしまった。そればかりでなく，一揆の責任者の厳重処罰という公約も反故にされ，逆にルール地方では労働者の一揆反対組織たる赤軍が政府派遣の国防軍によって流血のうちに鎮圧されるなど，政府は無定見な右よりの政策をつづけた。

このため20年6月の第1回国会選挙では，後出の図1-2にみるように与党の得票が半減して左右の野党が進出し，政権は中央党のフェーレンバハを首班に民主党・国民党の参加する右よりのものに代わった。他方，党勢を拡大した独立社会民主党は同年10月の大会でコミンテルンの働きかけによって左右に分裂し，多数を占めた左派は共産党に合流し，執行部派の右派は22年9月に社会民主党に戻ることとなった。この分裂で党勢を一挙に拡大した共産党は，21年3月にコミンテルンの指令に盲従して中部ドイツで社会主義革命の蜂起を企てたが，これは国防軍によって簡単に鎮圧されてしまった。そのあと5月には，既述のようにロンドン会議で過大な賠償を押しつけられ，政権は中央党のヴィルトを首班とするヴァイマル連合政府に代わったが，ヴェルサイユ条約への反撥が強まるなかで，かつて休戦条約に調印した中央党の

財政通エルツベルガーが8月に暗殺され、さらに10月には上部シュレジエン東部が住民投票を無視して割譲させられたことで国民の不満は高まり、翌22年6月には新体制支持派のラーテナウ外相が暗殺されるなど、政治的・社会的不安はますます深まった。このため11月に政権は右よりのクーノー政府に交替したが、これはルール占領にたいする消極的抵抗で国内の混乱を深め、23年8月にベルリンの反政府ゼネストによって退陣に追い込まれたのである。

このあと国民党のシュトレーゼマンを首班に、右は同党から左は社会民主党にいたる大連合政府が発足した。この政権は、破局的事態を収拾するため、9月26日に消極的抵抗を中止し、翌日には不穏な運動を抑えるため戒厳令をしき、翌10月13日には授権法によってインフレ収束のための全権を掌握したが、その行く手には左右両極の反抗が控えていた。まず右翼の動きからみてゆくと、既述のカップ一揆以来右翼政権のつづいたバイエルン邦は、旧体制の復活を望む各種右翼運動の拠点をなしてきたが、同邦政府は9月26日、中央政府の対仏屈服路線に反撥して、邦内に軍事独裁体制をしき、中央への対決の構えを示した。そこで中央政府は翌日、対抗措置として全国に戒厳令をしいたが、両者のにらみあいはその後もつづき、翌10月19日に同邦内の国防軍が中央の統制を離れて邦政府側につくに及んで、武力衝突による内乱の危機が迫った。そのうえライン左岸では、フランスの差金によって分離派が10月21日にライン共和国の独立を宣言するなどして、国内分裂の様相が強まった。他方、左翼の側では、共産党が21年3月の蜂起失敗のあと柔軟な社共統一路線に切り替えて勢力を挽回してきたが、23年夏のゼネストによる政府打倒のあと、革命情勢の成熟を予想したコミンテルンの指令により再度武装蜂起を構想した。その拠点は中部ドイツのザクセンとテューリンゲンの両邦であり、ここでは共産党の閣外協力によって社会民主党左派の政権が成立していたが、10月中旬、共産党は突如として連立政権の結成に踏み切り、反中央の蜂起を準備した。もっともこの蜂起は直前になって中止され、連絡のミスのためハンブルクでは24日に警察署を襲撃して簡単に鎮圧されてしまったが、このあと中部両邦の連立政権は国防軍の進撃によって倒され、左翼運動はふたたび昏迷をつづけることとなった。

表 1-5 戦後内閣の変遷（1918～25年）

発 足 日	期 間	首 相（党）	与 党	総議席中与党議席	備 考
18年11月9日	3ヵ月	エーベルト（SPD）	SPD/USPD	――	18年末 USPD 閣外へ
					国民議会の成立で交替
19年2月13日	4ヵ月	シャイデマン（SPD）	SPD/Z/DDP	311/421	講和条約のため退陣
19年6月19日	9ヵ月	バウアー（SPD）	SPD/Z	236/421	10月からDDP参加
			SPD/Z/DDP	311/421	カップ一揆のため退陣
20年3月26日	3ヵ月	ミュラー（SPD）	〃	〃	総選挙に敗れて退陣
20年6月21日	10ヵ月半	フェーレンバハ（Z）	Z/DVP/DDP	189/459	賠償最後通牒のため退陣
21年5月10日	6ヵ月	ヴィルト（Z）	Z/SPD/DDP	205/459	多数派工作に失敗し退陣
22年11月16日	9ヵ月	クーノー（DVP）	DVP/Z/DDP	168/459	消極的抵抗の破綻で退陣
23年8月13日	3ヵ月半	シュトレーゼマン（DVP）	DVP/SPD/Z/DDP	268/459	10月3日 SPD 閣外へ
					信任投票に敗れて退陣
23年11月30日	12ヵ月半	マルクス（Z）	Z/DVP/DDP	187/459 152/472	総選挙に敗れて退陣
25年1月16日	16ヵ月	ルター（無所属）	DNVP/Z/DVP/DDP	255/493 171/493	26年1月 DNVP閣外へ

（注）政党名については図 1-2 の注を参照。

　このように同じ反中央政府の動きでありながら，中部ドイツでは合法的な左翼政権が国防軍によって打倒され，バイエルンでは右翼政権が放置されたわけであり，社会民主党はこの差別に抗議して11月早々に閣僚を引き揚げて野党に回った。これによる中央政府の右傾化を歓迎してバイエルン政府は対決の姿勢を事実上ゆるめたが，逆にこれにしびれを切らして，ヴァイマル体制打倒のため同邦軍を中央への進撃に踏み切らせようとして，ヒトラー以下のナチスは大戦中に活躍したルーデンドルフ将軍と組んで11月8日にミュンヘンで一揆を起こした。だが思惑に反して同邦軍は決起せず，逆に一揆をあっさり鎮圧し，やがて同邦と中央との対立も緩和していった。こうして左右両極の反抗を切り抜けたシュトレーゼマン政府は11月15日，新通貨レンテ

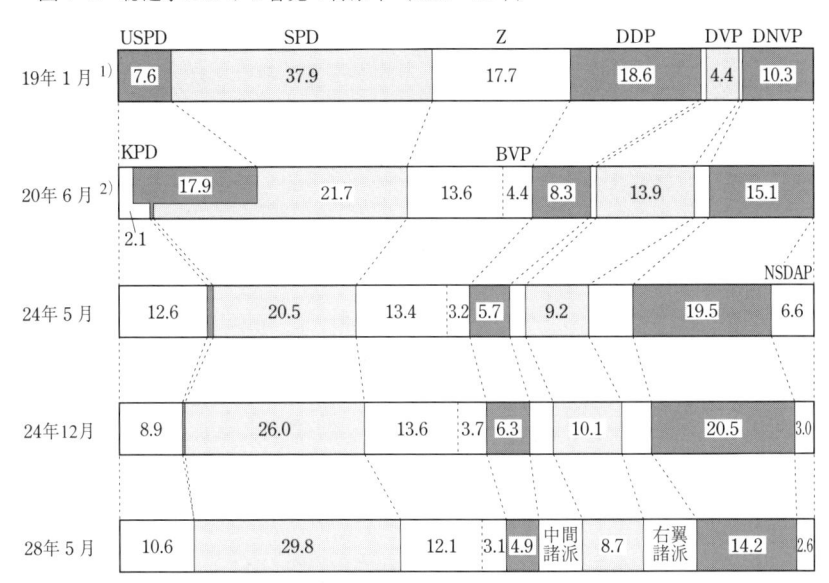

図 1-2　総選挙における各党の得票率（1919～28年）

	USPD	SPD	Z	DDP	DVP	DNVP		
19年1月 [1]	7.6	37.9	17.7	18.6	4.4	10.3		

	KPD		SPD	Z	BVP		DDP		DNVP
20年6月 [2]	2.1	17.9	21.7	13.6	4.4	8.3	13.9		15.1

									NSDAP
24年5月	12.6	20.5	13.4	3.2	5.7	9.2		19.5	6.6
24年12月	8.9	26.0	13.6	3.7	6.3	10.1		20.5	3.0
28年5月	10.6	29.8	12.1	3.1	4.9	中間諸派 8.7	右翼諸派	14.2	2.6

（注）　政党名は左から，KPD 共産党，USPD 独立社会民主党，SPD 社会民主党，Z 中央党，BVP バイエルン国民党（中央党の同邦組織），DDP 民主党，中間諸派（経済党，農民党），DVP 国民党，右翼諸派（ハノーヴァー党，農村同盟，農民・農村住民党，その他），DNVP 国家国民党，NSDAP ナチス。
　　1）19年1月は国民議会選挙，以後は国会選挙。
　　2）20年6月については，一部の非投票地区での21年2月と22年11月の補充選挙分を含む。なお同年の USPD については，分裂後の議員数による得票の再配分をも表示。
（資料）　*St. Jb. D. R. 1924/25*, S. 389; *1933*, S. 539.

ンマルク（Rentenmark）の発行によってインフレ収束に着手したが，23日には国会での信任投票に敗れて退陣し，中央党のマルクスによるブルジョア中道政権と交替した。だがこの政権も，翌24年5月の総選挙は切り抜けたものの，通貨安定後の同年12月の総選挙には敗れ，無所属のルターを首班とするブルジョア右派政権と交替したのである。

　こうした政権の交替と国会選挙での各党の得票率を一括して示せば，表 1-5，図 1-2 のごとくである。革命が勃発した18年11月からインフレがほぼ収束した24年初頭までの5年余の期間に合計九つの内閣が登場したから，一内閣あたりの平均寿命はわずか半年余りであって，政情がいかに不安定であったかがうかがえよう。しかもその間に，選挙結果に明白に示されているよう

に，政治勢力の重心は左から右へと急速に移動していった。いうまでもなくそのことは，社会主義革命の流産と資本主義秩序の復活が，一時的な動揺をはらみながらも着々と進行していったことを物語るが，これ自体はまた窮極的には経済過程の資本家的再編によって基礎づけられたのであるから，つぎに戦後危機のもとでのドイツ経済の動向をみることとしよう。

第3節　インフレの昂進と経済の破綻

　第一次大戦が史上初の総力戦であっただけに，その終結は参戦各国の経済に新たな難問を投げかけた。膨大な軍需の停止と軍需生産の民需生産への転換は，大幅な資本価値の破壊や失業の発生など，各種の摩擦を一定期間にわたって不可避的にともなうからである。とくに失業問題は軍隊の復員によって増幅されるうえ，大衆の意識も戦争によって変化していたから，体制の動揺にもつながりかねなかった。もっとも戦勝国の多くでは，戦時中に抑えられてきた繰延べ需要の発動や，公債発行の停止にともなう財政金融政策の転換などに支えられて，インフレ的な戦後ブームが現出し，その過程で上記の摩擦もある程度は経済的に吸収され処理されたといってよいが，戦敗国ドイツの場合には，内外の政治的・社会的な圧力を受けて問題ははるかに深刻であった[12]。

　終戦後のドイツ経済は，一部の食糧・原材料生産地帯を失ったため輸入への依存度を高めたが，逆に各種の賠償支払いによって国際収支が圧迫されたため，さしあたりは主要食糧の輸入にもこと欠くありさまであった。そのうえ国内では政治的危機や労働争議が頻発したから，各種の経済活動はこの面からも麻痺せざるをえなかった。たとえば鉱工業生産（1913年基準）は，後出の図1-3の上段にみるように，18年の6割弱が翌年は4割弱にまで下がり，そのあと徐々に回復して22年には7割強にまで回復したものの，これも翌年にはルール占領による混乱のため5割弱にまで下がってしまった。また月別の動向がわかる石炭・銑鉄等の生産も，ストライキその他の外的要因によって異常な短期的落込みをくり返していたのである。

表 1-6　ドイツの国家財政収支(1919〜23年度)（単位：百万金マルク）[1]

年　度	歳出総額 A	うち講和条約関係経費 B	(B/A)	税　収	赤　字[2] C	(C/A)	期末蔵券中中央銀行保有率
			%			%	%
1919*	11,080	…		1,725	7,597	(68.6)	46.6
1920*	12,330	…		3,870	6,635	(53.8)	⎫ 38.8
1920	11,266	…		4,091	7,042	(62.5)	⎭
1921	11,964	5,111	(42.7)	5,236	6,627	(55.4)	53.8
1922	9,965	3,600	(36.1)	3,529	6,385	(64.1)	69.0
1923	14,963			2,913	11,791	(78.8)	——
うち 4〜10月	11,777	896	(7.6)	1,196	10,444	(88.7)	95.2

(注)　1) 1913年基準の生計費指数による換算値。ただし＊印は購買力指数による。
　　　2) 税収およびその他収入（少額のため表示を略）を超える歳出額。
(資料)　*Deutschlands Wirtschaft. Währung und Finanzen*, Berlin 1924, S. 30, 62, 95.
　　　ただし1919＊，1920＊年度は，F. Raab, *Die Entwicklung der Reichsfinanzen seit 1924*,
　　　Berlin 1929, S. 63; 1923年度は，*St. Jb. D. R. 1924/25*, S. 348.

　こうした実体面での低迷とあいまって，財政金融面でも混乱がつづいた。国家財政はそれまで総力戦のため毎年巨額の赤字をつづけてきたが，戦後も事態は好転しなかった。戦争の後始末としての公債費や軍人恩給費，講和条約に基づく賠償費や駐留軍費，接収企業への補償費，さらにはヴァイマル体制の維持費とでもいうべき各種の社会政策費——これらのため財政支出は膨張したのに，租税収入は再三の増税措置にもかかわらず到底それに追いつかなかったからである。そしてこの赤字は，戦時中と同じく短期の大蔵省証券（蔵券）の中央銀行引受けによってカヴァーされたから，通貨が膨張しインフレが加速された。これを抑えるため，中央銀行はその蔵券の市中銀行への売却，いわゆる市中消化に努力しはしたが，それも部分的にしか成功しなかった。こうしてインフレが進行すれば，市中銀行は実質価値の減価する蔵券への投資を当然敬遠するようになるから，蔵券の市中消化率はいっそう低下するし，また国家財政では，支出が物価上昇に応じて膨張するのに税収は過去の低物価水準に応じた額でしか入らないから，赤字がますます増大せざるをえなかった。つまり，インフレがインフレを呼ぶという悪循環が進行し，事態は破局への一途をたどったのである。当時の国家財政の収支は表1-6の

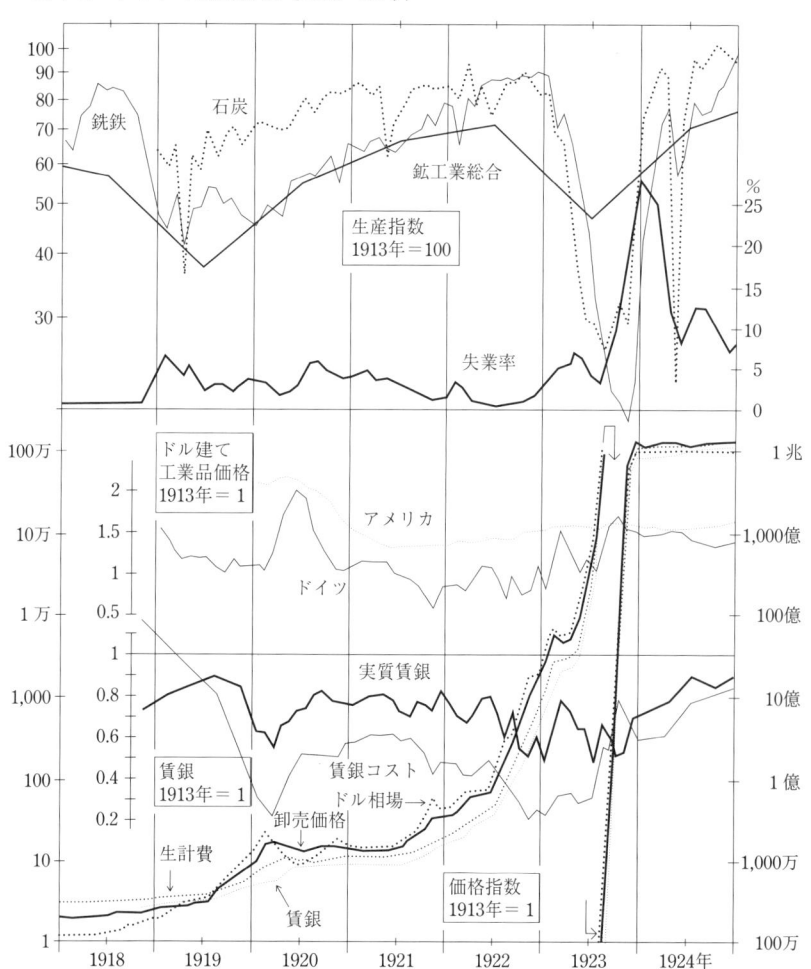

図 1-3 ドイツの経済指標（1918～24年）

(注) 1) 鉱工業生産指数と価格指数は対数目盛による。
2) 上段の石炭・銑鉄月別生産は，原数値が各時点で異なる領域によるため，年数値に基づいて統一的な新領域に換算した推定値。
3) 下段の実質賃銀は（名目週賃銀）÷（生計費）。また賃銀コストは（名目時間賃銀）÷（工業品卸売価格）。ただし資料上の制約から賃銀はいずれも熟練工のそれ。

(資料) 生産指数：年次別は Wagenführ, *Die Industriewirtschaft*, S. 64. 月別は Hesse, *Die deutsche Wirtschaftslage*, S. 488-489.
ドル建て工業品価格：*Deutschlands Wirtschaft. Währung und Finanzen*, Berlin 1924, S. 24 により，一部をその他で補足。上記以外は主として G. Bry, *Wages in Germany 1871-1945*, New York, 1960, pp. 432, 442-454 により，一部を *St. Jb. D. R. 1924/25* 等で補足。

ごとくであった。インフレの速度が異常なため名目額での表示は意味がないので，同表ではその影響を消去した実質額を示したが，歳出に占める赤字の割合が当初の5割台から23年には9割近くにまで上昇し，これに応じて蔵券残高のうち市中で消化されない中央銀行保有の割合も急速に高まったこと，また賠償費を中心とする講和条約関係経費（ただし23年度は賠償問題に起因した消極的抵抗への援助費）が財政赤字の唯一ではないにしても重要な一因であったこと，などがそこから読みとれるであろう。

むろんインフレのテンポはその間にも一様ではなかった[13]。図1-3の下段にみるように，卸売価格その他の指数は，18年末の終戦時にはなお戦前の2～3倍であったのが，19年後半に高騰して20年春には戦前の10～20倍に達したが，そのあと1年余はほぼ横ばいをつづけた。この一時的安定は，エルツベルガー蔵相の一連の税制改革による財政再建策の成果でもあった。その点でとくに重要なのは，20年3月の所得税法と法人税法であり，これによって両税の課税権は邦から国に移された。もっともその税収は過半（さしあたり3分の2）が邦に還元されたが，それでも国の取り分は国税収入の主要項目をなし，事実，表1-6に示した20～21年度の税収の伸びは主としてそれらに負っていた。また長期的にみれば，統一国家の形成が遅れたドイツでは，これまで国は固有の税源として関税と消費税しかもたず，歳入不足分は邦からの分担金でカヴァーする建て前であったが，いまや国が主要な直接税をみずから握ることによって邦の制約を脱し，財政上ひいては政治上の中央集権化を達成しうることとなったのである。だが，こうした画期的な改革にもかかわらず，財政の再建によるインフレの収束は功を奏さなかった。21年5月のロンドン会議による巨額の賠償金支払いを契機にインフレは再燃しはじめ，8月のエルツベルガー暗殺，10月のシュレージエン東部割譲などによる政治的不安を背景に，22年中頃までの1年間に，ドル相場の急騰に引きずられる形で卸売価格も戦前の15倍から100倍近くへと急騰した。そして22年6月に新体制支持派のラーテナウ外相が暗殺されて以後，賠償問題の昏迷による先行き不安からインフレのテンポは一段と早まり，23年初頭のルール占領までに物価は戦前の5000倍にまで暴騰した。このあと外国為替市場での中央銀行

のマルク買支えによって通貨価値は一時もちこたえたものの，これも同行の金・外貨準備の枯渇のために短期で終わり，ルール占領による経済活動の麻痺，占領地域での徴税不能，消極的抵抗のための財政支出膨張などのため，インフレは最終の破局的段階を迎えた。この段階では物価は文字どおり時々刻々と暴騰し，23年春の戦前比5000倍が8月には100万倍，11月には1兆倍余にもなった。こうした天文学的水準への物価狂乱のため，経済生活には種々の珍現象が生じた。たとえば中央銀行は，百余の民間印刷所を動員しても銀行券の印刷が間に合わず，旧券にスタンプを押して高額券にしたり，企業は賃銀支払用に局地的にのみ流通する緊急通貨を発行したりしたが，大衆は受け取った紙券が減価するまえに生活資料を買うため，毎週の支払日には給与をリュックサックやトランクに詰めて商店に駆けつけるのが習慣となった。こうした情況では，企業は在庫の値上がりを待つほうが有利であるから，生産は当然大幅に収縮し，国民経済は崩壊のふちに立たされることとなった。

　ちなみに，この破局的インフレの原因については，当時，大別して二つの説が対立した。一方は，過重な賠償による国際収支の悪化，それによるマルク相場の暴落を主因とみる説であり，他方は，ドイツ政府の放漫な赤字財政による通貨膨張を主因とみる説である。そしてこの両説はインフレ責任論と絡みあい，前者はおもにドイツ当局によって連合国の過酷な賠償政策への抗議をこめて主張され，逆に後者はおもに連合国側によってドイツ政府の無責任さへの非難をこめて主張された。むろん理論的には赤字財政による通貨膨張をインフレの主因とみなす後者の説が基本的に正しいが，しかしインフレが自己増殖しだした戦後の段階では，当の財政赤字の主要原因が賠償にあり，しかもマルク相場の下落が国内物価の高騰をリードしたという点で，前者の説にも一定の現実的根拠はあったわけである。

　それはともかく，この戦後インフレ期に資本はいかに対応したであろうか。既述のように革命期に資本は，体制擁護のため労使協調路線にそって大幅に譲歩し，8時間労働制の採用や組合との協約による労働条件の改善に応じた。これによって賃銀はかなり引き上げられ，19年夏までに実質で戦前水準の9割にまで回復したし，また炭鉱では同年春に7時間制が採用されもした。こ

れらが資本の価値増殖にとって重い負担となったことはいうまでもない。そこで，革命情勢が後退しインフレが進行するにつれて，資本は失地の回復を目ざして，さしあたり経済的な負担の転嫁に乗り出し，前図にみるように，名目賃銀はその後も労働協約をつうじて上昇しつづけたが，19年末以降，その上昇は生計費の上昇に遅れがちとなり，実質賃銀は一進一退をくり返しながらも戦前水準の7～8割に抑えられ，22年中頃からはさらに低下傾向を示した。なお，この生計費は社会政策的な配慮から，主要食糧への価格差補給金や家賃統制などによって上昇率を低められていたのであって，一般の卸売価格はそれ以上に高騰した。したがって，企業にとっては販売価格たる卸売価格に比して賃銀コストは大幅に低下し，戦前水準の半分ないし3分の1にまで下がった。むろん反面では，経済活動の麻痺による生産性の低下や雇用の水増しが避けられなかったから，賃銀コストがそれほどまで低下したわけではないが，価格関係をつうじて剰余価値率ないし分配率が資本に有利に展開し，利潤率が上昇したことは疑いない。そのうえインフレ期には，換物運動のため販売期間が短縮して資本の回転が早まり，在庫も値上がりをつづけるし，はては固定資産の低評価のため本来の償却費の一部が利益金に計上されたりもするから，企業の収益率はさらに高められた。しかも対外関係では，賠償問題の昏迷によりマルク相場の下落が国内物価の上昇を上回ったから，ドイツ商品は世界市場で割安の状態をつづけた（前図の中段参照）。ちなみにドイツは講和条約によって25年春までの5年間，関税自主権を奪われ，連合国にたいして最恵国待遇を一方的に認めさせられたが，それにもかかわらずインフレ下での一種の為替ダンピングによって，輸入を防遏しつつ輸出を拡大しえたのである[14]。

　こうした価格関係の有利さと輸出市場の拡大に支えられて，企業の収益は改善され，インフレ景気がつづいた。多くの国では20年に戦後ブームが崩壊して激しい反動恐慌が勃発したが，ドイツはなお価値増殖の条件を残していたため恐慌をまぬがれ，生産の回復を持続できたのである。したがって，当初懸念された失業問題もあまり尖鋭化せずにすみ，企業は生産拡大のため設備投資や企業集中を活潑に展開した。ことにルール地方の鉄鋼企業は，ロレ

ーヌ地方の割譲によって鉱石・銑鉄の生産施設を失ったから，原材料から製品までを統合した混合企業体制を再建するために設備投資や企業集中を急ぐ必要があった。しかもそのさい，一方では戦後の市場関係の激変に対応するため原材料部門から加工部門へ進出したり，他方では現物賠償などのため不足がちな石炭等を確保するため加工部門から原材料部門へ進出したりして，企業集中は異部門間でも活潑化した。

　そうした企業の再編成は巨額の資金を必要としたから，当然に銀行信用が大幅に利用された。ことにインフレ下では借入金の実質価値が返済時までに減価するから，企業は信用の利用を有利とし，そのため大企業のなかには銀行を新設または集中して自己の機関銀行 (Hausbank) とするものも現われた。ちなみに銀行はインフレの進行につれて資本価値を破壊され，自力での貸出し能力を低下させたが，とくに22年以降は中央銀行からの借入によってオーヴァーローンをつづけたのである。そして中央銀行は，復興資金を供給するという建て前から民間銀行への貸出しを伸ばし，22年秋からは民間企業への直接融資にさえ乗り出したが，それらは通貨の膨張，インフレの進行をさらに加速する要因となった。それと並行して，インフレの昂進につれて換物運動の一環として大衆の株式投資も拡大し，またマルクの暴落により外国人のドイツ株式取得も増大したから，株式市場は活潑化して投機的様相をも呈し，株式の買占めによる企業の乗っ取りも盛んになった。こうした貨幣市場や資本市場の動向を背景にして，企業集中は金融的に促進され，コンツェルンの形成が進行した。ちなみにコンツェルン (Konzern) とは，株式保有を基礎にした企業間の金融的統合を指し，戦前にもその例はみられたが，戦後のインフレ期に急速に普及し，そのさい戦前とは異なって統合の主導権が大銀行よりも大企業家の手に移り，一部では産業的連関をまったく欠くものさえ登場するようになったのである[15]。その典型をなしたのが，つぎにみるシュティンネス・コンツェルン (Stinnes-Konzern) であった[16]。

　フーゴー・シュティンネスは，ルール地方の石炭回漕業から出発して，20世紀初頭には石炭・鉄鋼企業家の地位を築いた。その中心企業は，ルールとロレーヌ周辺の両地方に事業所をもつ混合企業 (Deutsch-Luxemburgische

Bergwerks- und Hütten-AG) であったが, 同社は戦後, ロレーヌ周辺の事業所を失って規模が縮小し, 残余の部分でも鉄鋼に比して石炭の部門が弱体であるなど, 混合企業としては不完全なものとなった。他方, 石炭業界の大立者エーミル・キルドルフの支配する最大の炭鉱企業 (Gelsenkirchner Bergwerks-AG) は, 今世紀初頭にロレーヌ等々の地方に進出して鉄鋼部門をそなえ, ようやく混合企業化したが, 戦後はこの部門を失ってもとの炭鉱企業に転落した。そこで両首脳は混合企業体制を再建するため, 相互補完関係にある両社の合併を企てたが, 税金対策上, 合併は避けてコンツェルンの形成をはかり, 20年8月, 両者の利益金の共同配分を内容とした期限80ヵ年の利益共同体契約を結び, 両社の親会社としてラインエルベ・ウニオン社 (Rheinelbe-Union GmbH) を設立した。その直後の10月には, 同地方の優良鋼メーカーの混合企業 (Bochumer Verein AG) が傘下に加わったが, これは当時の経済情勢を反映して, 投機筋が市場で同社の株式を買い占めたのを, ラインエルベが鉄鋼部門強化のため高価で買い受けたものであって, その代金は前記両社の被接収工場の補償金でまかなわれた。そして同年12月末には, 2大電機メーカーの一つであるジーメンス (Siemens & Halske AG) が子会社のシュッケルト (Schuckert & Co) 等とともに, 原材料の確保や金融力の利用を狙って傘下に加わった。ここに石炭・鉄鋼から電機にいたる巨大コンツェルンが形成され, 社名もジーメンス・ラインエルベ・シュッケルト・ウニオン (SRSU) と改称された。

　以上が産業的連関をもつ有機体であったのにたいして, それとは別に雑多な企業をシュティンネスの持株会社 (Hugo Stinnes GmbH) のもとに糾合した大個人コンツェルンがあった。その構成は「産業デパート」と呼ばれたほどに多種多様であり, 業種も石炭・鉄鋼のほか石油・化学・造船・海運・鉄道・ホテル・木材・製紙・新聞・出版・商業・金融・建設等々に及んだ。このなかには, コンツェルンの機関銀行にする予定でベルリン大銀行の一つ (Berliner Handels-Gesellschaft) への資本参加も含まれていたが, 同行が株式合資組織であって合資者側が強硬に抵抗したため目的を果たさず, 結局はライン地方の銀行 (Barmer Bankverein) が代役を果たすこととなった。そしてこ

れが中央銀行の信用に支えられて融資を伸ばすことによって，シュティンネスは支配網を急速に拡げ，最盛期には前記の SRSU を含めて合計1664社（2890事業所）に資本参加し，莫大なインフレ利得をあげることに成功した。こうして彼はドイツ経済の支配者にのしあがるとともに，政治的には国民党右派の代議士として，傘下の新聞・出版による世論操作をつうじて旧体制復活の反動路線を追求し，23年秋には，反ヴァイマルのクーデタをさえ計画した。もっともこれは画餅に終わり，やがて金融難のため彼のコンツェルンも崩壊し，傘下企業は分解し再編されることとなった。その意味でも彼のコンツェルンは，まさにインフレ期を象徴するあだ花に終わったのである。

　それと似たことは，規模でこそ劣るものの，他の一連の大企業でもみられた。また大企業以外でも，一般に生産者はインフレ下で価格関係をつうじて有利な立場にあった。たとえば農業者も食糧難を背景に高販売価格を享受し，これまで零落しつづけたユンカーでさえ実質価値の低下した債務を容易に返済できたのである。むろんその反面には多くのインフレ犠牲者がいた。金融資産の減価によって銀行その他の金融機関は弱体化したが，社会的には金利生活者がとくに打撃を受けて没落し，さらに職員等の新中間層も俸給の生活給化によって困窮化し，ヴァイマル体制のへの反撥を強めたのである。そして労働者階級も，既述のように実質賃銀の低下に苦しみ，そこから賃銀の物価スライド制への要求を強めたが，組合はそれが自己の交渉力の減退につながるとして，さしあたり消極的な態度を示した。しかし，物価が刻々上昇するインフレの最終局面では，事態はもはや放置できなかった。すでに22年秋以来，企業間取引ではドル建てマルク払いが普及しだしたが，23年夏からは賃銀も毎週ドル建てのマルク額で協定されるようになった。むろんそれでも，賃銀の協定時と支払い時のわずかなあいだにすでに価値下落が生じるため，労働者の窮乏化は避けられなかったが，ドル基準の価格形成が普及するにつれて，国内での賃銀価格関係にしても国外での為替ダンピングによる競争力にしても，インフレのメリットは減退せざるをえなかった。こうして資本にとってインフレの旨味がへり，逆に社会不安による体制的危機が激化するに及んで，インフレの収束が現実の急務とされることになった。そしてこの課

題は，23年夏に発足したシュトレーゼマン大連合政府の双肩にかかることとなった[17]。

インフレの根本的原因が放漫な赤字財政とこれを支える中央銀行の信用膨張にあった以上，その収束が財政収支の均衡と金融の引締めを軸としたことはいうまでもない。通常であれば，それらによって一定期間後には通貨価値が安定し問題は片づくはずであるが，当時のドイツではこのほかに新たな安定通貨の創出も急務とされた。というのは，天文学的インフレによって現行通貨への信認はまったく失われ，とくに農民はマルクと引換えでは食糧の販売を拒否しだしていたので，一般から信認されうる新通貨を早期に発行しなければ，国民経済は困難な過渡期を乗り切れないからである。そして当時の常識では，この安定通貨の発行は金本位制への復帰と結びつけられていたが，これにすぐに踏み切ることは，ドイツの公的金準備が不足していたため困難であった。そこで，さしあたり金と結びつかない暫定通貨としてレンテンマルクが23年秋に発行され，これをてこにしてインフレ収束が強行されることとなった。

この新通貨は，元蔵相のヘルフェリヒが23年8月に提案したライ麦マルクの構想に立脚して，農業者と商工業者のもつ土地その他の資産を担保にして発行される銀行券であった。もっとも彼の構想は，ライ麦を通貨価値の基礎とすることで農業者を不当に優遇するものであるとか[18]，そうした通貨では国際的に通用せず破綻するとかの理由から，強い反対にあい，ドイツ産業連盟をはじめとする工業界・金融界の資本家団体は金本位制への即時復帰を要求し，社会民主党出身のヒルファディング蔵相も同様の反対を表明した。しかし国民党党首のシュトレーゼマン首相は，農業者の意を迎えることで難局を打開する必要もあって，ヘルフェリヒ構想の採択を指示し，その枠内で資本家側の反対意見をも取り入れた改訂案を策定させる一方，10月初めには蔵相を更迭し，同構想に賛成のルター農相を充てるなどした。こうして出来上がった最終案の要点を示せば，まず全国の農業者と商工業者に，その土地その他の資産に各16億レンテンマルクの債務を強制的に負わす形で出資させることによって，レンテンバンク（Deutsche Rentenbank）を設立する。これ

に基づいて同行は，計32億の金マルク建て債券を発行し，これを引当てにして最高32億，しかし当面は24億までのレンテンマルク銀行券を発行する。ちなみにこの銀行券は，上記の金マルク建て債券と兌換されうる点で，一見，金と結びつくかのごとくであるが，それはたんなる擬制にすぎなかった。そして24億の銀行券は，半分が政府に，半分がライヒスバンク経由で民間に貸し出されるが，政府貸上げについては，既発蔵券の償還用に3億までを無利子とする代わりに，今後は新規蔵券のライヒスバンク引受けを全面的に停止させることとした。つまり，この定額の貸上げを最期に，財政の健全化と金融の引締めが強制されたのである。このようにレンテンマルクは，それ自身では金と結びつかないたんなる紙券であったが，旧マルクと異なって発行限度が画されているうえ，土地その他によって価値が保証されているかのように一般に考えられたことで，安定通貨として歓迎され，いわゆるレンテンマルクの奇蹟として，インフレ収束に大きな役割を演じた。むろんこの「奇蹟」は，新通貨への信任という心理的要因によって助けられはしたが，基本的にはその発行開始とともに財政金融政策が転換してインフレの根因が除去されたことによるものであった。

　だが，インフレの収束はたんなる財政金融問題にとどまらず，政治の全般にわたる大問題であった。通貨安定は，インフレ景気のもとで水ぶくれをつづけた企業の整理倒産や労働者の失業など，いわゆる安定恐慌を随伴し，社会不安の増大や階級対立の激化を必至とするからである。こうしたなかで政策を強行するには，強力な政治力が必要であるが，安定した政治勢力が存在しないドイツの現状では，国会で授権法を成立させて政府が一時的に独裁権を握るしかなかった。だが，それにも労使の対立が複雑にからんだ。デフレ下で激化する競争に耐え抜くため，資本は労働時間の延長による労働コストの低下を追求し，ヴァイマル体制の発足時にみずから承認した最高8時間制の撤廃を強く政府に迫り，労働側はこれを革命の成果の否定として強い反撥を示した。この対立は，与党の内部でもそれぞれの利害を代弁する国民党と社会民主党との対立となって現われた。そこでシュトレーゼマン首相は，インフレ収束のため「財政・経済・社会の領域で必要かつ緊急とみなされる措

置を講ずること」についての授権法を国会で成立させるため，労働時間については手をつけないことを社会民主党に約束することで同党の支持をとりつけ，10月13日に同法の成立に成功した。しかしこれは，ヴァイマル体制の修正を狙う右翼資本家の不満を買い，彼らの政府不信ひいてはクーデタ計画をも促したし，また社会民主党もその後の中部ドイツでの社共連立政権への政府の弾圧に抗議して，11月初めに下野するにいたったから，政府は11月23日に信任投票に敗れて崩壊することとなった。そして後任のマルクス内閣は，国会解散の脅しによって12月8日に授権法を再度成立させ，インフレ収束政策を継続したが，労働時間については資本の要求にそうこととなった。授権法下で公布された12月21日の労働時間令は，8時間労働の「原則」を一応うたいながらも，労働協約その他による「自主的」な時間延長を正式に認め，実際にもこれ以後は時間延長が一般化するにいたった。敗戦直後に労働にたいして譲歩した資本は，インフレ期に実質賃銀の切下げをつうじて経済的に失地を回復したあと，いまや法的にもそれを認めさせることに成功したのである。

　こうした政治的背景のもとで，通貨安定策が展開された。10月13日の授権法に基づいて15日付でレンテンバンク設立令が公布され，同行は23日にライヒスバンク内に設立され，11月15日に発券業務を開始した。ちなみにその責任者たる通貨管理官には，のちに「金融魔術師」として活躍するシャハトが就任し，さらに12月には急逝したライヒスバンク総裁の後任者にもなったが，金本位制即時復帰論者である彼は，とりわけ新通貨レンテンマルクの対外価値の確定を急いだ。発券開始の11月15日現在，ベルリンの公定ドル相場は2.5兆マルクであったが，これは中央銀行の政策的介入による実勢から遊離したマルク高であり，政策的介入の及ばない占領下のケルンでの相場は5.8兆を記録していた。そこで彼はドル相場の実勢への鞘よせをはかり，同月20日までに戦前相場の1兆倍に当たる4.2兆マルクに引き上げ，以後この水準に固定させた。なお同日のケルン相場は11.7兆であったが，中央銀行は強力な金融引締めによってドルの投売りを強い，12月10日には同地でも4.2兆の相場が形成された。こうしたドル相場の成立を媒介として，1兆マルク＝1

レンテンマルクの交換比率が確定され，過剰通貨の整理が前提を与えられることとなったのである。

ところで財政面では，蔵券残高はマルク相場の大幅切下げによって，当初の予定を下回る2億レンテンマルクで償還され，自余の財政支出に10億を充てうることとなったが，しかし蔵券の新規発行の道が閉ざされたため，徹底的な財政緊縮と税収増大が至上命令となった。そこで政府は，授権法に基づく一連の緊急令によって，国鉄・郵便等の政府事業での独立採算制による財政支出の打切り，地方交付金の削減，官吏の4分の1に上る首切りと減俸，さらには失業扶助金の受給資格の制限や労使双方からの掛金徴収などをはかり，他方では租税の納期繰上げや税率引上げなどを強行した。それでも当面は財政収支が均衡せず，23年末には12億レンテンマルクの借入限度をほぼ使いはたし，その増額申請も拒否されて苦境に立たされたが，いっそうの引締めによって24年1月からはようやく収支の均衡をみることとなった。他方，民間経済もデフレ政策によって苦境に陥り，運転資金の枯渇から在庫の投売りや企業の破綻が続出し，完全失業率はそれまでの数％が23年末には30％近くにまで上昇した。こうした激しい安定恐慌は体制の動揺につながるため放置できなかった。財政に余力がないため，金融面でレンテンバンクの対民間発券によってライヒスバンクの民間貸出しが拡大された。これによって経済危機は緩和され失業率も低下しだしたが，逆に物価の反騰や為替相場の軟化も生じ，信用インフレの発生が懸念された。そこでライヒスバンクは4月初旬以降，信用割当制による強力な引締め政策に逆転し，同年夏にふたたび緩和に転じたあと，翌25年中頃から最終的な安定恐慌の仕上げに着手した。体制の弱さを抱えたドイツでは，安定恐慌による過剰資本の整理も，小出しにくり返されるほかなかったのである。

以上の国内措置と同時に，対外的には賠償問題が解決されなければ，財政面からのインフレ再燃の危険は去らなかった。そこでドイツ政府は23年10月，賠償との関連でドイツ経済の実情を調査するよう連合国側に要請していたが，強硬な態度をとってきたフランスがルール占領で失点をあげ発言力を低めたのを背景に，11月末，連合国側はアメリカ・イギリスの方針にそって，賠償

委員会のもとにドイツの財政・通貨および資本逃避をそれぞれ調査する二つの専門委員会（委員長は前者がドーズ，後者がマッケンナ）を設けることとなった。この両委員会は24年早々から精力的に作業を進め，4月に親委員会に報告書を提出したが，このドーズ委員会による賠償案が8月末日にロンドン会議で連合国とドイツの双方によって正式に調印され，当面の問題に一応の決着がつけられた。同案では，ドイツの賠償を支払能力の範囲内に抑えることで通貨価値の安定と両立させることに力点を置き，賠償総額は未定のまま残したが，標準年次金を25億金マルク（うち半額が国の予算から，残りは運輸税や鉄道債券・工業債券の利子で支払われる）と定め，さしあたり4年間（24年10月から28年9月まで）は復興途上の暫定期間として10億から出発して徐々に増額することとし，当初の2年間は予算からの支払いを免除した。ちなみに21年5月の最後通牒では年次金が20億金マルク・プラス輸出額の26％であったから，賠償負担はかなり軽減したわけである。それと同時に，通貨価値の安定との関連で，ドイツ側は所定の額をライヒスバンクの口座にマルクで払い込むだけでよく，その外貨による送金は連合国の賠償管理委員会がマルク相場を害さない範囲で適宜調整しつつ行なうこととされた。つまり，マルク相場が悪化する場合には，外貨での送金も延期されるという保護規定が設けられたのである。このほかドーズ案は，ドイツの金本位制への復帰を命令し，それに要する金準備を強化するため8億金マルクの外債（ドーズ公債）の発行をも認め，24年秋にそれがアメリカその他で引き受けられた。

　これを受けてドイツは，24年8月末に貨幣法・銀行法を改正し（10月1日施行），新通貨としてライヒスマルク（RM：Reichsmark）を制定し，1兆マルク＝1レンテンマルク＝1ライヒスマルク＝2.79分の1グラムの金，という関係のもとで10年ぶりに金本位制に復帰した[19]。戦前との対比でその特色をあげれば，国内での金貨流通が復活しなかったほか，ライヒスバンクの発券準備率が戦前の3分の1から40％に引き上げられた反面，このうち金準備は30％でよく，残りは主要諸国あての外国為替ですまされたし，さらに同行理事会の全員一致があれば一時的に40％の準備率を割ることさえ許された。銀行券の兌換も当分は外国為替でのみなされ，金兌換は数年後にようやく再

開される運びとなった。要するにそれは，戦前の金貨本位制の再現ではなく，それを緩和したゆとりある金為替本位制への復帰であった。ちなみにこれよりさき，金本位制即時復帰論者のシャハトは，イングランド銀行の支援のもとにポンドにリンクした銀行券を発行しうる金割引銀行 (Deutsche Golddiskontbank) を設立したが，アメリカ資本の利害を代表するドーズらの反対にあって目的をはたさず，さしあたり輸出金融機関として機能するにとどまったものの，しかしライヒスバンクの下部機関として中央銀行のなしえない各種の金融業務を代行するなどして，無視しえない存在であった。なお同じくライヒスバンクの代行機関であったレンテンバンクはその使命を終え，レンテンマルクの回収とともに清算されるはずであったが，通貨安定によって苦境に陥った農業への政策金融機関に転身し，新たな名称 (Deutsche Rentenbank-Kreditanstalt) のもとに存続することとなった。

　このように24年秋の金本位制再建は，戦前との対比では多くの問題をはらんでいたにもせよ，危機に瀕したドイツ資本主義の再生産が市場メカニズムに委ねられるまでにいたったことを示すものとして，資本主義的安定を象徴するものであった。むろん危機が去ったわけではない。危機を内包しながらもその爆発を回避することで，相対的な安定を保ったのである。そこで次章では，24年以降の相対的安定期のドイツ資本主義の動向をみることとしよう。

　注
　1) 以下で述べる大戦中のドイツ経済について詳しくは，K. Helfferich, *Der Weltkrieg*, Berlin 1920; F. Hesse, *Die deutsche Wirtschaftslage von 1914 bis 1923*, Jena 1938; L. Grebler and W. Winkler, *The Cost of the World War to Germany and Austria-Hungary*, New Haven, 1940（八木沢善次訳『独逸大戦経済論』多摩書房，1942年）; G. D. Feldman, *Army, Industry and Labor in Germany 1914-1918*, Princeton, N. J., 1965 等を参照。なお，大蔵省理財局編『独逸財政経済統計要覧（昭和2年10月調）』は，開戦以降の統計を収録すると同時に，簡潔で的確なコメントをも与えていて，有益である。
　2) 大戦中のドイツの政治過程については，A. Rosenberg, *Die Entstehung der Deutschen Republik 1871-1918*, Berlin 1928（足利末男訳『ヴァイマル共和国成立史 1871-1918』みすず書房，1969年）が，やや独断的な面を含みはするが，

3) 戦時社会政策については，L. Preller, *Sozialpolitik in der Weimarer Republik*, Stuttgart 1949, Buch 1 が，細部に若干の不正確さを含むとはいえ，最も詳しい。
4) この点で西ドイツのプレラーは，「同法が戦後の社会政策への発展にとって画期的意義をもつこと」を強調したが（Preller, *a. a. O.*, S. 42），これらにたいして東ドイツのリヒターは，「ヴァイマル共和国の社会政策がひとえにドイツ労働者階級の――たとえ失敗したにもせよ――暴力革命という事実によって規定されたことを，それは完全に見落とすものだ」として批判した（W. Richter, *Gewerkschaften, Monopolkapital und Staat im ersten Weltkrieg und in der Novemberrevolution〔1914-1919〕*, Berlin 1959, S. 78）。しかし，戦後の社会政策が革命の圧力に押されて拡充され制度化されたことは事実であるにしても，それは内容的には，宙で構想したものを戦後にいきなり実施に移したわけではなく，すでに戦時中に部分的に実施したものを実績に基づいて定着させたのであって，この連続面を無視する点でリヒターの批判は正しくない。彼の場合には社会政策の本質について誤解があり，それを単純に労働者階級の闘争の成果としてのみとらえ，それが国家によって社会主義防止のための政策として定着させられる点を軽視するために，戦中と戦後とをもっぱら断絶としてのみとらえることになるのである。
5) 産業分類を変えて軍需産業をヨリ狭義にとれば，ここでの雇用は13～18年に44％の増加となり，それに応じて民軍需混合部分では20％の減，民需部門では40％の減となる（G. Bry, *Wages in Germany 1871-1945*, Princeton, 1960, p. 194）。
6) Bry, *op. cit.*, pp. 197ff.
7) ドイツの11月革命については，すでに多くのすぐれた研究があるので，詳細はそれらに譲り，以下ではのちの叙述に必要なかぎりで要点を記すにとどめる。さしあたり邦語文献では，篠原一『ドイツ革命史序説』（岩波書店，1956年）が詳細で示唆に富むが，そのほか，有沢広巳・阿部勇『世界恐慌と国際政治の危機』（改造社，1931年）第1章，A. Rosenberg, *Geschichte der Deutschen Republik*, Karlsruhe 1935, Kap. I～V（吉田輝夫訳『ヴァイマル共和国史』思想社，1964年，第1～5章），E. Anderson, *Hammer or Anvil,* London, 1945, Pt. 2～3（大木貞一訳『ハンマーか鉄床か』東邦出版社，1973年，第2～3部），O. K. Flechtheim, *Die Kommunistische Partei Deutschlands in der Weimarer Republik*, Offenbach 1948, Kap. 2（足利末男訳『ヴァイマル共和国時代のドイツ共産党』東邦出版社，1971年，第2章），村瀬興雄『ドイツ現代史』（東京大学

出版会，1954年）第5～6章，野村修編『ドイツ革命』（平凡社，1972年），有沢広巳『ワイマール共和国物語』〔私家版〕（東京大学出版会，1978年）第3章，等をも参照。

8) ドイツの11月革命は，以下でみるように社会主義革命としては失敗に終わったが，しかしだからといって一部の論者のようにこの革命を，社会主義革命ではなくブルジョア民主主義革命だと規定するのは，ドイツ金融資本の存在をも無視したアナクロニズムにすぎない。その種の所説にたいする批判として，加藤榮一『ワイマル体制の経済構造』（東京大学出版会，1973年）序章を参照。

9) 戦後の社会政策上の施策については，包括的には，Preller, *a. a. O.*, Buch 2, B-I; *Deutsche Sozialpolitik 1918-1928: Erinnerungsschrift des Reichsarbeitsministeriums,* Berlin 1929; 花見忠『労働組合の政治的役割』（未来社，1965年）第2章を，またとくに労使協調路線については，F. Tänzler, *Die deutsche Arbeitgeberverbände 1904-1929,* Berlin 1929, S. 143-181; Richter, *a. a. O.*, Kap. V～VII; H.-H. Hartwich, *Arbeitsmarkt, Verbände und Staat 1918-1933,* Berlin 1967, Teil 1, Kap. I を参照。

10) 当時の社会化問題については，篠原，前掲書，第3章，有沢広巳『インフレーションと社会化』（日本評論社，1948年）第2編1，美濃部亮吉『敗戦ドイツの復興過程』（東洋経済新報社，1948年）第2章，等を参照。

11) これについての詳細は，加藤榮一「賠償・戦債問題」（宇野弘蔵監修『講座 帝国主義の研究2 世界経済』青木書店，1975年）を参照。その他の邦語文献としては，岡野鑑記『第一次大戦における戦債及賠償問題』（日本評論社，1946年），日本銀行調査局『ドイツインフレーションと財政金融政策』（実業之日本社，1946年）第2部第5章，加藤榮一「賠償問題」（楊井克巳編『世界経済論』東京大学出版会，1961年）等がある。

12) 終戦後のドイツ経済の実相については，有沢・阿倍，前掲書，第4～7章，美濃部，前掲書，第3～4章，のほか，簡潔に要点を述べたものとして，J. W. Angell, *The Recovery of Germany,* New Haven, 1929, Chap. I～II があり，冗長ではあるが詳細なものとして，Hesse, *a. a. O.*, 等がある。

13) 戦後ドイツのインフレーションについては，日本銀行調査局，前掲『ドイツインフレーションと財政金融政策』のほか，古典的名著として，C. Bresciani-Turroni, *The Economics of Inflation,* London, 1937（東京銀行集会所調査課抄訳『独逸インフレーションの解剖』1938年），またインフレ収束政策の担当者の記述として，H. Schacht, *Die Stabilisierung der Mark,* Berlin-Leipzig 1927（日本銀行調査局訳『マルクの安定』1947年）などがある。なお最近の研究としては，

P. Czada, Ursachen und Folgen der großen Inflation (H. Winkel [Hrsg.], *Finanz- und wirtschaftspolitische Fragen der Zwischenkriegszeit* [*Schriften des Vereins für Socialpolitik*, N. F., Bd. 73], Berlin 1973) がある。

14) ドイツの工業生産指数は，13年を100として，20～22年に54，64，70となお低調をつづけたが，工業品輸出量は同期間に43，76，73と急増し，このため輸出比率は，13年の26.5％が20～22年に20％，30％，27％というように戦前水準をいちはやく上回った（Wagenführ, *Die Industriewirtschaft*, S. 26）。なおこの数値に基づいて工業品の国内消費量（13年＝100）を算出すれば，20～22年に59，62，70となる。

15) コンツェルンについては種々の定義があるが，第一次大戦後にその実態を調査したドイツ統計局によれば，「資本参加，利益共同体契約，〔施設〕賃貸借契約および類似の拘束に基づくかぎりでの，法的に独立した諸企業間での一切の重要な結合」を指すものとされ（Statistisches Reichsamt, *Konzerne, Interessen- gemeinschaften und ähnliche Zusammenschlüsse im Deutschen Reich Ende 1926* [*Einzelschriften zur Statistik des Deutschen Reichs*, Nr. 1], Berlin 1927, S. 2)，また独占組織を論じたリーフマンによれば，「独立性を保つ諸企業間での，生産技術上，管理技術上，営業上，とくに金融上での統一体への統合」を指すものとされている（R. Liefmann, *Kartelle, Konzerne und Trusts*, 7. Aufl., Stuttgart 1927, S. 260)。ここに示されるように，コンツェルンは日本の財閥のように異部門間にわたることを要件とはしない。ただインフレ期には産業的連関を欠くものもみられたが，それらはやがて崩壊したのであって，ドイツのコンツェルンは今日でも一般に産業的連関に基づくものが支配的である。

16) 同コンツェルンについては，Vorstand des Deutschen Metallarbeiter- Verbandes (Hrsg.), *Konzerne der Metallindustrie*, Stuttgart 1923, S. 71-151; S. Duschnitzky, *Das Konzern-Problem*, Diss. Bern 1927, S. 148-152, 243-251; G. v. Klass, *Hugo Stinnes,* Tübingen 1958, S. 221-232, 244-275 等を参照。

17) インフレ収束過程については，前掲書のほか，R. Lüke, *Von der Stabili- sierung zur Krise*, Zürich 1958, I. Teil; C.-D. Krohn, *Stabilisierung und ökono- mische Interessen*, Düsseldorf 1974, Kap. II; ders., Helfferich contra Hilferding (*Vierteljahrschrift für Sozial- und Wirtschaftsgeschichte*, Bd. 62, 1975) 等をも参照。

18) この批判は，ライ麦を通貨価値の基準とすることで，ライ麦ひいては農産物の価格が他の商品の犠牲で安定すると考えるものであるが，ヘルフェリヒの構想でも，ライ麦そのものが貨幣商品になるわけではないから，この批判は理論的には的はずれである。むしろそうした誤解によって農業者を惹きつけた点

にこそ，同構想の政治的メリットがあったというべきであろう。
19) 加藤，前掲『ワイマル体制の経済構造』140頁以下には，これにいたるまでの米英の抗争が紹介されているので，参照されたい。

第2章　相対的安定期のドイツ資本主義

第1節　概観——問題の所在

　ドイツ経済は1924年の秋の金本位制復帰以降，世界経済の一環として本格的な復興をとげることとなった。しかしこの復興には，既述のように内外両面から枠が課されていた。すなわち，対内的にはヴァイマル体制という枠があり，その枠内で社会政策の拡充によって階級対立を緩和し体制を安定させる必要があったし，また対外的にはヴェルサイユ体制の枠があり，そのもとで当面ドーズ案にそって年々多額の賠償を支払いつつ，しかも通貨価値を維持することが至上命令とされていた。こうした社会政策や賠償のための出費を健全財政のもとでつづけるためには，むろん税収の確保が不可欠であるが，このためにも急速な経済復興による所得の増大が急務とされたのである。そしてこの復興は，貿易依存度の高いドイツではとうぜん輸出の拡大を前提としたが，これは賠償の面からも要請された。もともと賠償の支払いには，国内でのその資金調達とならんで，それの外貨での送金が重要な問題である。ドーズ案では，前者だけがドイツ政府の責任とされ，後者は一定の保護規定のもとに連合国が担当することとされたが，それはいわば政治的規定であって，国民経済的にはいずれにせよ送金のため一定額の金または外貨が吸収されるのであるから，ドイツの輸出拡大その他による国際収支の改善がとうぜんの前提とされていた。つまり，経済復興一般ではなく，輸出の拡大によるそれこそが，当時のドイツ経済の重要な課題とされたのである。

　ところで，ドイツの輸出は約4分の3がヨーロッパ諸国向けであったが，そこでは第一次大戦を境にして，アメリカが農産物だけでなく工業品についても顕著な輸出拡大を記録していた。このアメリカの競争に対抗してドイツが輸出を拡大しうるためには，その産業を徹底的に合理化して，アメリカな

みの量産体制を樹立し国際競争力を強化することが必要であった。こうして「合理化」(Rationalisierung) がドイツ経済のスローガンとなり, 量産体制を樹立するための「経営の科学化」や製品の「規格化・標準化・専門化」等々が緊急の課題としてしきりに喧伝されるようになった。むろん合理化はたんなる国民経済的課題ではない。資本主義社会ではとうぜんに, 個別資本ないし資本家団体がその推進主体であり, これらが大戦で失った世界経済上の地位の回復を目ざして, 産業の再編成を強行することになったのである。

　一般に産業合理化では, 設備投資をともなう生産方法の改善, これによる生産性の積極的向上を内容とする生産技術面だけでなく, 企業の集中や独占体制の強化などを内容とする経済組織面も重要な役割を演ずる。むろんその両面は相互に制約しあうが, さしあたり前者からみてゆけば, ドイツ産業の生産力は開戦から10年の空白期間に国際的に遅れをとり, 設備の更新を迫られる状態にあった。戦時中の経済封鎖や過度の軍需動員による荒廃は別としても, 戦後の貿易再開後でも, インフレ下の為替ダンピングによる輸入防遏・輸出促進効果や, 貨幣価値が崩壊するなかでの有利な価格関係などに支えられて, 企業は国際競争にまともにさらされることなくインフレ利得をあげてきたので, いきおい当時の設備投資も一部を除けば国際的には通用しない劣等なものを主としていたからである。したがって, 通貨が安定し経済が正常化してくると, それらの設備は利潤をあげえない過剰資本であることを露呈し, 整理の対象とならざるをえなかった。その場合, 既存の設備が完全に陳腐化していれば, 企業が競争戦で敗退し倒産することによって, 過剰資本の整理も順調に進むから, 事態は簡単である。ところがドイツ産業は, 戦前に強い競争力をもっただけに, 後退したとはいえなお競争力を残していたし, またインフレによる貨幣価値の崩落で固定資産が事実上償却済みとなっていただけに, 企業はある程度の抵抗力をそなえていた。つまり, 企業は一流の競争力こそ失ったものの, 簡単には整理されないという, 中途半端な状態にあったのである。そうなれば, 過剰資本が残存して企業間の過当競争が激化するから, 合理化のための設備更新も容易に利潤獲得の保証が得られないままに躊躇されざるをえないことになる。

そこで，この事態に対処するため，経済組織面の合理化が重要な意味をもった。企業の集中や独占体制の強化は，既存の劣等設備について資本価値をただちに破壊することなく遊休化させつつ，同時に新鋭設備を設置することを可能にするからである。しかしそのさい，巨大化した企業の内部では，傘下の工場が分業によって特定製品に生産を特化し，量産化による生産コストの低下をはかれるし，これはさらに原材料の集中購入や管理費の節減などによって加速される。こうして，産業合理化はさしあたり経済組織面のそれを中心に展開されることとなったが，これも資本家的合理化としてとうぜんに景気変動によって左右され，25年中頃に再現した安定恐慌の仕上げ過程で具体化しはじめたのである。

そこで，あらかじめこの時期の景気動向を図2-1によって概観しておこう[1]。レンテンマルクの採用で急場をしのいだドイツ経済は，24年4月以降，中央銀行のきびしい信用割当による引締め政策のため安定恐慌の局面を迎えたが，同年秋の金本位制復帰を契機に，外国資本とくに短期資本がドイツの高金利を求めて大量に流入しだしたことで金融もやや緩和し，破産や失業も減退に向かって安定恐慌は一時的に中断されることとなった。これに応じて価格は上昇に転じ，鉱工業生産指数（28年＝100。ちなみに戦前の13年は旧領土で98となるが，新領土に換算すれば1割減で90弱）もドーズ案採択直前の24年8月の68が年末に80強，翌年春に90弱と3割近くも増大し，このため輸入も食糧・原材料を中心に急拡大をみた。この生産増大は消費財でとくに顕著であり，たとえば綿糸生産は前記期間に60強から90をへて100弱に6割近くも増加したが，ここにうかがえるように当時の生産拡大は，これまで耐乏生活を強いられてきた大衆の消費需要を基礎とし，あわせてインフレ期の換物運動で収縮した流通在庫の補塡に支えられたものであった。したがってまた，この景気好転は当面の需要が一巡すると短期間で終わらざるをえなかったのである。

25年6月，インフレ期に膨れあがった既述のシュティンネス・コンツェルンが，金融難のため1.8億マルクもの負債を抱えて倒産寸前となった。この大型倒産による経済界の混乱を避けるため，中央銀行の指導のもとに22の銀

図 2-1　ドイツの経済指標（1924～30年）

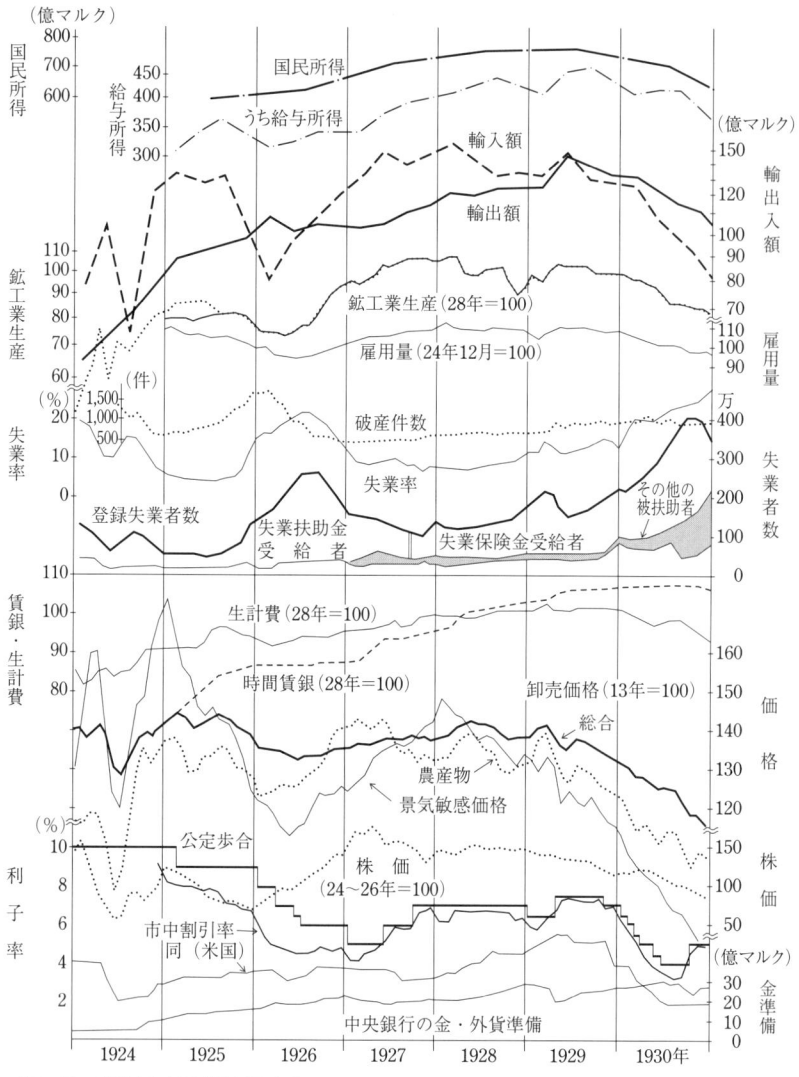

(注) 1) 雇用量から上は対数目盛による。
　　 2) 上段の給与所得と下段の金融関係を除いて，いずれも季節調整ずみ。
　　 3) 鉱工業生産の24～25年は25年以降とは異なる基準による指数。

(資料) *Konjunkturstatistisches Handbuch 1933* に主としてより，*Vierteljahrshefte zur Konjunkturforschung*, Sonderheft 11: Die Saisonschwankungen der wichtigsten Wirtschaftsvorgänge in Deutschland seit 1924, Berlin 1928, S. 40ff.; G. Bry, *Wages in Germany 1871-1945*, Princeton, 1960, pp. 398ff. その他によって補足。

行からなるシンジケート団が救済に当たり、傘下企業の再建による再編成を促進した。たとえば鉄鋼業と電機工業との結合として注目を集めた既述の SRSU は、それぞれが関係金融筋による株式の買戻しによって分離独立し、以後は若干の優先株の持合いによる提携関係を保つだけとなったし、またシュティンネスの個人コンツェルン傘下の企業も、類似の方法で翌年 1 月までに分離再編を終えるにいたった。同様のことは、インフレ期に簇生した他の泡沫コンツェルンでもみられ、安定恐慌が再現するなかで過剰資本の整理が徐々に進行したのである。図 2-1 にみるように、25年中頃から破産件数が大幅に増加するなかで、いったん回復しだした鉱工業生産も収縮して、26年前半には24年秋の水準にまで落ち込み、失業率は20％を超えるにいたったし、逆に金融市場では資金需要の後退によって金利が低下し、26年 1 月には中央銀行の信用割当制も廃止されるにいたった。こうした不況下で産業合理化も現実の課題となった。次節でみるように、25年12月には化学工業で主力企業の合併によってマンモス企業が発足し、翌年春には鉄鋼業でも似たことがみられたが、そのもとで劣等設備の遊休化や新鋭設備の建設、さらには企業内分業による量産化などが推進され、これによる生産性向上を基礎にして26年中頃以降、好況がつづくこととなった。

　この景気好転は、26年 5 月以降のイギリスの有名な長期炭鉱ストライキや同年秋のフランスの事実上の通貨安定などによる、ドイツの輸出環境の改善にも一部は負っていた。これによる価格の上昇傾向に支えられて鉱工業生産は、26年中頃の77が年末までに95に上昇して戦前水準を超え、翌27年中頃には100を超え、以後 1 年近くこの高水準を保ったが、その間に設備投資も増大し、27年には合理化景気が語られたほどであった。この時期はヴァイマル体制の最盛期に当たり、政治的にも経済的にも安定が取り戻されたかのようにみえた。しかし反面、鉱工業生産が27年中頃にすでに頭打ちを呈し、失業率も低下したとはいえ10％近くで推移したことに示されるように、経済復興の限界も露呈されつつあった。事実、28年中頃以降、ドイツは他の先進諸国に先がけて景気後退を迎え、やがて世界恐慌下で奈落の底へと驀進することとなったが、これについては次章で述べることとしよう。

表 2-1　ドイツの設備投資額（1924～29年）　　　　　　（単位：百万マルク）

		総　計	鉱工業	公　益 (電力・ガス・水道)	交　通	農　業	住　宅	公　共	その他
設備投資総額	1924	7,197	1,383	432	1,279	751	982	1,407	963
	1925	10,312	2,183	754	1,650	763	1,712	1,859	1,389
	1926	10,676	1,778	855	1,709	772	1,940	2,285	1,337
	1927	12,966	2,248	727	2,167	845	2,622	2,690	1,667
	1928	13,676	2,615	1,023	1,931	945	2,825	2,658	1,679
	1929	12,786	2,013	1,083	1,800	921	2,877	2,670	1,422
	1924～29	67,613	12,220	4,874	10,536	4,997	12,958	13,569	8,457
	(％)	(100)	(18.1)	(7.2)	(15.6)	(7.4)	(19.2)	(20.1)	(12.5)
うち更新部分	1924	5,153	1,069	197	631	623	1,006	912	715
	1925	5,631	1,233	218	712	623	1,025	1,010	810
	1926	5,879	1,327	233	776	610	1,047	1,036	850
	1927	6,427	1,422	258	1,000	610	1,081	1,121	935
	1928	6,702	1,534	292	1,039	617	1,118	1,152	950
	1929	6,938	1,614	327	1,109	662	1,156	1,170	900
	1924～29	36,730	8,199	1,525	5,267	3,745	6,433	6,401	5,160
拡張部分	1924	2,044	314	235	648	128	−24	495	248
	1925	4,681	950	539	938	140	687	849	578
	1926	4,797	451	622	933	162	893	1,249	487
	1927	6,539	826	469	1,167	235	1,541	1,569	732
	1928	6,974	1,081	731	892	328	1,707	1,506	729
	1929	5,848	399	756	691	259	1,721	1,500	522
	1924～29	30,883	4,021	3,350	5,269	1,252	6,525	7,168	3,296
	〈％〉	〈45.7〉	〈32.9〉	〈68.7〉	〈50.0〉	〈25.1〉	〈50.4〉	〈52.8〉	〈39.0〉

（注）　（　）内は総計に占める各部門の比率。〈　〉内は投資総額に占める拡張部分の比率。
（資料）　W. Ehrlicher, *Geldkapitalbildung und Realkapitalbildung*, Tübingen 1956, S. 278–280.

　こうした景気変動のなかで産業合理化がいかに進展したかをみる一助として，鉱工業その他の部門での年々の設備投資の推移を示せば表 2–1 のごとくである。これによれば，鉱工業の設備投資は通貨安定後の伸びが26年に減退したあと，27年に合理化景気のもとで以前の水準を抜き，28年にピークに達した。しかしこの投資を償却額に相当する更新部分とそれを超える拡張部分とに分けると，後者はつねに前者を下回り，24～29年の平均では前者の半分（投資額の33％）にとどまった。むろん拡張投資が更新投資の半分というのはけっして低率ではないし，また更新投資も旧設備のままでの再現ではなく

新鋭設備への脱皮による生産性向上をもたらすものではあるが，しかし合理化が時代のスローガンとして喧伝されたわりには，設備投資が意外に低かったという印象はまぬがれがたい。この点は他部門と比較すれば明瞭である。同期間の国民経済の全設備投資のうち，鉱工業のシェアは18％であり，公共部門や住宅部門の各20％を下回ったし，また総投資に占める拡張投資の比率では，鉱工業の33％は，電力を中心とした公益部門の69％，公共・住宅・交通の各部門の50％を下回り，わずかに不振をかこつ農業部門の25％を上回るにすぎなかった。むろん鉱工業が一様に伸び悩んだわけではなく，一部には化学工業その他のような成長業種もあったが，そうした産業間の不均等発展については次節でみることとしよう。それにたいして表2-1で急拡大を示した部門には，当時の特色が反映していた。たとえば公益部門での電力業の急拡大は工場動力の電化とからみあって進行し，産業合理化の促進要因の一つであったし，また公共投資や住宅投資の拡大は，都市化の進展を背景とした道路・学校ひいては各種の文化施設の建設や政策金融による大都市での住宅建築を内容とし，ともに社会政策的色彩を濃厚におびていた。そしてこれらの投資は，鉱工業の投資とは異なって利潤動機によって直接左右されないだけに，後者がピークに達した28年のあとも伸びつづけ，29年の景気を下支えする要因ともなったのである。

　それはともかく，こうした設備投資による合理化の成果をみることとしよう。その直接の成果である生産性向上については，とうぜん各産業ごとに大きな差異があったが，総体としては，さきの図2-1で26年中頃以降に鉱工業生産が急増するなかで雇用が微増するにとどまったことからも明らかなように，労働生産性はかなりの上昇を記録した。もっともこれによる生産コストの低下は，賃銀の上昇によって一部は食われたが，しかし集中による流通費用や管理費用の節約もあったから，価格競争力が増大したことは疑いない。それにもかかわらず，ドイツの貿易は予期したほどの成果をあげなかった。輸入は食糧・原材料を中心に25年にすでに戦前水準を上回り，物価の上昇分を差し引いた実質額でも27年に戦前を超えたのにたいして，完成品を主軸とした輸出は名目額で26年に戦前水準を超えたものの，実質額では29年になっ

ても戦前を下回っていた。この輸出の伸び悩みは，一部は合理化景気による内需の増大，輸出圧力の減退によるが，主としては戦後世界経済の構造的な制約によるものであった。ドイツの主要な輸出先をなすヨーロッパ諸国のうち，西欧ではイギリスが慢性的不況をつづけフランスが通貨価値を過度に切り下げたため，それらへの輸出は阻害されたし，また東欧の新興諸国では，一方で工業化がはじまり強烈なナショナリズムのもとに自国産業育成のため輸入防遏政策がとられ，他方で最大産業たる農業の不況によって購買力が制限されたため，これらへの輸出もまた伸び悩んだ。したがって，合理化による輸出の拡大，これによる入超から出超への転換という目標は達成されず，26年前半や29年後半以降のように国内不況のため輸入が減退し輸出圧力がかかる場合にのみ，かろうじて出超が記録されるにとどまったのである。このことは，国際収支の改善による自力での賠償支払いを不可能にしたばかりでなく，生産や投資の増大による国内市場の拡大にも狭い限界を画した。そしてこの市場の限界から，合理化による量産体制は効果を発揮できず，生産も早期に頭打ちとなったが，それはまた経済成長による税収増加を制約したから，社会政策費や賠償費を捻出するため租税・社会費の負担は軽減されず，企業収益はこの面からも圧迫されたのである。

　これらのため企業は合理化のための資本支出をまかないきれず，巨額の借入需要のためドイツでは国際的に高金利の状態がつづいた。これがまた合理化投資を制約したことはいうまでもない。この事態に対処するため，各種の政策金融が試行されたほか，いわゆる自己金融による自力更生がしきりに喧伝奨励されたが，これもごく一部の業種の大企業を除けば，企業収益の限界のため実現不可能であり，大企業の多くは金利の安い外国で大量の社債を発行した。同様のことは大銀行も行ない，外債を発行できない中小企業への高金利での貸出しを拡大するために外国短資を大量に取り入れ，これがいったん流出しだせばたちどころに破綻しかねないような脆弱な構造を築きあげたのである。

　それと同時に，産業合理化は雇用の増加を抑え，過剰人口の滞留を招いた。むろん26年前半のような高率の失業は短期間で解消したが，その後も失業率

は10％近くを保ち，職業紹介所への登録失業者数は合理化景気のもとでも100万人を下らなかった。もっともその大部分は，さきの図2-1にみるように，ヴァイマル体制による公的な失業救済の対象とされ，この枠をはみでる長期失業者層はさしあたり比較的少なかったが，このことが高失業率のもとでも産業予備軍の圧力を緩和し，賃銀の下落を阻止したのである。事実，団体交渉による協約賃銀は，階級対立の激化を避けようとする政府の強制仲裁制度にも支えられて，不況期にも下落することなく好況期には上昇したから，高まる一方であった。むろんそれは，インフレ期に労働者の生活水準が下がりすぎたことの反映でもあるが，資本家側とりわけ中小企業にとっては，コストを上昇させ経営を不安定化する要因として不満のたねでもあった。そして農業でも，雇用労働力に依存するユンカー経営が賃上げのため圧迫されただけではなく，農民経営も都市での雇用機会の減少によって学卒子弟をも抱え込んだため，所得水準の低下による不安定化を避けられなかった。ちなみに25年春には，関税自主権の回復によって工業とならんで農業についても戦前なみの関税が復活したが，もともと国内で過当競争があるうえ，主要農業国と通商協定を結ぶたびに，相手国への工業品輸出の拡大をはかる資本の要求によって農業関税で譲許がくり返されたから，関税もさしあたりは保護効果をもたず，農業の不振は避けられなかった。ことに東部の穀作地帯では経営が悪化して負債が累積し，政策金融による低利借替えが試みられたものの，事態はいっこうに改善されなかった。ここに救済保護の強化を求める農業団体の運動が拡がり，これを政治的に代弁するものとして右翼の国家国民党，ひいてはナチスが勢力を伸ばす基盤があったのである。

　こうした社会問題に対処するため，各種の救済政策の拡充が必要とされたが，それは既述の公共部門の投融資ともあいまって財政規模の拡大を招いた。しかもその活動の多くは邦政府や地方自治体の守備範囲とされたが，そこでは税収の弾力性も小さかったから，弱小自治体は財政難に陥り，邦や大都市は外債発行に頼ることとなった。大企業や大銀行とならんで財政もまた外国資本への依存を深めていったのである。要するに，外資依存のもとで強行されたドイツの産業合理化は，それをとりまく国際環境に制約されて効果を発

表 2-2　ドイツ鉱工業の部門別構成（1907年～20年代中頃）

業　種	就業者数（千人）			動　力　数（千馬力）		
	1907年 A	1925年 B	倍率 B/A	1907年 C	1925年 D	倍率 D/C
	%	%		%		
鉱　　　業	495　(5.0)	809　(6.4)	1.63	1,350　(17.4)	3,940　(21.7)	2.92
土石・窯業	682　(6.9)	685　(5.4)	1.00	573　(7.4)	939　(5.2)	1.64
鉄鋼・金属	384　(3.9)	621　(4.9)	1.62	1,143　(14.8)	3,818　(21.1)	3.34
同　製　品	695　(7.1)	863　(6.8)	1.24	333　(4.3)	543　(3.0)	1.63
機　　　械	698　(7.1)	1,241　(9.8)	1.78	513　(6.6)	1,486　(8.2)	2.90
電機・精密機器	179　(1.8)	599　(4.7)	3.35	104　(1.3)	457　(2.5)	4.39
化　　　学	197　(2.0)	314　(2.5)	1.59	285　(3.7)	948　(5.2)	3.33
繊　　　維	1,016　(10.3)	1,212　(9.5)	1.19	913　(11.8)	1,298　(7.2)	1.42
製紙・印刷・出版	411　(4.2)	576　(4.5)	1.40	547　(7.1)	995　(5.5)	1.82
皮　　　革	130　(1.3)	165　(1.3)	1.27	74　(1.0)	156　(0.9)	2.11
ゴム・アスベスト	29　(0.3)	66　(0.5)	2.28	28　(0.4)	96　(0.5)	3.43
木材・家具	765　(7.8)	958　(7.5)	1.25	454　(5.9)	1,046　(5.8)	2.30
楽器・玩具	83　(0.8)	119　(0.9)	1.44	18　(0.2)	44　(0.2)	2.44
食品・タバコ	1,168　(11.9)	1,365　(10.7)	1.17	1,178　(15.2)	1,746　(9.6)	1.48
衣　　　服	1,358　(13.8)	1,428　(11.2)	1.05	64　(0.8)	137　(0.8)	2.14
建　　　設	1,487　(15.1)	1,535　(12.1)	1.03	171　(2.2)	474　(2.6)	2.77
水道・ガス・電力	67　(0.7)	148　(1.2)	2.21	…	…	…
鉱工業合計	9,843　(100)	12,704　(100)	1.29	7,746　(100)	18,122　(100)	2.34
うち重化学工業[1]	3,330　(33.8)	5,130　(40.4)	1.54	4,300　(55.5)	12,130　(66.9)	2.82
軽工業[1]	4,960　(50.4)	5,890　(46.4)	1.19	3,275　(42.3)	5,518　(30.4)	1.68

(注)　就業者数・動力数ともセンサスの örtliche Betriebseinheiten（同一場所の事業所が異業種を兼営する場合，に一括する方式）による分類結果であり，1907年は戦後の新領土内の分を示す。
　　1) 重化学工業は鉱業から化学までの，軽工業は繊維から衣服までの小計。
　　2) 総生産額の構成で分割すれば，鉄鋼・金属が2,270(6.9)で同製品が1,230(3.7)となる。
(資料)　A～Dは，*St. Jb. D. R. 1928*, S. 102. 生産額は，R. Wagenführ, *Die Industriewirtschaft*, Berlin 1933, S. 57.

揮しえないままに，失業問題や農業問題を醸成し，これがまた対外債務の累積を招く結果となった。本節の冒頭でふれたドイツ経済の課題，すなわち社会政策の拡充と賠償の履行は，外国資本の流入がつづくかぎりで当面糊塗的に充足されたが，それと同時に不安定な構造も拡大深化していったのである。このような当時のドイツ資本主義については，わが国でもすでにすぐれた研究が行なわれているので[2]，以下では問題を産業の合理化とその矛盾の展開に絞って実態をみてゆくこととしよう。

第2節　産業の合理化

　産業の合理化は各部門ごとにその置かれた状況によって様相を異にするが，しかしその実態を主要な部門について網羅的に考察することは不可能であるから，以下では対象を若干の代表的な部門に限定せざるをえない。そこで，どの部門をどのような見地から取り上げるかを決める手順として，鉱工業の部門別構成を就業者数・動力数・生産額について示せば，表2-2のごとくである。このうち生産額を除いては戦前との対比が可能であるが，そこでは戦争経済を経過することによって産業構造の重化学工業化が一段と進んだことが確認できる。たとえば就業者数は，1907～25年の期間に建設業等を含めて全体で29％の増加をみたが，これは重化学工業では54％に上り，業種別では電機の235％を筆頭に機械の78％，鉱業，鉄鋼・金属，化学の60％余という増加を記録し，軽工業の平均19％増とは際立った対照をなした。そして同様のことは動力数についてはさらに顕著にみられたのである。

　だが，こうした発展傾向にもかかわらず，20年代中頃にも軽工業は重化学工業に匹敵する規模をもった。もっとも動力数では重化学工業が全体の3分の2を占めて圧倒的であったが，これはその技術的構成からして当然のことであるので一応措くと，その他の指標では軽工業がむしろ優位を示した。たとえば就業者数をみると，重化学工業では機械が全体の10％を占めたほかは，急拡大をみた部門も各数％どまりであったのにたいして，軽工業では繊維，衣服，食品の3業種が依然として各10％前後を保ったため，全体としては後

総生産額	純生産額	
(1927/28年 百万マルク)		
		%
4,230	3,400	(10.3)
2,775	1,600	(4.8)
6,940	3,500 [2)	(10.6)
3,750		
5,700	2,800	(8.5)
3,300	1,600	(4.8)
3,600	1,300	(3.9)
8,000	2,600	(7.9)
3,500	2,000	(6.0)
1,500	600	(1.8)
500	225	(0.7)
3,400	1,600	(4.8)
450	250	(0.8)
20,200	5,000	(15.1)
4,700	2,000	(6.0)
7,810	3,900	(11.8)
1,400	700	(2.1)
81,755	33,075	(100)
30,295	14,200	(42.9)
42,250	14,275	(43.2)

それらを分割せずに主業種のもと

表 2-3(1) ドイツ鉱工業の設備投資（1924～28年合計）

業　　　種	当初設備 A	設　備　投　資　B		うち更新投資	
	上場会社	全　企　業	上場会社 $\left(\frac{B}{A}\right)$	全産業	上場会社
		%	%		
鉱山・冶金業	3,110	2,653　(23.6)	1,989　(64.0)	1,765	1,325
石炭・鉄鋼	2,461	2,115　(18.8)	1,570　(63.8)	1,391	1,033
褐　　　　炭	443	303　(2.7)	238　(53.6)	239	196
金属鉱山・冶金	206	236　(2.1)	172　(83.3)	134	96
機械工業等	1,348	1,410　(12.5)	854　(63.4)	921	516
機 械 器 具	669	707　(6.3)	342　(51.1)	560	261
電 気 機 械	331	324　(2.9)	259　(78.3)	160	120
自　動　車	116	229　(2.0)	143 (123.2)	93	58
二　輪　車	26	60　(0.5)	32 (122.7)	35	15
機関車・車輌	96	46　(0.4)	42　(43.5)	32	29
造　　　　船	110	43　(0.4)	36　(32.6)	41	33
化学工業等	1,044	1,672　(14.9)	1,253 (120.1)	887	665
化　　　　学	689	1,080　(9.6)	804 (116.7)	623	462
石　　　　油	116	331　(2.9)	237 (204.0)	130	91
カ　　　　リ	238	261　(2.3)	212　(88.9)	134	112
その他生産財	640	1,232　(11.0)	453　(70.8)	892	294
製　　　　紙	174	324　(2.9)	167　(95.9)	172	86
建　　　　設	71	302　(2.7)	72 (101.5)	219	49
建　　　　材	250	405　(3.6)	133　(53.2)	339	101
ゴム・アスベスト	69	62　(0.6)	50　(72.3)	42	32
製　　　　材	19	72　(0.6)	9　(44.8)	61	7
皮　　　　革	56	66　(0.6)	22　(39.9)	60	20
繊維・衣服業	620	1,681　(14.9)	538　(86.8)	1,175	222
紡　　　　織	442	874　(7.8)	305　(68.9)	515	305
うち 羊 毛	111		95　(85.8)		59
綿	187		120　(64.2)		85
麻	75		36　(48.1)		29
絹	69		53　(76.9)		32
編　　　　物	104	427　(3.8)	77　(74.6)	318	49
人　　　　絹	32	253　(2.2)	125 (396.8)	136	45
縫　　　　裁	20	93　(0.8)	12　(57.6)	74	6
製　　　　靴	22	35　(0.3)	20　(87.4)	33	16

第 2 章 相対的安定期のドイツ資本主義 91

(単位：百万マルク)

拡　張　投　資　C			
全企業	$\left(\dfrac{C}{B}\right)$	上場会社	$\left(\dfrac{C}{A}\right)$
	%		%
888	(33.5)	664	(21.3)
723	(34.2)	536	(21.8)
64	(21.0)	51	(11.6)
101	(42.9)	76	(36.7)
489	(34.7)	338	(25.1)
147	(20.8)	81	(12.2)
165	(50.7)	139	(42.1)
136	(59.5)	85	(73.3)
25	(41.9)	17	(64.2)
14	(30.3)	13	(13.2)
2	(5.1)	3	(2.9)
784	(46.9)	589	(56.4)
457	(42.3)	343	(49.7)
201	(60.8)	146	(125.5)
126	(48.4)	100	(42.0)
341	(27.6)	159	(24.8)
153	(47.1)	81	(46.5)
83	(27.6)	24	(33.2)
67	(16.4)	32	(12.8)
20	(32.7)	18	(26.1)
11	(15.5)	2	(10.5)
6	(9.5)	3	(5.4)
506	(30.1)	217	(35.0)
259	(29.6)	100	(22.6)
97		36	(32.4)
87		35	(18.7)
12		7	(9.3)
63		21	(30.4)
109	(25.5)	28	(26.9)
117	(46.3)	80	(250.0)
19	(19.9)	6	(30.0)
2	(6.6)	3	(13.6)

者が前者を上回ったのである。とはいえ衣服，食品等の業種では零細企業が圧倒的な比重を占め[3)]，このことは過剰人口の滞留を意味しこそすれ，産業的優位を示すものではなかった。それにたいして純生産額の構成で軽工業が重化学工業を僅少の差で凌駕していたことは，やや意外である。同表によれば，食品が全体の15％でトップに立ち，建設，鉄鋼・金属（同製品を含む），鉱業が各10％余，機械，繊維が8％前後でそれにつづき，電機，化学などは4～5％にすぎなかった。この点では，統計の不備によって軽工業が過大に表示されるという誤差が大きかったように思われるが[4)]，それを別にしても，食品，繊維等は一括すれば大きいにしても，その内部は業種別・資本別に細分されていたから，合理化を推進する主体としては一般に弱体であり，重化学工業がむしろ主役を演じたのである。

そこで，合理化の一指標として24～28年の設備投資額を部門別に示せば，表2-3のごとくである。この統計は前表とは部門の分類を異にし，さらに推計技術上の理由から，たとえば化学工業がいくつかに分割されるなど，業種のくくり方にも問題を残しはするが，各業種の動向を示す唯一の統計として貴重である。これによると，設備投資額では重化学工業が当然大きなシェアを占め，個々の業種別では石炭・鉄鋼業が全

表 2-3(2)

業　種	当初設備 A 上場会社	設　備　投　資　B 全企業	設　備　投　資　B 上場会社 $\left(\dfrac{B}{A}\right)$	うち更新投資 全産業	うち更新投資 上場会社
		%	%		
食　品　工　業	848	1,346　(12.0)	516　(60.8)	1,030	359
醸　造　酒	394	509　(4.5)	296　(75.1)	364	197
蒸　溜　酒	41	74　(0.7)	19　(46.9)	58	14
製　　　粉	80	125　(1.1)	42　(52.1)	105	35
製　　　菓	45	123　(1.1)	38　(84.6)	98	25
製　　　糖	147	83　(0.7)	43　(29.0)	68	34
タ　バ　コ	25	102　(0.9)	26　(104.5)	70	15
油　　　脂	58	67　(0.6)	6　(9.5)	54	4
そ　の　他	59	264　(2.3)	35　(59.5)	213	24
その他消費財	602	1,259　(11.2)	390　(64.8)	921	230
出　　　版	59	389　(3.5)	66　(111.4)	269	28
化　学　製　品	90	156　(1.4)	79　(87.6)	92	40
ガラス・陶磁器	158	153　(1.4)	82　(52.0)	115	50
楽器・玩具	21	65　(0.6)	26　(123.6)	39	11
金　属　製　品	169	279　(2.5)	74　(107.7)	242	60
光学・精密機械	38	69　(0.6)	22　(58.5)	49	16
木材加工品	35	91　(0.8)	11　(30.9)	77	9
リ ノ リ ウ ム	21	26　(0.2)	26　(124.4)	12	12
紙　加　工	11	33　(0.3)	4　(39.8)	27	4
合　　　計	8,211	11,253　(100)	5,993　(73.0)	7,951	3,710

(注)　A は24年初頭の設備額で，その他は24〜28年の設備投資額の累計。なお前出の表 1-2 の鉱工業の数値は，干異なる。

(資料)　*Vierteljahrshefte zur Konjunkturforschung*, Sonderhelt 22; G. Keiser und B. Benning, *Kapitalbildung und 1924 bis 1928*, Berlin 1931, S. 17, 26, 29-87 passim.

体の19％で群を抜いて首位に立ち，ついで狭義の化学工業の10％，狭義の機械工業の6％などが大口をなしたが，軽工業では紡織業の8％が唯一の大口をなすにとどまった。しかしこれを当初設備額にたいする比率（表の B/A）でみると順位は大きく変わり，全体の平均が5ヵ年で73％であるなかで，トップの人絹工業は約400％にも上り，以下，主要な業種では石油業（精製・販売）が200％，自動車工業や化学工業が120％前後でつづいたが，大口業種の石炭・鉄鋼業，機械工業，紡織業などはいずれも平均をやや下回る低調さを示した。

第 2 章　相対的安定期のドイツ資本主義　93

（単位：百万マルク）

拡　張　投　資　C			
全企業 $\left(\dfrac{C}{B}\right)$		上場会社 $\left(\dfrac{C}{A}\right)$	
	%		%
316	(23.5)	157	(18.5)
145	(28.5)	99	(25.1)
16	(22.0)	5	(12.2)
20	(15.8)	7	(8.8)
25	(20.1)	13	(28.9)
15	(18.4)	9	(6.1)
32	(31.5)	11	(44.0)
12	(18.5)	2	(3.4)
51	(19.3)	11	(18.6)
338	(26.9)	160	(26.6)
120	(30.8)	37	(62.7)
64	(40.9)	39	(43.3)
38	(24.7)	32	(20.3)
27	(40.9)	15	(71.4)
37	(13.4)	14	(8.3)
20	(29.1)	7	(18.4)
15	(15.9)	2	(5.7)
13	(51.8)	13	(61.9)
6	(16.9)	1	(9.1)
3,663	(32.5)	2,283	(27.8)

その後の改訂を含むため本表の合計額とは若

Investitionen in der deutschen Volkswirtschaft

　以上の統計的考察を総括すれば，戦前に比して巨大化した重化学工業のなかで，化学工業だけが20年代にも投資額・投資率で上位を占め，産業合理化を積極的に展開していた。それにたいして石炭・鉄鋼業や狭義の機械工業は，産業構造で重要な地位を占め投資額でも大きかったものの，投資率ではむしろ低調であり，合理化を積極的には展開できない事情があったことがうかがえる。そして軽工業では繊維産業が重要であったが，これは戦前に比して伸びが小さかったばかりか，20年代にも伸び悩みを呈し，化学工業に属する人絹工業を別とすれば，羊毛工業が平均をやや上回る投資率を記録する程度に終わったのである。そこで以下では，これらの業種を中心に，そこでの合理化の実態を考察することとしよう[5]。

化学工業[6]

　ドイツの化学工業は1870年代以降，タール染料の生産を軸にして急速な発展をとげた。それまで化学工業は，イギリスを中心に酸・アルカリ等の無機化学の領域で発達してきたが，いまやドイツが独自の研究開発能力に基づいて新たに有機化学工業を樹立し，タール染料をはじめ医薬品その他で主導的地位を築くとともに，さらにその原料となる硫酸その他の無機化学品でも新技術を開発してイギリスを抜くにいたったのである。化学工業での主要諸国の地位を示した表2-4では，大戦直前にすでにアメリカが生産額で首位を占めたが，これは同国の統計分類が広いためであって，ヨーロッパ式分類では半分以下になるから，生産額・輸出額ともドイツが世界の約4分の1（イギリスのほ

表 2-4　主要諸国の化学工業の生産額と輸出額（1913～29年）

	生　産　額　（推　定）			輸　　出	
	1913年	1924年	1927年	1913年	1925年
世　　界	100.0 (100.0)	189.0 (100.0)	220.0 (100.0)	32.1 (100.0)	42.7 (100.0)
アメリカ[1]	34.0　(34.0)	84.0　(44.4)	94.5　(43.0)	3.1　(9.7)	6.5　(15.2)
ド イ ツ	24.0　(24.0)	30.0　(15.9)	36.0　(16.4)	9.2　(28.5)	9.6　(22.5)
イギリス	11.0　(11.0)	21.5　(11.4)	23.0　(10.5)	5.0　(15.6)	6.4　(15.0)
フランス	8.5　(8.5)	13.0　(6.9)	15.0　(6.8)	3.1　(9.6)	5.4　(12.7)
その他[2]	22.5　(22.5)	40.5　(21.4)	51.5　(23.3)	11.7　(36.5)	14.8　(34.6)

（注）　1）アメリカの生産額は同国の統計分類が広いためか過大に示されており，ヨーロッパの分類に直すとれる（L. F. Haber, *The Chemical Industry, 1900-1930*, Oxford, 1971, p. 108)。
　　　　2）その他の主要生産国としては，イタリア，日本，カナダ，ベルギー，オランダ，スイスが1927年当時，出では硝石によるチリが10％前後のシェアを占めた。
（資料）　Enquete-Ausschuß, *Die deutsche Chemische Industrie*, Berlin 1930, S. 8, 83-84. なお輸出は，ドイツの実額1925年と1927年は，*Überblick über den Arbeitsbereich Mitte 1929*, S. 251 によって算出し直した。

ぼ2倍）を占めてトップに立っていた。ちなみに主力商品のタール染料だけをとれば，ドイツが世界生産の4分の3，世界輸出の5分の4という圧倒的なシェアを誇っていた。このような国際的地位に基づいてドイツの化学企業は高収益をあげ，自己金融による発展をつづけたが，しかし日進月歩の技術革新が進むなかで多額の研究開発費を支出しながら販売競争をつづけることは，主要企業にとってもかなりの重荷であった。染料部門では20世紀初頭までに，バスフ（BASF : Badische Anilin- und Soda-Fabrik, Ludwigshafen），バイエル（Farbenfabriken vorm. Friedr. Bayer & Co., Elberfeld/Leverkusen），ヘキスト（Farbwerke vorm. Meister Lucius & Brüning, Höchst）の大手3社と中小5社に生産が集中していたが，1900年の恐慌のあと，それらのあいだでコストを引き下げ過当競争を避けるため，技術の相互交換や利益金の共同配分などを内容とした協定を結ぼうとする気運が強まった。もっとも当面は相互の思惑が対立して全面的な統一はならず，04年に，一方ではバスフとバイエルがアグファ（Agfa : AG für Anilinfabrikation, Berlin）を加えて3社間の利益共同体契約を結び，他方ではヘキストがカッセラ（Leopold Cassella & Co., Frankfurt/M.）を，さらに07年にはカレ（Kalle & Co., Biebrich）をも株式交換によって子会社化するにとどまったが，ともかくもこれで斯業は2大企業群にほぼ集約されるにいたったのである。

(単位：億マルク)

額	
1927年	1929年
45.6 (100.0)	50.0 (100.0)
7.1 (15.6)	7.8 (14.0)
11.9 (26.1)	14.2 (28.0)
6.2 (13.6)	7.1 (16.0)
5.4 (11.8)	6.0 (12.0)
15.1 (33.1)	15.0 (30.0)

1913年のシェア30.4は15.4になるといわ
各2～3％の生産シェアでつづき，輸
と各国シェアから実額を算出したほかが，

このドイツ化学工業の構造は第一次大戦によってさらに変化した。大戦中に化学工業は軍需生産に大きく転換したが，とくに火薬と肥料の生産のために窒素工業の拡大が促進された。それまで肥料を中心とした窒素需要は，約半分がチリ硝石の輸入に，残りがコークス炉ガスによる副生アンモニアの生産によってまかなわれてきたが，前者の輸入が杜絶し後者の生産も拡大できなかったため，別種の方法による窒素合成が急がれ，大戦直前にバスフが開発したハーバー・ボッシュ法による生産が国策として促進されることとなった。ちなみに同社は，ライン上流の主力工場に近いオッパウ工場で13年にその生産を開始したが，16年に国の資金援助を受けて中部ドイツのメルゼブルク近郊に大規模な設備をもつロイナ工場を新設し，周辺の安い褐炭を利用して翌年から大量の窒素生産に着手した。そしてこれは，戦後に肥料を中心とした窒素工業でドイツが覇権を確立するもととなったが，しかし当面は巨額の設備投資のため企業には一大負担となった。他方，主力部門たる染料では，ドイツの輸出杜絶によって諸外国では品不足が激化したが，同部門が軍需生産に転換しうることもあって，米英仏等の連合国では，ドイツの在外工場や特許を接収して自国の染料工業を勃興させることとなった。これはドイツの優位への挑戦であり，戦後の輸出市場の狭隘化を意味したから，同部門に重点を置いたドイツ化学工業にとっては重大事件であった。そこで，戦後の事態に対処すると同時に当面の投資需要にも対応するため，16年夏に前記2大企業群は圏外の中堅2社（Chemische Fabrik Griesheim-Elektron, Frankfurt/M.; Chemische Fabriken vorm. Weiler-ter Meer, Uerdingen）を加えて，利益金の共同配分を内容とした50ヵ年の利益共同体契約を結ぶにいたった。なお当初契約ではバスフの窒素部門やヘヒストのカーバイド部門などは対象外とされたが，これらもやがて共同事業に編入され，化学工業の集中と多様化が進行した。しかし戦後とくに通貨安定後に，染料

工業では外国企業の擡頭によって設備過剰が露呈し，ドイツでは操業率がとくに低下して収益が悪化したが，そうなると前記の契約は構成企業の脱退による崩壊の危機を不断にはらむだけに不十分となり，歩を進めて完全な企業合同へといたらざるをえなかったのである。

　こうして25年12月，バスフが他の5社（バイエル，ヘヒストの大手2社のほか，アグファ，グリースハイム・エレクトロン，テア・メーアの中堅3社。なおカッセラとカレはバスフの子会社として表面には出ない）を吸収し，社名をIG ファルベン（I. G. Farbenindustrie AG. 利益共同体染料工業株式会社の意で，以下 IG と略す）に改める形で大型合併が実現した。それまでバスフは他の大手2社と同じく，資本金が普通株1億2000万マルク，優先株120万マルクであったが，これをそれぞれ6億4160万マルク，440万マルクに引き上げ，この新株を他5社の同種株式と同額面で交換することによって，それらの現実資本を傘下に統合したのである。そして初年度中の26年9月に，IG はさらに他社の合併と事業の拡大のため授権資本を普通株9億，優先株2億の計11億マルクに引き上げたが，実際の発行額は8億マルク余にとどまった。それでもこの額は国内最高であり，IG は従業員10万人前後のマンモス企業に成長した。化学工業におけるそのシェアは，従業員数・売上高で約3割，投下資本額で5割近くに上ったが，これは表面上の構成企業の分であって，資本参加による子会社まで含めれば実質上のシェアはさらに高まった[7]。たとえば IG の主力部門では，染料がほぼ100％，窒素が80％前後のシェアを占めたのである。そこでこの巨大企業を管理するため同社は機構の整備を急ぎ，地域別ではライン河の上流・中流・下流，それに中部ドイツとベルリンを加えた5地域（当初は後2者を一括して4地域）制を，また製品別では窒素関係，染料・薬品・基礎化学品関係，写真・人絹関係の3部門（Spalte）制を採用し，さらにこれらとは別に技術面・営業面で強力な権限をもつ各種委員会制を発足させるなどした。こうした重層的編成のもとで同社は国際競争力を強化するため，生産を劣等工場から優良工場に集中し，それも当初は企業内競争を促すため同一品種の複数工場での生産を指向したのを，30年以降は単一工場に集中するなどしたが，実際には企業の過大化による管理の硬直

表 2-5 IGの売上高と研究開発費の構成（1928年）　　　　（単位：百万マルク）

	売上高 A	うち輸出 B	$\left\langle\dfrac{B}{A}\right\rangle$	国内向け	研究開発費 C	$\left\langle\dfrac{C}{A}\right\rangle$
	%	%	%	%		%
総　　　　計	1,420 (100.0)	813 (57.3)	⟨57⟩	607 (42.7)	140	⟨9.9⟩
部　門　Ⅰ	540 (38.0)	241 (17.0)		299 (21.1)	92	⟨17.0⟩
うち窒　素	536 (37.7)	241 (17.0)	⟨45⟩	295 (20.8)		
部　門　Ⅱ	760 (53.5)	*480 (33.8)		*280 (19.7)	40	⟨5.3⟩
うち染　料	436 (30.7)	334 (23.5)	⟨77⟩	101 (7.1)		
薬　品	75 (5.3)	51 (3.6)	⟨68⟩	24 (1.7)		
基礎化学品	233 (16.4)	84 (5.9)	⟨36⟩	149 (10.5)		
部　門　Ⅲ	120 (8.5)	*92 (6.5)		*28 (2.0)	8	⟨6.7⟩

(注)　1) ( ) 内は総売上高にたいする比率。
　　　2) ＊印は関連項目からの推計による概数。
　　　3) 各部門の構成品目は，表記のほか，Ⅰが開発途上の石炭液化400万マルクを，Ⅱが軽金属等を，Ⅲが写真関係と人絹を含む。なお写真関係の輸出比率は55％。

(資料)　F. ter Meer, *Die I. G. Farbenindustrie AG*, Düsseldorf 1953, S. 57-58（総計と各輸出比率），70（窒素輸出額），73（染料の各項目）；H. Tammen, *Die I. G. Farbenindustrie AG (1925-1933)*, Berlin 1978, S. 68（総計の市場別内訳），88-89（部門Ⅱの3品目の各項目）。ただし部門別のAとCはHaber, *op. cit.*, p. 358.

化と非能率を避けられず，その後も各種の機構改革を試行せざるをえなかったのである。

　それはともかく，IGの生産構成をみるため28年の売上高を示せば表2-5のごとくである。これによれば，品目別構成ではかつての主力商品の染料が全体の3割に下がり，代わって新興の窒素部門が肥料を中心に4割近くを占めて首位に立った。戦前の染料中心型は戦後に窒素・染料の2本建てに変わり，これが総売上高の7割近くを占め，残りを基礎化学品・薬品・写真・人絹等が分けあったのである。また市場別にみると，総額の6割近くが輸出であって，輸出産業の性格が強かった。これは染料でとくに顕著であり，その輸出比率は4分の3を超え，同社の最大の輸出品目をなしていた。これにたいして窒素製品は，輸出額も少なくはなかったが，国内販売が過半を占め，国内農業の動向に強く規定される関係にあった。そこでつぎに，この2大品目を中心に合理化の実態をみることとしよう。

　染料部門では，大戦を契機に外国企業の勃興によってドイツがかつての優位を崩され，世界的な設備過剰のもとで操業率の低下に悩まされたことはす

表 2-6　主要諸国のタール染料の生産と輸出 (1913～29年) (単位：千トン／百万マルク)

		ドイツ	アメリカ	イギリス	フランス	スイス	小　計	世　界
生産能力〈年次〉 操業率[1]		156〈23年〉 42%	52〈23年〉 81%	24〈24年〉 63%	25〈24年〉 44%	13〈20年〉 69%	270 53%	284 55%
生産量	1913	127(80.9)	3 (1.9)	5 (3.2)	2 (1.3)	10 (6.4)	157(100)[2]	157 (100)
	1923	65(41.9)	42(27.1)	15 (9.7)	11 (7.1)	9 (5.8)	142(91.6)	155 (100)
	1925	74(42.8)	38(22.0)	15 (8.7)	16 (9.2)	8 (4.6)	151(87.3)	173 (100)
	1928	74(38.5)	43(22.4)	23(12.0)	15 (7.8)	11 (5.7)	166(86.5)	192 (100)
生産額	1913	288(74.1)	13 (3.3)	25 (6.5)	21 (5.4)	28 (7.2)	375(96.3)	389 (100)
	1927	375(44.1)	155(18.2)	98(11.5)	70 (8.2)	75 (8.8)	773(90.9)	850 (100)
輸出額	1913	236(88.7)	2 (0.8)	4 (1.5)	1 (0.4)	23 (8.6)	266 (100)	…
	1925	211(60.8)	30 (8.6)	17 (4.9)	37(10.7)	52(15.0)	347 (100)	…
	1927	241(66.9)	25 (6.9)	13 (3.6)	18 (5.0)	63(17.5)	360 (100)	…
	1929	216(61.7)	31 (8.9)	20 (5.7)	15 (4.3)	68(19.4)	350 (100)	…

(注)　種々の資料によったため項目間の比較には限界がある。たとえばドイツで13年に生産量より生産額のシェアが下回っているのは，明らかに事実に反する。
  1) 上記の生産能力と23年の生産量との比率。
  2) 表示外のドイツ在外工場の生産量10を含む。

(資料)　生産能力，生産量は Haber, *op. cit.*, pp. 253, 329. ただし13年の生産量は R. Sasuly, *IG Farben*, Berlin 1952, S. 349，また生産額は P. Waller, *Probleme der deutschen chemischen Industrie*, Halberstadt 1928, S. 119, 125. 輸出額は Enquete-Ausschuß, *Der deutsche Außenhandel unter der Einwirkung weltwirtschaftlicher Strukturwandlungen*, Berlin 1932, S. 206.

でに述べたが，その点は表2-6からもうかがえるであろう。そこで，この低下した地位の回復をはかるために合理化が急務とされたが，すでに成熟段階を迎えて技術革新の余地が少なかったこの部門では，それは経済組織面での合理化に力点を置くほかなかった。その一環として IG は，染料の生産品種を8000から2000に大幅に整理する一方，これまで同一品種を傘下の諸工場が競合して生産してきたのを改め，それぞれ最優良の1ないし2工場にそれを集中し劣等工場での生産を停止することにより，少品種大量生産によるコストの低下をはかった。それと同時に，外国の競争が少ない高級品に生産の重点を移したり，流通コスト節減のため構成企業の在外販売網を整理統合したり，さらには過当競争回避のため27年にフランスと，2年後にはスイスをも加えて国際販路協定を結んだりした。これらの措置によって同社の染料輸出額（関連中間生産物を含む。以下同様）は，26～28年に2.7億マルクから3.3億マルクに増加し，国内販売を含めた売上高は3.5億から4.4億に25％も増加した。

この増加は，新規設備投資をほとんど要しないコスト節減によって達成されただけに，とうぜん収益の大幅な増大に直結した。それは染料部門での過去の遺産に基づいた成果といえるが，しかし狭い限界もあった。たとえばその輸出は，かつての主要市場たるアメリカ・イギリス向けが低級品の国内自給のため大幅に後退し，いきおいインド・中国等のアジア向けが重要性を増したが[8]，ここでは外国の競争のほか当該諸国の経済的弱体さが制約となった。こうしてIGの染料輸出は28年をピークに減退に転じ，28〜32年に輸出は3.3億マルクから2.3億マルクへ，国内販売を含めた売上高は4.4億から3.2億へ収縮することとなったのである。

これにたいして窒素部門は大戦を契機に新興産業として目ざましい発展をとげた。IGの生産量（含有窒素分で表示）は，旧バスフ社のもとで18年の9.5万トンが25年の35万トンにまで激増したが，合同後も26年に45万トン，28年に64万トンへと増加をつづけた。この量は各種製法による国内の窒素生産量の約8割に相当するが，その大部分はハーバー・ボッシュ法による中部ドイツのロイナ工場で生産された。同工場はその間に労働者数を1.3万人から2万人にふやし，また安い原料を確保するため同地方の褐炭生産の4割を支配するなどした大工場であるが，大規模な設備投資をつづけて生産性の上昇や新製品の開発にも努めた。ちなみに同工場の窒素年産量を労働者数で割ると，22年の15.4トン，24年の15.7トンが26年には24.3トン，27年には26.3トンに増加したが，その間に同工場は石炭液化による合成燃料の生産にも着手したから，窒素部門だけの労働生産性はもっと上昇したわけである[9]。これを反映して窒素肥料の価格は大幅に低下し，戦前基準で総合卸売物価が戦後に3割台の値上がりを示すなかで，それは逆に2割の値下がりを記録したのである。このことは，肥料の増投による国内農業の集約化を促したが，その間に肥料の品質改良も進んだ。当初は硫安が中心で，その連用のため土壌の酸性化が生じたりもしたが，やがてその害のない尿素や硝安の生産が増加し，良質の各種混合肥料も売り出されるようになったのである。またその販売面をみると，窒素肥料は戦後に品不足のため統制の対象とされ，政府の指導のもとに主要メーカーによる窒素シンジケートが結成され配給業務に当たったが，24

表 2-7 主要諸国の窒素生産量（1913～29年）

	世界	チリ	その他諸国		ドイツ		イギリス		ノルウェー	
1913	771	430	341	〈34〉	121	〈12〉	90	〈—〉	15	〈15〉
	(100)	(55.8)	(44.2)	[100]	(15.7)	[35.3]	(11.7)	[—]	(1.9)	[44.1]
1925	1,250	385	865	〈567〉	450	〈446〉	88	〈13〉	20	〈27〉
	(100)	(30.8)	(69.2)	[100]	(36.0)	[78.7]	(7.0)	[2.3]	(1.6)	[4.8]
1929	2,092	502	1,590	〈1,096〉	654[1)]〈677〉		75[2)]〈110〉		44[2)]〈61〉	
	(100)	(24.0)	(76.0)	[100]	(31.3)	[61.8]	(9.4)	[10.0]	(2.1)	[5.6]

(注) （ ）内はチリを含む世界の生産量に占める比率，［ ］内はチリを除く世界の生産量に占める比率である。
〈 〉内は合成窒素で，外枠との差は廃ガスからの副生アンモニア分を示すはずであるが，両者の典拠が
1) これは窒素シンジケートの売上量であり，生産量は767ともいわれ，その差は在庫の増大を意味する。
2) これらも売上量のようであり，別の資料ではイギリス197，ノルウェー87 (R. Lachmann-Mosse, *Die* Zürich 1940, S. 79, 81)。
(資料) *St. Jb. D. R. 1932*, S. 48[*]. ただし〈 〉内は Enquete-Ausschuß, *Die deutsche Chemische Industrie*, S. 38.

表 2-8 IG の売上高の推移（1926～32年）　　　　　　　　　　（単位：百万マルク）

年度（暦年）	売上高			うち染料			その他 ［うち窒素］		
	計 A	国内 B	国外 C $\left(\frac{C}{A}\right)$	計 D $\left(\frac{D}{A}\right)$	国内 E	国外 F	計 A−D[G] $\left(\frac{G}{A}\right)$	国内 B−E [G−H]	国外 C−F[H]
			%	%			%		
1926	1,029	454	576(56.0)	346(33.6)	78	268	684 […] (…)	376 […]	308[159]
1927	1,269	588	682(53.7)	405(31.9)	112	293	862[500](39.4)	476[317]	389[183]
1928	1,420	607	814(57.2)	437(30.7)	101	334	985[540](38.0)	505[299]	479[241]
1929	1,423	641	782(55.0)	406(28.6)	106	300	1,016[480](33.8)	535[288]	481[192]
1930	1,156	578	579(50.0)	366(31.7)	97	270	790[340](29.4)	482[235]	308[105]
1931	1,016	481	535(52.6)	354(34.9)	91	264	662 […] (…)	390 […]	272 […]
1932	876	403	473(54.0)	317(36.2)	83	234	558 […] (…)	320 […]	239 […]

(注) 表2-9とは典拠が異なるため若干の差がある。またGはごく少数の合成燃料等を含む。
(資料) H. Gross, *Material zur Aufteilung der I. G. Farbenindustrie AG*, Kiel 1950, Tab. II. ただし D～F と H は ter Meer, *a. a. O.*, S. 70, 73. G は Haber, *op. cit.*, p. 358.

年初頭の統制撤廃後もそれは内外の販売を一手に掌握する独占組織として残った。そして国内販売では，同組織が約4割を農協の全購連経由で，残りを卸小売商経由で末端に流したが，そのさい春に集中する肥料需要の季節性を考慮して，毎肥料年度（6月から翌年5月まで）ごとに前期に低価格を，後期に高価格を設定することで，生産や在庫の変動を最小限に抑えるようにした。また外国への輸出も上記の組織による一手販売をつうじて拡大したが，ここでは過当競争を避けるため，23年にイギリスと硫安の販路協定を結んだ

第2章　相対的安定期のドイツ資本主義　101

（単位：純窒素分 千トン）

フランス		日本		アメリカ	
18	〈3〉	3	〈1〉	36	〈—〉
(2.3)	[8.8]	(0.4)	[2.9]	(4.7)	[—]
33	〈14〉	33	〈43〉	98	〈11〉
(2.6)	[2.5]	(2.6)	[7.6]	(7.8)	[1.9]
75	〈64〉	63	〈57〉	293	〈77〉
(3.6)	[5.8]	(3.0)	[5.2]	(14.0)	[7.0]

異なるため誤差も大きい。

Stickstoffindustrie und ihre internationale Kartellierung, Diss.

あと，29年にはノルウェーをも加えた3国間の窒素肥料全般の協定にそれを拡げ，その後の世界的協定締結への足がかりをつくるなどした。

こうした IG の躍進によってドイツは最大の窒素生産国となった。表2-7にみるように，戦前には世界の窒素生産でチリ硝石が5割余を占めたが，戦後その比率を半減し，代わって合成法で先行したドイツが約3分の1のシェアを占めて首位に立った。これによってドイツはチリ硝石への依存を脱却したうえ，各国への輸出をも拡大した。むろん窒素輸出量では，国内消費の少ないチリが依然として首位を保ったが，ドイツの安い合成窒素の競争を受けてシェアを低め，価格面でも後者の建値に追随せざるをえなくなっていたのである。こうして窒素は染料とともにドイツ化学工業の2大主力部門をなしたが，この新旧両部門では合理化の様相も異なっていた。さきの表2-5にみるように，化学工業でとくに重要な意味をもつ研究開発費は，絶対額でも売上高への比率でも，染料等に比して窒素の部門に集中していたし，また表2-3に示した化学工業の設備投資も，窒素肥料と合成燃料の分野を中心にしたといわれる[10]。つまり，染料部門が組織面の合理化にとどまったのにたいして，窒素部門は生産技術面の合理化をも積極的に展開したのである。

しかし，この成長にも狭い限界があった。窒素売上高の過半を占めた国内販売は，肥料の値下がりにもかかわらず農業の不振により反当たり施肥量が戦前の約2倍で頭打ちしたために伸び悩み，また輸出も主要諸国での自給化によって拡大を妨げられた。この点は，表2-7で20年代後半にドイツの生産が絶対的には増大しながら，とくに合成窒素での世界生産に占めるシェアが8割から6割へと急速に低下したことに反映しているが，それはまた世界的な生産過剰の激化を意味するものでもあった。この事態に対処するため，ドイ

表 2-9 IG の収支状況の推移 (1926〜32年)

年度	売上高 A	各種費用							差引純益 A−(B〜E)	公表純益[2)
		原材料費等[1)] B	$\left(\dfrac{B}{A}\right)$	人件費 C	$\left(\dfrac{C}{A}\right)$	研究開発費 D	$\left(\dfrac{D}{A}\right)$	減価償却費 E	$\left(\dfrac{E}{A}\right)$		
			%		%		%		%		
1926	1,029	398	(38.6)	281	(27.3)	82	(8.0)	94	(9.1)	175 (17.0)	〈 69〉
1927	1,269	569	(44.8)	301	(23.7)	161	(12.7)	54	(4.3)	184 (14.5)	〈101〉
1928	1,420	661	(46.6)	353	(24.8)	145	(10.2)	62	(4.4)	199 (14.0)	〈118〉
1929	1,423	650	(45.7)	377	(26.5)	141	(9.9)	60	(4.2)	194 (13.6)	〈105〉
1930	1,156	517	(44.7)	321	(27.8)	103	(8.9)	58	(5.0)	158 (13.6)	〈 89〉
1931	1,016	535	(52.7)	258	(25.4)	70	(6.9)	56	(5.5)	98 (9.6)	〈 45〉
1932	876	469	(53.5)	215	(24.5)	42	(4.8)	54	(6.2)	97 (11.0)	〈 47〉

(注) 1) 原材料費,対外取引,その他の費用(運賃・関税・駐在所費を含む)。
    2) 貸借対照表に示された純益金。
(資料) Gross, *a. a. O.*, Tab. I. ただし公表純益は I. Sielmann, *Internationaler Vergleich der Finanzierungspolitik a. a. O.*, S. 73. 新規設備投資は ter Meer, *a. a. O.*, S. 75, 77.

ツは前記の 3 国間販路協定を広く全欧生産諸国に拡げようとしたが,拡大途上のフランス等の反対にあって容易に実現せず,しかもいったん後退したチリがアメリカ資本の援助のもとに生産性を高めて巻き返しをはかるなどして,世界市場での過当競争がつづいた[11)]。こうした事態は,30年夏にようやく広汎な国際カルテルが結ばれることで一応は解決したが,その妥結のためフランス等には有利な枠が認められるなどしたから,世界恐慌のため市場が収縮するなかでドイツは輸出の急速な縮小を甘受し,在庫の膨張に苦しまざるをえなかった。いいかえれば,ドイツの窒素工業はその隆盛を20年代にしか保てなかったのである。

なお自余の部門に言及しておけば,戦後の成長部門としてはさらに写真部門と人絹部門があった。このうち写真部門では,IG はその生産・販売をアグファに集中することで一定の成果をおさめたが,しかしその売上高はなお低位にとどまった。また人絹部門では,IG は26年,火薬生産からヴィスコース法による人絹生産に転換したケルン・ロットヴァイル社(Köln-Rottweil AG)を合併したほか,ベンベルク社(J. P. Bemberg)の特許を使う銅アンモニア人絹会社に出資したり,グランツシュトッフ社(Vereinigte Glanzstoff-

(単位：百万マルク)

純益金処分					新規設備投資
租税	管理費	株式配当	(配当率)	社内留保	
			%		
40	15	66	〔10〕	54	100余
52	18	96	〔12〕	18	249
71	17	96	〔12〕	15	240
75	17	96	〔12〕	5	174
64	13	96	〔12〕	△5	…
48	9	48	〔7〕	△7	…
43	7	48	〔7〕	△1	25

der Großindustrie, Emsdetten 1934, S. 38; Tammen,

werke) と共同でアセテート法の工場を新設したりして新分野に進出したが，それでも国内生産の4分の3は資本提携関係にあるグランツシュトップ・ベンベルク・グループに占められ，さらに外国の競争も強かったから，後発企業としてのIGは大きな成果をあげることはできなかった。

こうしてIGの主力は染料と窒素に注がれたが，同社の業績を恐慌下の32年まで伸ばして示せば表2-8，表2-9のごとくである。これによれば，売上高は28年まで順調に増大したのが，29年に頭打ちを呈し，そのあと急速に収縮した。当初の増大は染料でもみられたが，それ以外の商品とくに窒素で顕著であり，29年にはこの両主力商品の輸出が減退しだしたために売上高が頭打ちとなり，その後は国内の減退も加わって大幅な収縮となったのである。この増減の過程で染料は変動が比較的小幅であり，したがってそのシェアも29年までは低下しそのあと上昇したが，これにたいして窒素は大幅に変動しながらシェアを低め，やがては染料を下回るにいたった。このことは，古い伝統をもつ染料が高級品化によって外国の追随を振り切り，そのかぎりで安定的な輸出市場を確保していたのにたいして，新興の窒素は先進技術の普及につれて当初の優位を容易に崩されざるをえなかったことを物語るものである。それはともかく，この売上高にたいする各種の経費をみると，原材料費等が約半分，人件費が約4分の1であり，さらに研究開発費や減価償却費を差し引いて純益を求めれば，その売上高比率は逓減傾向にあり，絶対額でも28年の2億マルクが31年には研究開発費の圧縮にもかかわらず半減してしまった。したがって，この純益から租税・配当等を差し引いて残る社内留保分も漸減し，30年以後は逆に積立金の取崩しが避けられなかった。そ

してこの社内留保に減価償却を加えた内部資金は新規設備投資額を下回ったから，外部資金の調達が必要であった。そのためIGは26年に増資し，28年には転換社債2.5億マルクを発行したが，その両者とも株主や提携企業によって引き受けられた。IGは収益状態がなお相対的に良好なため，同じ外部金融にしても株主等からの資金調達ですませ，他の大企業のように外債の発行に多くを依存することはなかった[12]。それは，合理化を積極的に進めた化学工業の成果といってよいが，しかし20年代末にすでにその基盤は崩れだしており，限界が露呈しつつあったのである。

鉄鋼業[13]

序章でみたようにドイツの鉄鋼業は，石炭業とも密接に絡み合いながら，20世紀初頭までに少数の巨大混合企業に生産を集中させ，これに基づく強固な独占体制のもとで蓄積を展開してきた。しかし敗戦によって事態は大きく変化した。東西領土の割譲によってドイツは生産能力の3～4割を失ったが，ことに原料・半製品に力点を置くロレーヌ等の新興地帯の喪失は深刻な影響を及ぼした。ルール地方の混合企業の一部は，進出先のそれら地帯の工場を失うことで企業内の有機的な生産体制を破壊されたから，これを再建するためルール地方で代替設備の新設・拡充を急がざるをえなかった。こうして新国境内での生産能力は増大したが，他方，割譲地帯の鉄鋼業は周辺に有力な加工部門を欠くためその半製品を依然ドイツに輸出しつづけた。しかもドイツは講和条約によって25年1月まで関税自主権を奪われていたから，有効な輸入防遏措置をとれず，国内市場は供給過剰のため攪乱をまぬがれなかった。事実，鉄鋼独占体の中枢をなした製鋼連合は20年6月にすでに機能停止を余儀なくされたのである。

このように鉄鋼業は前述の化学工業に較べればはるかに不利な状況にあった。そこでこの事態に対処するため，通貨安定直後の24年11月にはやくも製鋼連合の後身として粗鋼共同体（Rohstahlgemeinschaft）が主要混合企業によって結成され，その主導下で一連の品目別の独占組織が発足した[14]。これと並行して，輸入防遏や世界市場での競争制限のため国際カルテルの締結も

表 2-10　合同製鋼の株式等の配分(1926年5月)　(単位：百万マルク)

構成企業	株式	受益証券 A	受益証券 B	合計
		%		%
ラインエルベ・ウニオン（3社）	316 (39.5)	10	26	352 (38.1)
テュッセン・グループ（6社）	208 (26.0)	40	27	275 (29.7)
フェニクス・グループ（2社）	208 (26.0)	—	15	223 (24.1)
ライン製鋼（1社）	68 (8.5)	—	7	75 (8.1)
計	800 (100)	50	75	925 (100)

(資料)　P. Ufermann, *Der deutsche Stahltrust,* Berlin 1927, S, 59.

試みられ，紆余曲折をへて26年9月には大陸諸国による国際粗鋼共同体が成立した。そしてこの間，安定恐慌による25年6月のシュティンネス・コンツェルンの崩壊を契機に，主要企業間での大型再編成も必至となり，これによって独占体制の強化と産業合理化の推進も可能とされたのである。

　この企業再編成を最も大規模に行なったのが，26年設立の合同製鋼（Vereinigte Stahlwerke AG）であった。同社は，旧シュティンネス傘下の3大企業からなる既述のラインエルベ・ウニオンのほか，テュッセン（Thyssen）およびフェニクス（Phönix）の2大資本グループ，さらにライン製鋼（Rheinische Stahlwerke AG）という4大混合企業群を合体してできたヨーロッパ最大の鉄鋼企業であるが，26年1月にさしあたり暫定会社として発足し，業界2位のクルップの抱込みに失敗したあと5月に改組し，上記4大企業群の統合会社として4月にさかのぼって正式にスタートを切った。そのさい同社は，株式資本金を8億マルクに増資するとともに受益証券1.25億を発行し，これを表2-10のように構成企業に割り当てたが，この株式と交換にそれらの諸設備を，また受益証券と交換に外部企業への参与資産を引き取った。これによって同社は労働者17万人余を抱えるマンモス事業会社となり，逆に構成企業は基本的にはたんなる持株会社に転換した[15]。そのうえで同社はその直後にさらに企業集中を進め，同年7月に隣接のジーガーラントにあるシャルロッテン製鉄所を，年末にはザールに本拠のあるシュトゥムおよびロンバハの両破産企業からルール周辺の工場を引き取るなどした。この企業集中は，合同製鋼

表 2-11　ドイツ鉄鋼業の生産集中度(1929年)（単位：%）

製鉄（28社）		製鋼（49社）		圧延（59社）	
上位3社	68.8	上位4社	68.3	上位3社	55.8
〃　6社	84.0	〃　7社	80.5	〃　7社	75.2
〃　9社	89.8	〃　11社	89.3	〃　10社	83.3

（注）　上位3社とは，合同製鋼，クルップ，グーテホフヌングで，4社の場合はヘッシュを含む。
（資料）　Enquete-Ausschuß, *Die deutsche eisenschaffende Industrie*, Berlin 1930, S. 37-39.

表 2-12　合同製鋼の各独占体内でのシェア（1926年，1929年）
（単位：%）

品　　目	1926年10月	1929年9月
石　　　炭	21.9	21.8
銑鉄（市販分）	43.1	38.4
同　（自家用分）		55.6
粗　　　鋼	41.1	38.3
Ａ　製　品	41.0	40.0
うち半製品	50.7	45.9
鉄道資材	47.4	47.4
形　鋼	21.7	21.5
帯　　　鋼	48.4	39.0
棒　　　鋼	34.4	30.7
厚　　　板	44.5	39.7
線　　　材	23.6	22.2
鋼　　　管	50.2	50.6

（資料）　Ufermann, *a. a. O.*, S. 68; B. Dietrich, *Vereinigte Stahlwerke*, Berlin 1930, S. 17; Enquete-Ausschuß, *a. a. O.*, S. 32.

が自社の株式や受益証券を構成企業から借り受け，これを相手企業の株式等との交換に充てるという，特異な金融方式でまかなわれた点でも興味があるが，それを別としても，シャルロッテン製鉄所の集中はとくに重要な意味をもった。というのは，これを支配していたフリック（Friedrich Flick）はインフレ成り金で，中部・東部ドイツの鉄鋼企業にも資本参加していたが，合同製鋼は彼を監査役に迎えることで，当時再編された中部ドイツ製鋼に資本参加し，さらにこれをつうじて東部企業にまで支配権を拡大できたからである。それだけでなく，後述のように彼はやがてナチスに接近し，恐慌期にはその持株処分から合同製鋼の再編を必至にした点でも，この企業集中は重要な意味をもっていたといえよう。

　こうしたマンモス企業の発足によって鉄鋼業の生産集中度は格段に高まった。表2-11にみるように，29年時点で上位3～4社の占めるシェアは銑鋼では7割近くにも達し，圧延でも5割余に上った。またトップ企業たる合同製鋼の品目別のシェアは，表2-12のように，鉄鋼部門では概して4割台を記録し，石炭部門でも2割を超えた。しかもこれは形式上のシェアであって，持株支配による子会社の分を加えると，たとえば石炭のそれが22％から31％

に高まるというように、実際のシェアは同表よりさらに高かったのである[16]。

こうした巨大規模のゆえに、同社の経営には当然ある種の困難もともなった。全体を統轄するためには厳格な集権制が必要とされる反面、これによる硬直

表 2-13　合同製鋼の設備投資（1926〜31年）

(単位：百万マルク)

年度[1]	期首設備額[2] A	設備投資額 B ($\frac{B}{A}$)	償却額 C ($\frac{C}{A}$)
		%	%
1926	1,077.7	58.2　(5.4)	26.1　(2.4)
1926/27	1,109.7	72.1　(6.5)	85.5　(7.7)
1927/28	1,096.4	140.6 (12.8)	86.8　(7.9)
1928/29	1,150.1	23.6　(2.1)	83.5　(7.3)
1929/30	1,090.2	67.2　(6.2)	80.8　(7.4)
1930/31	1,076.6	38.6　(3.6)	43.1　(4.0)

(注) 1) 26年度のみ4〜9月の半期で、他は10月から翌年9月までの1年。
    2) A＋B－C＝翌年度のA。
(資料) *Die deutsche Eisen- und Stahlindustrie 1933*, Berlin 1933, S. 42.

化を避けるためには分権制も無視できないからであるが、後者の必要から33年に改組し事業会社制を採用するまでは、ヨリ多く集権的な体制のもとで産業合理化が推進された。鉄鋼部門では、ルール地方の諸工場を従来の資本系列とは無関係に地域別に4グループに再編成し、各グループの生産を少数の主要品目に専門化させて量産によるコスト・ダウンをはかることとし、一般に大型重量品や輸出品は水運の便のよいライン沿岸の工場に、国内向けの二次圧延品は内陸部の工場に割り当てた。この生産の転換と関連して一連の設備投資が行なわれ、製鉄高炉や製鋼転炉の大型化、圧延設備の改良などが進んだが、とくにアウグスト・テュッセン製鉄所（ATH：August Thyssen-Hütte）などは最先端の設備をもつ新鋭工場として注目を集めた。その反面で不良な設備ないし工場はあいついで閉鎖されたから、26〜29年に合同製鋼の操業製鉄所は23から13に、平炉工場は20から12に減少し、圧延工場も11が閉鎖された。同様に石炭部門でも、操業炭鉱が48から32に整理される一方、採炭の機械化、コークス炉の大型化、その排気ガスの利用（副生アンモニアの生産を含む）などが進められた。これら一連の設備投資額は、表2-13にみるように、29年秋までに約3億マルクに上り、これは同期間の償却額とほぼ一致する程度ではあったが、個々の年度別では投資額が大幅に上回ることもあったから、その資金調達のため、同社は発足直後の26年夏にひきつづき27年夏に

表2-14 ドイツの圧延製品の生産と輸出入（1913～32年）

(単位：千トン)

年次	生産 A	輸出 B (B/A)	国内販売 C=A−B	輸入 D (D/E)	国内消費 E=C+D
		%		%	
1913[1)	13,693	3,819 (27.9)	9,874	105 (1.1)	9,979
1925	9,111	2,106 (23.1)	7,005	721 (9.3)	7,726
1926	8,841	3,035 (34.3)	5,806	655 (10.1)	6,461
1927	11,649	2,596 (22.3)	9,053	1,423 (13.6)	10,476
1928	10,344	2,890 (27.9)	7,454	1,294 (14.8)	8,748
1929	11,038	3,366 (30.5)	7,672	1,019 (11.7)	8,691
1930	7,963	2,692 (33.8)	5,271	769 (12.7)	6,040
1931	5,705	2,410 (42.2)	3,295	578 (14.9)	3,873
1932	4,108	1,468 (35.7)	2,640	551 (17.3)	3,191

(注) 13年はルクセンブルクを含む旧関税領域の数値で，新国境内の生産は約9,600。
(資料) H. Meyer-Waldeck, *Der deutsche Absatzmarkt für Walzwerkserzeugnisse,* Düsseldorf 1933, S. 120.

も金利の低い外国で多額の社債を発行したりしたのである[17)]。

　以上のような合理化によって生産性はかなり向上した。ドイツ全体でみれば，たとえば高炉当たりの製銑量は13年を100として25年に166，27年に200，29年に228へと増大し，トーマス転炉当たりの製鋼量も同期間に94，127，124を記録した[18)]。さらに合同製鋼の新鋭工場 ATH では，労働者当たりの製鋼量が，13年を100として27～29年に254，278，325へと急増した[19)]。だがそれにもかかわらず，生産の総量は意外に伸び悩んだ。鉄鋼業の最終段階をなす圧延部門についてみれば（表2-14参照），その生産量は27年のピーク時でも，13年当時に比して新領土内のかぎりでは約2割の拡大を示したものの，旧領土の実績には遠く及ばず，ドイツの国際的シェアは大きく低下した。こうした生産の動向は，輸入増大の影響もあって国内販売が伸び悩んだことに強く規定されており，後者は27年に合理化景気のもとでピークに達したあと大幅に収縮し，わずかに輸出が29年まで拡大しつづけたことで生産の縮小も小幅に抑えられたが，この輸出も国際協定によって制約を課されていたのである。

　対外関係では，前述のようにドイツ鉄鋼業はさしあたり西側隣接諸国からの輸入の防遏を必要とした。このため，25年1月に戦前水準の鉄鋼関税が復

活されたほか，粗鋼共同体が関係諸国の業界に働きかけて，輸出秩序樹立のための国際カルテルの締結をはかった。しかしこの交渉は，形式上は別個の重要問題，すなわち，旧ドイツ関税領域（ルクセンブルクを含む）から離脱した生産地域にたいしてドイツがどれだけの輸入割当を認めるかという問題と絡まったため，2年近くも難航し，26年9月末にようやく一応の妥結をみた。ちなみに後者の問題については，ドイツが粗鋼の国内販売量（生産量マイナス輸出量）を基準にして，フランス領ロレーヌには3.75％，ベルギーと関税同盟を結んだルクセンブルクには2.75％の輸入割当を認め，さらに独仏への最終的帰属が未定のザールにたいしては，その輸出の3分の2をドイツが，3分の1をフランスがそれぞれ関税なしで輸入するという協定が結ばれ，ドイツでは独占体がこれら輸入品を一括して引き取り，国内品とこみで販売することとなった。これによってドイツ国内の鉄鋼市場の15％近くが外国に奪われたが，ともかくもそれで国内市場の攪乱が防止されたし，また懸案の解決によって上記諸国によるカルテルとして国際粗鋼共同体も発足の運びとなったのである。

　この国際カルテルは，販売過程には直接介入せず，さしあたり国別の生産割当だけを主要な任務とした。すなわち，四半期ごとに域内の粗鋼生産総量を決定し，これを事前に確定された持分に応じて各国に割り当て，これを上回る生産にたいしてはトン当たり4ドルという高率の罰金を徴収し，逆に下回る場合には2ドルの補償金を支払うことで生産を調整し，さらに各加盟国の国内市場には保護規定を認めるなどして，内部の過当競争を制限しようとした。だがその点でも敗戦国ドイツはフランス等の戦勝国に比して不利を強要された。当初案ではドイツの持分は40.45％と過少に定められ，これによれば現存設備の操業率は77.6％に抑えられたが，逆にフランスは94.6％，ベルギーは84％となった。そこでドイツ側の巻返しによって若干の改訂がほどこされ，最終的な持分はドイツ43.18％，フランス31.17％，等々とされたが，これも不均衡をなお残した。27年の実績では，ドイツの生産は割当を約3割も上回り，逆にフランスは1割近く下回り，このため前者の粗鋼は平均して2.13マルクの罰金を負担し，後者のそれは3.37マルクの補償金を与えられる

結果となり，これは鋼加工品の競争力にも影響を及ぼした。このためドイツ側は再三にわたり協定の改訂を求め，部分的には罰金の軽減措置や割当方式の変更などをかちとったが，しかし国内販売分の収縮を輸出の拡大でカヴァーするには，この国際カルテルが桎梏となった。このような事情から，同カルテルは世界恐慌下で内部対立のため機能を停止し，33年に輸出だけを規制する国際カルテルとして再発足することとなったのである。

　こうしてドイツの鉄鋼業では，市場の制約から生産も27年をピークにして減退に向かい，合理化は量産効果を発揮しないまま資本コストの増大だけを招き，企業収益は圧迫されるにいたった。この情況のもとで28年11月，ルール地方の鉄鋼業では労働組合が賃上げと時間短縮を要求してストライキに入り，資本家側は工場閉鎖でもってそれに対抗し，2ヵ月近い大争議となったが，政府はヴァイマル体制下で産業平和を保つため，内相の強制裁定により若干の賃上げを認めさせることでそれを収拾した[20]。それまでも資本家側はヴァイマル体制による高賃銀・高社会負担に不満をならし，合理化の成果がそうした形で労働者側に喰われたと主張してきたが[21]，28年末の事態は，景気の行詰まりによってそうした余地が乏しくなった時点で強制されただけに，彼らがヴァイマル体制への反感を一挙にかきたてる要因となり，同体制打破のため彼らの一部がナチスに接近するなどの動きも出はじめた。また経済的には，恐慌による打撃のため，合同製鋼のように資本所有の再編や管理体制の改組を迫られる例も生じたが，それらはのちの章でみることとしよう。

機械工業[22]

　ドイツでは各種機械の製造が19世紀中頃にイギリスの技術によりながら開始されたが，それが手工業的な個別注文生産から一般の市場向け生産に移行して近代的機械工業の様相を帯びだしたのは，1870年前後のことであった。そしてこの機械工業は重工業化の進展を背景に1890年代以降とくに急速な発展をつづけ，やがてイギリスを大きく抜くにいたったが，この時期には電機工業もまた新興産業として躍進を開始した。その発展のテンポをセンサスの就業者数で跡づければ，鉱工業全体は1875年の540万人が95年に790万人，

1907年に1070万人へと1.5倍ないし2倍にふえるなかで、機械工業は20万人が36万人、70万へと1.8倍ないし3.5倍にふえ、重工業で最大の雇用部門となったし、さらに電機工業は4万人弱が9万人、21万人へと2.5倍ないし5.9倍の拡大を記録した。だがこの両部門を対比すれば、機械工業が多数の中小企業を抱えた競争産業であるのにたいして、電機工業は独自の技術開発力により強い国際競争力を備え、これに基づいて20世紀初頭にはジーメンスとAEGの2大企業による独占ないし寡占体制を確立したというように、産業組織上も大きな差異をはらみ、広義の機械工業として一括はしがたい存在であった。こうした事情もあって、当時のドイツでは電機工業は精密機械工業とともに別個の産業部門とされ、機械工業としては各種の産業機械を中心とした一般機械と種々の運輸機械（船舶・鉄道・自動車等）とを一括するのが普通であった。だがこの機械工業もじつは内部に種々の差異をはらみ、業界組織も別々で、これに応じて情報も分かれるため、一般機械の分野だけを狭義の機械工業として取り上げるのがむしろ通例である。そこで以下では、この狭義の機械工業を主たる対象とし、これとの対比で電機工業や自動車工業に付随的に論及することとしよう。

　この狭義の機械工業について、主要諸国の戦前・戦後の生産額と輸出額を示せば、表2-15のごとくである。これによれば、1913年当時、アメリカがすでに世界生産の5割を占めて断然トップに立ち、ドイツが2割、イギリスが1割でそれにつづいたが、輸出額ではこの3国が世界全体の各3割を占めて拮抗した。そしてこの輸出では、アメリカが農業機械や事務機械、ドイツが工作機械、イギリスが繊維機械で強みを示し、そのかぎりでは相互補完的な分業関係もみられたが、しかし他方では同種機械をめぐる各国の角逐も進み、その過程で新技術開発力に劣る保守的なイギリスが後退を重ね、たとえば繊維機械でも伝統的な紡機や織機では優位を保ったものの、編機などの新機種では敗れるなどした。それはともかく、各国の機械工業は第一次大戦中にさらに拡大し、ドイツでは戦後もインフレ下で国内投資の増大や為替暴落による輸出伸長に支えられて拡大をつづけたが、これは通貨安定によって基盤を奪われ、大幅な整理を迫られた。同表の生産能力の項にみるように、13〜

表 2-15　主要諸国の機械の生産額と輸出額 (1913～31年)　　　(単位：百万マルク)

	生　産　額			生産能力	拡大率	操業率
	1913年 [1] A	1925年 B	(〔　〕内1913年価額) 〔C〕	〔D〕	$\dfrac{D}{A}$	$\dfrac{C}{D}$
	%		%		%	%
アメリカ	6,775 (50.0)	12,697	〔8,465〕(57.6)	〔11,300〕	1.67	74.9
ドイツ	2,800 [2] (20.7)	2,900	〔1,933〕(13.1)	〔3,359〕	1.20	57.5
イギリス	1,602 (11.8)	3,010	〔2,007〕(13.6)	〔2,307〕	1.44	87.0
その他	2,378 (17.5)	3,452	〔2,300〕(15.6)	〔2,860〕	1.20	80.4
世界合計	13,555 (100)	22,059	〔14,705〕(100)	〔19,856〕	1.46	74.1

	輸　　出　　額				
	1913年	1925年	1927年	1929年	1931年
	%	%	%	%	%
アメリカ	681 (26.8)	1,207 (32.8)	1,443 (34.4)	2,023 (35.7)	942 (30.0)
ドイツ	738 (29.1)	758 (20.6)	960 (22.9)	1,428 (25.2)	1,137 (35.5)
イギリス	721 (28.4)	950 (25.8)	920 (22.0)	1,110 (19.6)	535 (16.7)
その他	397 (15.6)	762 (20.7)	862 (20.6)	1,110 (19.6)	586 (18.3)
世界合計	2,537 (100)	3,677 (100)	4,184 (100)	5,671 (100)	3,200 (100)

(注)　1) 1913年では生産額＝生産能力と仮定されている。
　　　2) 第一次戦後の新領域分は2700で，その差額だけ「その他」がふえ，これに基づいて右欄の拡大率を算出した。
(資料)　生産額等はドイツ機械工業会調べで，A. Heße, *Die wirtschaftliche Lage und Entwicklung der deutschen Maschinenindustrie seit der Stabilisierung*, Diss. Köln 1930, S. 127 により，輸出額は Enquete-Ausschuß, *Der deutsche Außenhandel*, 2. Halbband, S. 174, 176.

　25年の期間にアメリカは最高の拡大率を記録してシェアをさらに高め，逆にドイツはイギリスにも劣る拡大率のためシェアを低めた。この点は生産実績でさらに顕著であり，ドイツでは25年後半が安定恐慌期であったことも影響して，その生産額は実質で戦前の7割にとどまってイギリスに抜かれ，また操業率は6割を切るほどであった。そこでこの操業率を引き上げて収益を改善するため，ここでも合理化による競争力の強化が緊急の課題とされたのである。

　この合理化の一面としての企業集中からみてゆくと，機械工業でもその例がなかったわけではない。たとえば大手機械企業の MAN (Maschinenfabrik Augsburg-Nürnberg AG) がインフレ下の20年12月に鉄鋼業界3位のグーテホ

フヌング・コンツェルンの傘下に吸収されたり，同じく大手のドイツ機械 (Deutsche Maschinenfabrik AG) が26年8月に合同製鋼傘下のテュッセン機械と合同してデマーグ (Demag AG) となったりしたのがその代表例であり，そこでは原料の調達から信用の利用にいたるまで，種々の利益が得られた。しかしこれらの事例にもかかわらず，業界全体としては競争的性格が依然として保たれた。一般機械の業界団体であるドイツ機械工業会には，26年当時，関係企業の約8割に当たる1129企業（就業者数32万人余）が加盟していたが，このうち就業者1000人以上の大手63企業（企業数の5.6％）が就業者数の45％を占める反面，就業者500人以下の中小998企業（企業数の88.4％）がなお就業者数の40％を占めていた[23]。そのためここでは，大企業化による内部での専業化，それによるコスト引下げや，独占化による価格支配などは期待できなかった。ちなみに最低価格や標準価格を協定したカルテル等はたしかにあったが，それらは規制力が弱いうえ，景気後退期には容易に解消されてしまう体のものであった[24]。

したがって，ここでの合理化の主眼は，むしろ製品の規格化・標準化による少品種の量産化，これによるコスト引下げに置かれた[25]。この目的のためドイツ産業標準が個々の部品にいたるまで細かく定められ，たとえばネジの種類も大幅に整理され，これで互換性の増大と量産化がはかられた。こうした試みはそれに即応できない中小企業の存在のため，ただちに達成されたわけではないが，ともかくも量産化に道を拓き，これはいわゆる科学的経営管理による生産性の向上や原料在庫の圧縮などとあいまって，生産コストの低下に役立った。そして他方では，27年を頂点とする合理化景気による国内市場の拡大や，主要輸出先のヨーロッパ諸国の復興，とくに26年からの対ソ借款協定によるソ連への輸出拡大などに支えられて，ドイツ機械工業は徐々に業績の回復をみることとなった。

とはいえ，そこにはまた狭い限界があった。平均的な機械のコストの内訳は，26年当時，鋼材を主とした原材料費が4割弱，加工費が賃銀の2割弱を含めて5割弱，販売費・経営費が1割半であった[26]。このうち鋼材等は既述のように独占体制の強化によって価格硬直的であった。もっとも鉄鋼独占

表 2-16 ドイツ機械工業の展開（1913～31年）　　　　　（単位：百万マルク）

	生産能力 A	生産額（操業率） B $\left(\frac{B}{A}\right)$	国内販売 C	輸出 D $\left(\frac{D}{B}\right)$	輸入 E	国内消費 C+E
1913	2,800	2,800 (100)	2,050	750 (26.8)	100	2,150
1925	5,038	2,900 (57.6)	2,142	758 (26.1)	100	2,242
1926	4,940	2,500 (50.6)	1,659	841 (33.6)	94	1,753
1927	5,350	3,400 (63.6)	2,440	960 (28.2)	173	2,613
1928	5,500	4,000 (72.7)	2,831	1,169 (29.2)	197	3,028
1929	5,650	4,200 (74.3)	2,772	1,428 (34.0)	173	2,945
1930	5,820	3,300 (56.7)	1,871	1,429 (43.3)	135	2,006
1931	4,504	2,400 (53.3)	1,263	1,137 (47.4)	84	1,347

（資料）　E. Runge, *Die deutsche Maschinenindustrie in den Jahren 1924 bis 1933*, Diss. Gießen 1936, S. 18, 21; Heße, *a. a. O.*, S. 85 その他。

体は国内販売を拡大するため，25年7月，機械工業会等との間で協定を結び，競争地域への鉄鋼加工品の輸出分については輸出補償金として鋼材価格の一部を払い戻すこととしたが，しかし実際には払戻し額が小幅なうえ適用範囲に各種の制限がつくなどしたから，その効果は限られていた。同様に加工費のうち賃銀については，他産業の場合と同じく協約賃銀の割高と下方硬直性が避けられなかった。さらに販売費では，一般に機械の場合には延払いが多いから，国内の資金不足のため金利負担が増大し，企業は過当競争による無理な売込みや一部では赤字補塡のため，銀行借入の増大を避けられなかった。こうした一連の事情は機械の値下げによる販路の拡大を制約した。表2-16にみるように，機械工業の生産能力は30年まで拡大しつづけたが，国内市場は合理化景気の終焉によって28年をピークに収縮しはじめ，生産額は輸出の拡大に支えられて29年までは増加したものの，それ以後は急速な収縮を余儀なくされた。ちなみに輸出額は，設備過剰による輸出圧力の増大を背景に30年まで増加しつづけ，前出の表2-15にみるように31年にはドイツが最大の機械輸出国の地位を奪還したが，これは世界恐慌による世界市場の収縮過程で達成されたあだ花にすぎず，その稼働率が急速に低下して32年には33％に達するというように，ドイツ機械工業は20年代にも困難を抱えたまま恐慌期に奈落の底に落ち込んだのである。

　これと対比すれば，電機工業はかなりの業績をあげたといえる。この分野

表 2-17　主要諸国の電機工業の生産と輸出（1913～29年）　　（単位：百万マルク）

	生　産　額		輸　出　額		
	1913年	1925年	1913年	1925年	1929年
	%	%	%	%	%
アメリカ	1,400　(34.1)	6,800　(56.3)	112　(15.7)	354　(24.9)	607　(26.4)
ド イ ツ	1,300　(31.6)	2,100　(17.4)	331　(46.4)	367　(25.8)	639　(27.9)
イギリス	600　(14.6)	1,400　(11.6)	157　(22.0)	357　(25.1)	402　(17.5)
その他	810　(19.7)	1,770　(14.7)	113　(15.8)	342　(24.1)	646　(28.2)
世界合計	4,110　(100.0)	12,070　(100.0)	714 (100.0)	1,418 (100.0)	2,294 (100.0)

（資料）　生産額は J. W. Angell, *The Recovery of Germany,* New Haven, 1929, p 151. 輸出額は Enquete-Ausschuß, *Der deutsche Außenhandel,* 2. Hbbd., S. 187.

における主要諸国のシェアを戦前・戦後について示せば，表 2-17 のごとくであり，13年当時，ドイツは生産額でアメリカに首位を譲ったものの，ともに世界の3分の1前後を占め，輸出額ではドイツが世界の半分近くを占めるというように圧倒的な競争力をもった。そしてこの電機工業は戦中・戦後にさらに拡大したが，外国とくにアメリカの発展が顕著であり，25年に同国の生産シェアは6割近くに高まり，逆にドイツのそれは戦前の半分に近い17％に下がり，3位のイギリスの12％との差を縮め，また輸出額ではドイツが首位を保ったものの，上記3国がそれぞれ世界の各4分の1を占めて肩を並べた。しかしこれ以後，イギリスが低迷するなかでドイツとアメリカは輸出を急速に伸ばし，そのシェアをやや高めることにも成功した。こうしたドイツ電機工業の発展は，既述のように2大独占企業によって担われたが，これらは電化の進展による内外市場の拡大を背景に，強電・弱電の両領域で生産設備の更新や新技術の開発を急ぎ，またそれに要する資本をアメリカでの数次の外債発行で調達するなどして，その成果を達成した。このように電機工業は，外国での資本調達に依存した点では前述の鉄鋼業と似ていたが，これとは異なって内外市場の拡大によって高成長を達成した点では，既述の化学工業とともに成長部門をなしたのである。

　これにたいして自動車工業は，当時のドイツ経済の限界を象徴的に示していた。周知のように自動車工業は，19世紀末にヨーロッパで一部の金持ち用の高級車の生産を中心に勃興したが，やがてフォードの大衆向け低価格車の

量産によってアメリカに中心が移り，ここでは第一次大戦後，いっそうの合理化による価格引下げや消費者金融の整備などに支えられて，斯業が最先端の花形産業として目ざましい発展を遂げた。これにたいしてヨーロッパの業界は，旧来の体質を脱却できないままにアメリカとの競争に敗れ，わずかに価格面よりも使用価値面が重視される高級車で競争力を残すだけとなり，このため乗用車の世界輸出に占めるアメリカのシェアは，13年の24％が25年には58％，29年には74％へと急上昇した。

こうしたなかでドイツ自動車工業は，戦後のインフレ期に，一方では換物運動と合流した需要拡大，他方では為替暴落や輸入割当制による輸入防遏を背景にして，中小メーカーの簇生をみたが，24年の通貨安定，翌年秋の輸入割当制の廃止によって一連の中小弱小企業の整理がはじまった。乗用車メーカーは24年の86が25年に52，26年に30に，その生産車種は146が79をへて42に，大幅に整理されたが，しかし26年の国内生産台数がわずか3万台余であったことを考えれば，なお企業の乱立，車種の未整理による各車種の少量生産＝高コストは克服されなかった。当時，アメリカ式の流れ作業による量産方式を採用していたのは，中型車メーカーのオペル (Adam Opel AG) だけであり，自余の企業は企業集中による合理化の推進を強く迫られていた。そこでダイムラー (Daimler Motoren-Gesellschaft) とベンツ (Benz & Co.) の両老舗企業は，24年の利益協定締結を経て26年6月に合同し（新社名はDaimler-Benz AG)，一部の工場を閉鎖する反面，流れ作業の方式を導入し，さらに国内での社債発行によって累積銀行債務400万マルクを返済して，再建を期すこととなった。この企業合同は，斯業での数少ない成功例ともいわれたが，それでも28年後半には業績不良のため銀行債務が再度700万マルクに達するなど，ここでの合理化の困難を示していた。

その点は，表2-18に掲げた29年の国内主要企業の生産計画からもうかがえる。これによれば，年間生産台数がなお9万台余にすぎないのに，企業数は主要企業だけでも17社に上り，企業乱立状態はつづいていた。しかも生産の重点は依然として価格競争の少ない高級車や大型車にあり，この両者が生産台数の4割余を占め，生産額ではおそらく7割前後に達したであろう。い

表 2-18　ドイツの乗用車生産（1929年）

	生産台数		主要企業(同,車種)[1)]		価格（マルク）
		%			
小型車（1000cc 以下）	14,224	(15.5)	3	(3)	2,500～ 2,800
中型車（1000～1500cc）	21,749	(23.7)	1	(1)	2,700
同　　（1500～2000cc）	17,020	(18.5)	5	(5)	4,250～ 5,675
大型車（2000～3000cc）	21,441	(23.3)	6	(7)	5,150～ 8,950
高級車（3000cc 以上）	17,502	(19.0)	10	(18)	7,750～35,000
計	91,936	(100.0)	17	(34)	

(注)　ドイツ系の代表的企業だけを示し，零細企業や外資系企業は含まない。
(資料)　F. Blaich, Die "Fehlrationalisierung" in der deutschen Automobilindustrie 1924 bis 1929 (*Tradition*, Jg. 18, 1973), S. 22-23.

いかえれば，合理化が最も必要な低価格車の領域では，全体としてアメリカの競争におされて極度に伸び悩み，わずかに既述のオペルが1500cc以下の中型車で2万台の生産規模を保ったのが目立つ程度である[27)]。なおこうした弱体な国内自動車企業を育成するため，25年に輸入割当制の廃止と同時に高率関税が設定され，その税率は以後3年間に漸次軽減されることとなったが，そこでは部品の税率が低かったため，25年以降，フォードやGMがあいついでドイツに組立工場を設置し，ドイツ企業と競争した。そこで28年1月から部品の税率が引き上げられ，外資系企業もドイツの部品を使って組立技術で競争することとなったが，それと同時にGMは29年，ドイツ最大の企業オペルを高額で買収して子会社とし，ドイツでの足場を強化するにいたった。これに如実に示されたドイツ自動車工業の弱さは，国内市場の狭隘さによる合理化の限界を示すものであった。

こうしてドイツの広義の機械工業は，電機工業を別として，国内市場の限界から合理化を徹底できず，やがて世界恐慌下で輸出も収縮して，いちじるしい苦境へと追い込まれたのである。

繊維産業[28)]

ドイツの繊維産業の部門別構成を生産額によってみると，第一次大戦直前でも20年代でも，綿工業が約5割，羊毛工業が3割余のシェアを占めた。そのほかでは，麻工業の衰退と対照的に，新興の人絹工業が急速な伸びを示し

たが，このシェアは正絹を含めてもなお全体の1割前後にとどまった[29]。したがって以下では綿と羊毛の2部門を取り上げれば十分であろう。

はじめに前史をたどっておくと，綿工業では，既述のように19世紀前半にイギリスの強力な競争にさらされるなかで，ドイツ産業資本が紡績業を中心に機械制大工業として発足し，やがて国内市場を制覇し，さらには国外市場にも進出していった。この発展は，外国技術の導入による生産性格差の縮小に基づくだけではなく，過剰人口の圧力による低賃銀労働の利用によっても支えられ，この後者は労働集約的な織物業や編物業でとくに威力を発揮した。こうしてドイツは第一次大戦前にイギリス・アメリカにつぐ世界3位の綿工業国であったが，そこには種々の弱さもみられた。たとえば生産規模でみても，世界の綿紡錘ないし織機数に占めるシェアは，イギリスの39％ないし29％，アメリカの各22％にたいして，ドイツはわずか8％ないし7％で大差をつけられていた。また国際競争力の面でも，ドイツは太糸（17番手以下）でこそ輸出できたものの，並糸では国内需要をまかなうにとどまり，高級品用の細糸（47番手以上）では国内需要の3分の2を輸入に仰ぎ，この輸入細糸を低賃銀で加工することによって，高級品の輸入を抑えつつ一部で輸出もできたのである。さらに生産構造の面でも，イギリスでは生産がランカシャ地方に集中し，その内部で生産の分業やこれに適合的な流通機構が整備され，それで競争力が強化されたのにたいして，ドイツでははるかに少ない生産が，西部（ライン・ヴェストファーレン），西南部（戦後割譲のアルザス），南部（バイエルン等3邦），中部（ザクセン邦を中心に一部は下シュレジエン）の4地帯に分散し，これらが同一商品で競合をつづけ，しかもその内部では，低賃銀だけを武器とするような弱小加工企業を広汎に抱えていたのである。同様のことは羊毛工業でもみられた。もっともここでは技術的理由から機械化が遅れ，しかも短繊維による紡毛（ウール）工業から生産工程を異にする長繊維による梳毛（ウーステッド）工業への生産主流の転換が19世紀末にはじまった等の事情から，ドイツはイギリスにたいして生産規模では綿工業ほどの格差はつけられなかったものの，品質上の競争ではやはり劣勢に立ち，さらに低賃銀依存の弱小企業体制という性格は綿工業の場合以上に顕著であった。ちなみにその主要生

産地帯は綿工業のそれとやや異なり，南部の代わりに首都近辺（ブランデンブルク）が加わったが，賃金水準が最低の中部（ザクセン・テューリンゲン両邦）が約4割のシェアを占めた点にも，羊毛工業の特徴が反映していた。

それはともかく，第一次大戦後，繊維産業は世界的規模で生産過剰に陥った。大戦でヨーロッパからの輸出が激減したあいだに，アメリカや日本が輸出を急速に拡大したほか，一連の後進諸国でも国内自給用に新たに繊維産業が勃興した。そこで戦後にヨーロッパ諸国が生産と輸出を回復しだすや，世界的過剰は不可避となり，これにたいして後進諸国の多くは国内産業保護のため各種の輸入禁止的政策をとったから，主要輸出国間の角逐は激化せざるをえなかった。これで最大の打撃を受けたのは周知のようにイギリス綿工業であり，最大のアジア市場を日本やインドに侵蝕され，輸出の不振から産業の衰退をかこつこととなった。そして同様のことはドイツでは東欧諸国の工業化によるそれらへの輸出難となって現われた。もっともインフレ期には，国内の換物運動や為替の暴落に支えられて内外の市場が拓けたから，ドイツの繊維産業は世界的過剰をよそに好況を呈し，その間に企業の集中や設備の増設も進み，アルザスの割譲による設備の減少（綿工業で1割強，羊毛工業で2割弱）も綿工業ではある程度埋め合わされたほどであった。それだけにインフレ収束による安定恐慌の打撃は大きく，大衆必需品の繰延べ需要が短期間に一巡するや，たちまち生産過剰が露呈し，投機的活動をつづけてきた卸商や生産企業のなかには破綻するものも多かった。そして価格はむろん圧迫されたが，しかしなお外国品にたいし割高をつづけたから，これを是正し内外の市場を確保するために合理化が現実の課題とされるにいたったのである。

　この合理化の柱は，他産業の場合と同様に，設備の改良，製品の規格化による少品種の大量生産・大量販売，企業の集中などであったが，繊維産業ではいずれも大きな困難をともなった。たとえば第1の設備の改良では，工場電化のほか，綿工業では紡績機械のミュールからリングへの転換（紡錘数のうちリングの比率は，戦前の約45％が25年までに55％に上昇し，28年には61％となった），自動織機の採用（これで各織布工の担当台数は2台から8

台へ引き上げられた）などがはかられ，労働生産性の向上が追求された[30]。しかしこれもただちに全面化したわけではなく，広汎な零細織布企業ではインフレ期に償却ずみの旧式機械を使用しつづけるものも多かったし，さらに羊毛工業では技術的制約もあって自動織機の採用はようやく緒についた程度であり，生産性の上昇はごく小幅であった。

また第2の規格化にしても，紡績業ではともかくも，織布業では製品が最終消費財で流行の影響を強く受けるだけに，もともと困難を抱え，企業の零細性や生産地帯の分散性がそれを増幅した。そのため企業は，特定の品目に専門化して景気や流行の変動をまともに受けるか，あるいは多くの大企業がそうしたように，生産を多様化して変動を均らす代わりに過剰な設備を常時抱えるかするほかなかった。

それと関連して流通過程とくに販売金融にも問題があった。戦前には卸商が十分な資本力をもってそれを担当していたが，その卸商がインフレ収束過程で破綻ないし弱体化したこと，他方で既製服メーカーやデパート等の大口購買者への直販の増大という取引方法の変化が進んだこと，等の事情から，生産企業が売込みのため販売金融をつづけざるをえない度合も高まった。しかし当時のドイツでは金融が逼迫していたから，それは企業にとって負担であり，長期の信用供与によって大量販売をはかる余地は小さく，このことがまた輸出で外国に敗れる一因でもあった[31]。こうした限界を克服するためにも，企業集中による資本力の強化が急務とされたのである。

そこで第3の企業集中をみると，全体としては中小企業の乱立状態がつづいたが，それでも一部では大企業化も進み，これはインフレ期にとくに促進された。当時，一方では原料を確保するため，他方では販売代金の減価を回避するため，原料から製品までを包含したコンツェルンの形成がはかられ，そのなかには羊毛工業のシュテーア（Stöhr-Konzern）のように，梳毛紡績から既製服生産までを統合するものさえあった。しかし通貨安定後は，そうしたメリットが失われ，逆に経費が増大するため既製服部門を手放すなどの解体化も進み，むしろ紡績業を中心に横断的結合を強め，そのうえで部分的に織布業をも支配するのが通例をなした。当時の代表的なコンツェルンとして

は，綿工業ではハンマーゼンのそれがあった。その母体は，戦前には無名の北ドイツの一紡績会社（F. H. Hammersen AG, Osnabrück. 1869年創業，1900年株式会社に転換）であったが，大戦中に戦時利得をもとにコンツェルン形成の構想を固め，1916年に西部に進出して織物工場を新設したのを皮切りに，18年以降，積極的な企業集中に乗り出した。このなかには遠くザクセンの一綿紡績会社（Baumwollspinnerei Riesa a. d. Elbe AG）も含まれていたが，これは31年に事業部門を親会社に譲渡し，翌年，デバーグ（Debag : Deutsche Baumwoll-AG）と改称して持株会社となり，ハンマーゼンの支配する一連の企業が形式上は同社の傘下に集められ，さらに24年には東部の大企業ディーリヒ（Christian Dierig GmbH, Langenbielau. 28年に株式会社に転換）とのあいだに利益共同体契約も結ばれた。ちなみに両企業群とも傘下に紡織両部門をもったが，前者が紡績に，後者が織布に傾斜し，相互補完の関係にあったことが，この業務提携へとつながった。もっともこの提携は2年で破棄され，その後ハンマーゼン・コンツェルンは27〜28年に傘下の工場の設備拡大を急ぎ，その規模は29年に紡錘50万錘（全国の5％弱），織機9000台（同じく5％弱），就業者9000人に及んだ。そして翌30年6月には再度ディーリヒとのあいだに株式交換に基づく利益共同体契約が結ばれ，さらに翌31年には南ドイツの大紡績会社（Baumwollspinnerei am Stadtbach, Augsburg）をも傘下に収めるなどして，その規模は33年現在で紡錘80万錘，機械1.4万台，就業者1.6万人に増大し，ハンマーゼン・ディーリヒは綿工業最大のコンツェルンとしての地位を強化したのである。

　これに対応するのが羊毛工業では北ドイツのノルトヴォレ（Norddeutsche Wollkämmerei und Kammgarnspinnerei AG, Bremen）であった。同社は南米からの羊毛輸入商として18世紀末に発足し，1884年に梳毛紡績会社に転換した同族企業であったが，19世紀末以降，企業集中を積極的にくり返し，その規模は1895〜1913年に錘数が6.4万錘から32万錘（全国の13％），梳毛糸生産量が0.4万トンから1.27万トン（同，17％），就業者数が3300人から1万人余に増大した。そして戦後もさらに集中を進め，ことに27年には合理化景気を背景に大規模な拡大を強行し，その規模は25〜28年に錘数が32.5万錘から40万錘

表 2-19　繊維産業の生産と輸出入（1913～32年）

部門	年次	生産指数		生産額	輸出額（うち織物）〔同,数量〕			輸入額（うち糸）〔同,数量〕			国内消費額[1]
		糸	織物	(百万マルク)	(百万マルク)		〔千トン〕	(百万マルク)		〔千トン〕	(百万マルク)
綿工業	1913[2]	100.0	100.0	2,350	508	(447)	〔70.6〕	188	(116)	〔33.2〕	2,030
	1924	68.4	75.6	3,720	427	(395)	〔34.3〕	599	(276)	〔44.9〕	3,892
	1925	82.0	84.0	5,080	471	(440)	〔33.1〕	597	(374)	〔61.5〕	5,206
	1926	69.5	65.7	3,390	463	(424)	〔34.4〕	246	(168)	〔26.0〕	3,173
	1927	95.2	98.5	4,950	447	(413)	〔35.8〕	500	(305)	〔65.0〕	5,003
	1928	86.2	92.8	4,490	467	(426)	〔34.1〕	405	(256)	〔48.4〕	4,428
	1929	77.6	79.3	…	471	(425)	〔36.8〕	298	(185)	〔33.2〕	…
	1930	77.8	86.0	…	392	(358)	〔31.4〕	231	(141)	〔27.8〕	…
	1931	75.2	73.6	…	304	(278)	〔27.1〕	152	(90)	〔20.9〕	…
	1932	78.3	62.1	…	155	(135)	〔15.2〕	78	(48)	〔15.5〕	…
羊毛工業	1913[2]	100.0	100.0	1,720	362	(271)	〔33.1〕	153	(108)	〔23.5〕	1,510
	1924	75.3	81.1	2,390	308	(221)	〔16.4〕	349	(237)	〔20.3〕	2,431
	1925	73.0	73.2	2,610	347	(255)	〔16.6〕	329	(262)	〔23.5〕	2,592
	1926	69.6	91.0	2,550	388	(295)	〔20.6〕	212	(182)	〔18.5〕	2,375
	1927	83.7	112.4	2,920	423	(327)	〔24.8〕	437	(368)	〔36.8〕	2,934
	1928	83.5	90.2	2,570	465	(343)	〔25.8〕	321	(226)	〔27.6〕	2,426
	1929	80.9	86.3	…	474	(353)	〔25.5〕	289	(188)	〔23.1〕	…
	1930	86.4	77.4	…	397	(306)	〔23.4〕	217	(136)	〔19.5〕	…
	1931	83.8	69.5	…	327	(256)	〔22.6〕	139	(82)	〔15.7〕	…
	1932	76.6	62.8	…	157	(118)	〔12.3〕	68	(40)	〔10.8〕	…

(注)　1)（生産額）－（輸出額）＋（輸入額）で算出。ただし後2者が糸・織物だけからなるのにたいして，生産額は編物等の加工品を含むと思われるので，厳密には問題がある。
　　　2) 13年は旧領土。

(資料)　生産指数は，*Konj.-St. Hb. 1933*, S. 39. により，*Vjh. f. Konj.-forsch.*, Jg. 5, H. 2-A, S. 87 で13年を求め，28年基準を13年に換算。生産額は同誌 Jg. 3, H. 4-B, S. 22 により，輸出入は *St. Jb. D. R.* 各号による。

（全国の16％から20％），生産量が1.23万トンから2.2万トン（同，23％から36％），就業者数が1.56万人から2.6万人弱に増大した。そのさい同社は傘下工場の購販部門を完全に集中すると同時に，その生産を専門化させることでコストの低下をはかったが，これによる競争力の強化は，上記の数字で錘数に比して糸生産量のシェアが高いことにも示されていた。そのうえ同社は28年，二つの子会社（Toga Vereinigte Weberei AG, Aachen; Alrowa Deutsche Strickerei AG, Chemnitz）を設立して，傘下の織物・編物企業を統轄すると同時にその勢力範囲の拡大をもはかり，羊毛工業での支配的地位を強化した。

ちなみに27年以降の同社の拡大は当時の情況からみて強気にすぎ，このため主力銀行のベルリン商業銀行は融資を拒否して同社との関係を絶ち，代わって積極経営で勢力拡大をはかってきたダナート銀行が主力銀行となり，同社への信用供与に当たったが，それと並行して同社は資本金を27年に3320万マルクから5000万に，翌28年には7500万に引き上げたほか，アムステルダムの子会社をつうじて秘密裡に多額の外国資金をも調達しつづけた。そして29年以降，羊毛工業の販路収縮に加えて同社の原毛投機の失敗もあり，その収益は極度に悪化し，これによる同社の31年の破綻がダナート銀行を巻き込み，銀行恐慌へとつながることとなったのである。

　こうしてドイツの繊維産業は，一連の合理化努力にもかかわらず，世界的な生産過剰傾向と国内市場の狭隘性のゆえに，業績の改善を達成することはできなかった。表2-19にみるように，生産は27年に合理化景気による国内市場の拡大に支えられて大幅に増大したものの，それは概して戦前規模に復帰する程度にとどまり，しかもこの規模でさえ持続はせず，すでに翌28年からは国内消費の収縮のため減少しはじめた。もっとも当面は輸出の堅調がある程度底支えの役割を演じたが，これも30年からは世界恐慌下で収縮したから，生産の減退も加速された。こうして繊維企業は業績不良の度を強め，在庫の増大や赤字の発生のため銀行債務の累積や焦付きを招き，やがて倒産なり減資なりの形で資本の整理を迫られることとなったのである。

第3節　合理化の限界

　以上で考察したように，産業の合理化は個々の部門ないし業種ごとに様相をかなり異にしたが，全体としては当初の掛け声ほどの成果をあげるには至らなかった。既出の図2-1でみたように，鉱工業生産や国民所得などは安定恐慌のあと26年中頃から急速に回復したが，しかし20年代末のそのピークは実質で戦前水準を1割内外上回る程度にとどまり，また合理化による貿易の入超から出超への転換も好況期中は達成できずに終わった。つまり，相対的安定期のドイツ経済は，戦後の低水準からの回復というかぎりでは急速な伸

びを示したが，しかし戦前と対比した長期的な成長という点ではむしろ停滞的な側面を露呈していた。そうした経済的限界のなかで，戦後には戦前と異なって弱体化した体制を安定させるため社会的に各種の宥和政策が展開されたのであるから，その政策もとうぜん規模を制約されて十分な効果を発揮できず，そこに取り残された社会的矛盾がやがて深化して体制的危機を招来することとなった。そこで以下では，そうした萌芽が当時いかに醸成されつつあったかを，さしあたり労働・農業・財政金融・対外経済の各面について概観することとしよう。

労働問題

　まず雇用の動向からみてゆくと，これは生産の拡大につれて増加しながら，他方で合理化によって増加をかなり相殺された。さきの図2-1に示したように，雇用量（24年12月＝100で，季節変動を消去）は通貨安定直後に一時的な生産回復を背景にして25年初頭にピーク（109）を記録し，やがて安定恐慌下で収縮して26年中頃に底（94）をつき，このあと合理化景気を背景に回復して28年初頭にピーク（112。実数で1760万人）に達し，以後29年中頃まで一時的後退を含みながらもほぼそれに近い水準を保った。このように20年代末の雇用が25年初頭の水準にとどまったことは，その間に生産が拡大したこととの関連で，合理化の雇用削減力を端的に表現していた。もっとも合理化が行なわれなければ，国際競争に敗れて生産も低迷し，雇用はさらに下回ったかもしれないが，その合理化が市場の制約のため限界を画されたことから，雇用も伸び悩みを呈したのである。

　こうした雇用の頭打ちにたいして，労働人口は大戦中の出生率低下の影響をいまだ受けずに増加しつづけたから，いきおい過剰人口が種々の形で累積することとなった。そのなかには農村に滞留する潜在的失業者層もあったが，顕在的失業者として統計的に把握できる職業紹介所の登録失業者だけをとっても，その規模は戦前をはるかに上回った。戦前には完全失業率（労働組合員のそれで，季節調整ずみ）は恐慌時を除けば2～3％にすぎず，当面の時期でも図2-1にみるように25年中頃には4％台（実数で約50万人）にとどま

ったが，これが安定恐慌期に急膨張して26年夏のピーク時には20％強（260万人）に達し，このあと景気回復によって収縮したとはいえ，27年秋の最低時でも7％台（約100万人）を数え，その後ふたたび増加し，29年後半から増勢を速めるに至った。そしてこの失業のなかには，合理化による生産工程の変化に対応できない中高年齢層の構造的失業も含まれていたが，さらに大量失業が常態化するにつれて，若年層でも長期失業が増加し，一つの社会問題と化していた。

この失業問題にたいしては，既述のように戦後いちはやく体制安定のため財政資金による失業扶助金支給（Erwerbslosenfürsorge）の形で救済制度が樹立された[32]。そしてこの制度はやがて給付額や給付期間について再三変更を加えられ，23年秋にはインフレ収束のための財政緊縮の必要から労使折半の拠出金を徴収し，基本的にはこれで給付をまかなうこととなった。むろんそれで財政負担が解消したわけではない。給付金の一部は地方団体も分担し，また赤字分は国と州が折半で補填することとされたが，この財政負担は26年に失業激増のため増大した。これに拍車をかけたのが一連の制度拡充であり，同年1〜2月には給付期間の延長（従来の26週間から39週間，例外的には52週間への延長）や給付対象の拡大（職員層や不完全就業者への給付再開）がはかられ，さらに11月には受給期間の過ぎた長期失業者等への給付を内容とする緊急扶助制度（Krisenfürsorge）が導入され，この経費は国が8割，地方団体が2割を負担することとなった。こうして本来の失業扶助経費は，表2-20にみるように従来年間3億マルク前後であったのが26年には12億余に激増し，翌年は好況下で減少したものの以前の水準には戻らず，他方で長期失業を反映して全額財政資金による緊急扶助支出が増加しだした。なおそのほか，国や州の財政負担で失業者を公共土木事業に雇用する生産的失業扶助制度（wertschaffende Erwerbslosenfürsorge）もあったが，これは1人当たりの経費が数倍に上るため小規模にしか行なわれず，当時の失業救済事業は扶助金の支給を中心としたのである。

この財政負担を軽減するため，政府は全額拠出金による失業保険制度への移行を急ぐようになり，他方で労働側も，扶助金制度の場合には拠出金を出

表 2-20　失業扶助事業の収支（1924〜27年）　　　　　　　（単位：百万マルク）

年次[1]	狭義の失業扶助							緊急扶助の支出[4]	生産的失業扶助の支出[5]
	支出[2]	(うち扶助金)	収入[3]	(うち拠出金)	差引赤字	財政支出分				
						国	州	地方		
1924	333	(286)	263	(222)	70	75	75	34	—	70
1925	271	(218)	209	(165)	62	0	0	36	—	97
1926	1,221	(1,077)	679	(524)	542	258	243	148	6	160
1927	609	(500)	579	(500)	30	147		76	130	147

(注)　1) 生産的失業扶助のみは4月〜3月の会計年度で，他は暦年。ただし27年は制度改正前の9月末まで。
　　　2) 付随的救済費や職業紹介事業費を含む。
　　　3) 右欄の地方財政資金その他を含む。
　　　4) この経費は国が8割，地方が2割を分担。
　　　5) この経費は国と州が負担。

(資料)　*Konj.-St. Hb. 1933*, S. 162 により，A. Egger, *Die Belastung der deutschen Wirtschaft durch die Sozialversicherung*, Jena 1929, S. 231, 232, 250 で補足。

しながら受給が権利化せず，困窮度の認定をへていわば恩恵的に与えられることから，受給を権利化する保険制度への移行を支持した。そこで個々の具体的内容について折衝が重ねられたうえ，27年7月16日に職業紹介・失業保険法が成立し（賛成は与党と社会民主党の355，反対は共産党とナチスの47，ほかに棄権15），10月から施行されることとなった。この新制度の要点を示せば，おりからの好況を背景に失業者を70万人程度と低めに見積もったうえで，労働者・職員の賃銀を11等級に区分し，各基準賃銀の3％を労使双方から半額ずつ掛金として拠出させ，これを財源として，失業前1年間に26週以上拠出した失業者にたいしては，困窮度にかかわりなく基準賃銀の一定割合を保険金として給付することとした[33]。これで赤字が生じた場合には，国が財政資金でそれを補塡することとし，さらに事前の拠出期間が不足したり受給期間が長期失業のため過ぎたりした無資格者にたいしては，既述の全額財政資金による緊急扶助が困窮度を審査して給与されることとした。

　これら一連の施策の結果をさきの図2-1によってみると，相対的安定期には失業者数が変動しつつ大量化するなかで，その圧倒的な部分は扶助金ないし保険金の給付によって生計をともかくも保障され，ここからはみだす非受給者層は常時30万人前後の低水準にとどまった。その意味では戦後の制度は失業救済にかなりの成果をあげたといってよい。もっともその間に失業の長

期化のため保険原理で処理できない緊急扶助者が恒常化し，さらに20年代末以降は失業の激増のため保険制度がはやくも破綻をきたし，これがまた国家財政や地方財政を圧迫するなどして，事態は深刻化するが，これについては第4章でみることとしよう。

ところで，失業の圧力がこうして中和されれば，就業者の労働条件も悪化をまぬがれ，改善を容易にされる。この労働条件は，第一次大戦後には使用者側と組合との上部段階での交渉による労働協約で産業部門別に（またその内部では地域別に）最低条件が決定され，これを前提にして実際の賃銀は各企業ごとに業績その他を考慮して若干の（概して1～2割の）上積み分を加えられる仕組みになっていた。そして協約をめぐる労使の交渉が決裂し争議になるのを防ぐため，国の調停機関が当事者の申請に基づいて斡旋等に当たることになっていたが，この申請がなくとも政府は産業平和維持のため問題を調停に持ち込み，その強制裁定によって解決をはかる道も拓かれており，20年代後半にはこの方式によって協約が成立するケースも多かった。そうなれば，いきおい経済の実態から離れて，労使の主張を足して2で割る式の政治的妥結が追求されるようになる。事実さきの図2-1にみるように，協約による時間賃銀は不況下でも組合の反対のためため下がらず，好況下で一方的に上昇した。こうした賃銀の下方硬直的な上昇傾向は，一部は破局的インフレ下での実質賃銀の低下のため切下げの余地が小さかったことにもよるが，しかし20年代末以降の恐慌過程で，物価が暴落し失業が激増しながら賃銀だけは容易に下がらなかったことに示されるように，基本的には救済制度による失業圧力の中和と，そのもとでの調停制度による政治的賃銀決定方式によって可能とされたのである。そしてこの間，生計費はほぼ安定をつづけたから，実質賃銀は徐々に上昇し，20年代末には戦前水準を1～2割上回ったといわれる。もっともインフレ期に賃銀・俸給が生活給化したため，通貨安定後に賃銀格差が復活したとはいえ，熟練工や職員は不熟練工に比して不利な立場にあり，20年代末にも実質では戦前水準に回復できなかった。なお，賃銀とならんで重要な労働時間については，既述のように戦後の厳格な最長8時間制が，23年末にインフレ収束過程で資本の優位のもとに例外的には時間

表 2-21　組合の系統別人員数（1928年末）（単位：千人）

	労働組合		職員組合	
		%		%
総　　　　数	5,950	(100.0)	1,612	(100.0)
自 由 労 働 組 合 系	4,867	(81.8)	421	(26.1)
キ リ ス ト 教 系	764	(12.8)	502	(31.1)
ヒルシュ・ドゥンカー系	204	(3.4)	361	(22.4)

（資料）　*St. Jb. D. R. 1930*, S. 575.

延長を認める原則規定に緩和され，これが27年4月の法律で再確認されたが，しかしこの時間延長も協約による合意を必要としたため歯止めをかけられ，全体としては8時間労働の原則が保たれたのである。

　こうした労働条件の決定方式にたいする労使の対応をみると[34]，資本の側は，合理化の成果が不当な賃上げに喰われるとして種々不満をならしながらも，当面は合理化による収益の改善もあってそれを甘受した。他方で労働側は，直接の要求主体である組合が依然として3系列に分裂し，表2-21にみるように，労働組合では社会民主党系の労働総同盟傘下の自由労働組合が圧倒的部分を占めたが，職員組合では，中央党系で一部に国家主義的な組合を含むキリスト教系や自由主義派のヒルシュ・ドゥンカー系も加わって3派鼎立の状態にあり，それぞれに政治的対応を異にした。もっとも労働条件については3派が概して協調し，国家の政策に支援されつつ成果を重ねていった。その成果はヴァイマル体制に負うものであり，ここに労働側が体制内化を強める根拠もあった。事実，社会民主党は27年のキール大会で，党内最高の理論家ヒルファディングの組織された資本主義論に基づいて，現行の体制を肯定し政治的賃銀規制を称揚しつつ，その延長線上での民主化の進展を党の課題とするにとどまり，またこれを受けて労働総同盟は翌年のハンブルク大会で，経営協議会方式にならって経済政策決定の次元でも労働者参加を求める経済民主主義の要求を主要課題として決議した。これらの要求は，建て前としては戦後革命で達成できなかった社会化の要求であったが，実際には20世紀初頭に排撃されたはずの修正主義の推進であり，同党系の体制内化が如実に表現されていたのである。

　しかし，これも資本にとっては労働側の新攻勢として映った。ことに28年の総選挙で社会民主党が勢力をもり返し（前掲の図1-2参照），同党のミュラ

ーを首班とする大連合政府が発足したことは，その実現への展望を拓いたが，他方で景気が頭打ちを呈し，もはや従来のような譲歩を重ねえなくなっていただけに，資本の側の警戒心も強まった。それを象徴したのが既述の28年秋のルール地方の鉄鋼争議であり，資本の抵抗にもかかわらず国家の介入によって賃上げが強行されたことが，それを許容するヴァイマル体制そのものへの反撥となり，これがやがてヒステリックな運動へとつながった。これにたいして労働側は，その体制内化によって抵抗力を弱めたうえ，コミンテルンが28年以降いわゆる社会ファシズム論によって最大の敵をブルジョアジーでなく社会民主党に求め，組合運動でも反対派を結成するなどして，左派勢力の分裂を促した。そこで自由労働組合は具体的成果をあげることで自己の基盤を保つため，逆に圧力団体として社会民主党首班政権にたいして過大な要求を突きつけ，結局はそれが同政権を倒し，資本の独裁制を招く結果にもなったのであるが，その具体的な過程は第4章で追うこととしよう。

農業問題[35]

　ドイツ農業は，第一次大戦時・戦後に労働力や生産資材の不足のため，実体的には荒廃しながらも，これによる農産物不足やインフレ下の換物運動に支えられて，表面的には有利な価格関係を享受して収益を大幅に改善し，既存の巨額の負債を完済しえたほどであった。しかし，この好調も23年秋以降のインフレ収束過程で一挙に逆転し，金融の逼迫による売急ぎ，それによる価格の崩落，さらには租税負担の著増などのため農業は苦境に陥った。ちなみに世界的には，戦時・戦後の海外諸国を中心とした農業の好調は20年の反動恐慌によって崩壊し，激しい農業恐慌が20年代中頃までつづいたが，ドイツ農業はさしあたりインフレ下の為替暴落によってその打撃を回避しえたものの，いまや通貨の安定と世界経済へのリンクによってその圧力をまともに受け，困難を倍加されることとなったのである。

　この事態に直面して農業界は保護政策を要求し，さしあたり25年の関税自主権回復を控えて農業関税の復活・強化を求めた。そのかぎりでは工業界と同様であり，戦前にはこの農工の提携によって農業関税の引上げも許容され

表 2-22　農産物の品目別生産額（1927/28年度）　（単位：百マルク）

品　目	生産額	（％）
穀　物	2,377	(18.3)
うちライ麦	1,108	(8.5)
小　麦	667	(5.1)
じゃがいも	823	(6.3)
甜　菜	642	(4.9)
野　菜	368	(2.8)
果　実	524	(4.0)
耕種合計	5,047	(38.9)
屠　肉	4,637	(35.7)
うち豚	2,881	(22.2)
牛	1,507	(11.6)
牛　乳	2,584	(19.9)
鶏　卵	452	(3.5)
畜産合計	7,939	(61.1)
合　計	12,986	(100.0)

（資料）　*Konj.-St. Hb. 1936*, S. 175.

たが，しかし戦後には事情が異なった。資本はそれに応ずるだけのゆとりを失い，自己の国際競争力確保のために高率農業関税の採用に難色を示したし，戦後に発言力を増した労働側も生計費の上昇を招くとしてそれに強く反撥した。さらにゼーリング等の有力な農政学者たちも戦前とは異なって，農業の合理化こそ必要だとして，不良経営の温存を許す農業関税の復活に異議を唱えた。そのため25年8月の関税法では，工業関税が一般に戦前を上回る水準で復活したのにたいして，農業関税は低率の暫定期間をへて戦前水準に復帰するのが精いっぱいであった。しかもその後の展開では，一連の後進諸国との通商協定締結のたびに，相手国への工業品輸出の拡大をかちとるため，それらからの農産物輸入には各種の関税譲許が認められたから，農業は工業に比して関税政策でも冷遇されることとなった。

　こうした対外関係のもとでのドイツの農業の実態をみるため，その生産額の品目別構成を示せば表2-22のごとくである。これによれば，ライ麦・小麦を中心とする穀物は総生産額の2割弱を占めるにすぎず，じゃがいもや甜菜，さらに野菜その他を加えても耕種部門は4割弱にとどまり，牛や豚を中心とした畜産部門が総額の6割を占めていた。もっともこの統計では，二重計算を避けるため飼料用穀物などの中間生産物のうち自家用消費分が計上されていないから，耕種部門の比重が過少に示されるが，その点を考慮しても畜産が穀作を上回る地位を占めていたことは注目に値する。もちろんすべての農業経営がそうした生産構成をもったわけではない。序章でみたようにド

イツ農業は地帯別に異質の構造をもち，一般に東部ではユンカー等の大経営が支配的であって，ここでは畜産も兼営されていたものの，穀作（地域によっては，じゃがいもまたは甜菜の栽培）に重点が置かれ，逆に西部では農民経営が支配的であって，ここでは穀作よりも畜産（都市近郊では野菜，一部ではぶどう等の果実の栽培）に重点が置かれた。そしてこの重点品目の差は，消費構造の高度化による需給関係の変化とあいまって経営収支の差を生みだしたから，農業問題の現われ方もとうぜん地帯別・階層別に異ならざるをえなかったのである。

　そこで，まず畜産部門について，最大の生産額をもつ酪農業をみておこう。25年の農業センサスによれば，乳牛890万頭のうち4割は農用地5〜20haの小農に属し，20〜100haの大農と2〜5haの零細農とに各2割が属しており，一般に酪農業は小農を主たる担い手とし，地帯別では西部に重点があった。そして牛乳の生産量は，戦前の2200万トンが戦時・戦後に激減したあと回復に向かい，26〜28年には平均2020万トンに戻り，やがて戦前水準を超えたが，この間にバター・チーズ等の加工品の入超が乳換算で220万トンから390万トンに増大したから，国民1人当たり乳消費量は366kgから377kgにやや増加した。ところで，この国内産の牛乳のうち約20％は家畜飼育用や自家飲用として経営内で消費され，80％が外部消費用であったが，このうち本来の設備をもつ加工場への出荷分は35％程度にすぎず，残りの45％は酪農家がみずから加工して販売した。この2種の加工径路をたどる外部消費分のうち，飲用牛乳は3割程度にとどまり，大部分は酪農品に加工されたが，これによってバターは国内消費の7割余が，チーズは8割内外が自給されたといわれる。

　しかし，この一見高い自給率にもかかわらず，酪農品の市況はデンマークやオランダの競争によって左右された。この隣接両国は価格・品質の両面で強い競争力をもち，ドイツではそれら輸入品によって酪農品の相場が決定され，ひいては乳価もそれに規制される関係にあった。そこで，この競争に対抗するため，酪農業でも合理化によるコスト引下げが急務とされた。その方策として，検査制度や技術指導制度による乳牛の品質改良や飼育方法の改善，それによる搾乳量の増大や，最大の費用項目をなす飼料費引下げのため，牧

草地や採草地の拡大，施肥による増収などをつうずる飼料自給率の引上げなどがはかられた。もっともその成果は地域ごとに異なり，たとえばシュレスヴィヒ・ホルシュタイン等の北西部では飼料自給化の余地も小さく，輸入濃厚飼料への依存がつづいた。さらに品質面でもその向上や規格化が求められたが，それも国産酪農品の過半が個々の酪農家のもとで生産されるため狭い限界をもち，それを脱却するための加工場の整備・拡大も資金難等のため制約されたから，みるべき成果はあがらなかった。こうして合理化は遅れたが，さしあたりは消費構造の高度化による酪農品需要の拡大，これによる価格の上昇，反面での内外飼料作物の過剰による低価格をつうじて，酪農業は農業のなかで最有利の分野をなし，小農経営の安定をもたらした。とはいえそれもやがて世界恐慌下では，一方で需要の減退，他方で後述の穀作保護のための飼料輸入の抑制政策などによって行き詰まり，30年以降，酪農業の国家統制が必至とされたのである。

　同様のことは養豚業でもみられた。養豚は酪農以上に一般農家に普及しており，第一次大戦後には消費構造の高度化による豚肉需要の増大を背景に急速に拡大し，農家所得の重要な源泉をなした。だが反面，豚は短期間に増殖・肥育されるため，飼料価格が相対的に安い豚の供給が急増し，その過剰から肉価格が崩落するという，いわゆるピッグ・サイクルが3年前後の周期でくり返されるから，農家経済の不安定さも増大した。事実，好況下の27年から28年前半にかけて，豚肉価格は逆に下落し，このため主要な養豚地帯の一つである北西部では農家経営の動揺がはじまり，やがて農民騒擾へと発展したが，その困難はさらに恐慌下で国家の飼料政策によって追打ちをかけられることになった[36]。

　それらにたいして穀作は，消費構造の変化に対応できないままに外国の競争が強まることによって，当初から苦境に置かれた。その情況はむろん各品目ごとに異なった。たとえば食用穀物の消費量は，食生活の高度化のため戦前より大幅に減退したが，そのなかで小麦（白パン）はライ麦（黒パン）を侵蝕する形で消費量の減退をある程度くいとめられたものの，小麦の国内自給率は5～6割であったから，その価格も安い輸入品によって規定され圧迫

された。これにたいしてライ麦では国内の生産と消費がほぼ一致したが、それは生産物の4分の1前後が食用から飼料用化することで達成されたのであって、その価格は小麦

表2-23 地帯別・経営規模別の農業負債（1928年7月現在）

経営規模	東　部		西　部	
(ha)	ha当たり（マルク）	対地価（％）	ha当たり（マルク）	対地価（％）
5～20	479	43	465	31
20～50	533	46	484	31
50～100	578	62	625	33
100～200	681	71	754	39
200～400	671	68	828	45
400以上	557	62	—	—
平均	557	60	508	32

（注）対地価は1925年の課税上の地価にたいする負債の比率。
（資料）Enquete-Ausschuß, II-12: *Die Verschuldungs- und Kreditlage der deutschen Landwirtschaft*, Berlin 1930, S. 25.

によって上限を画されつつ、豊作時には過剰化して大幅に低落し、飼料化の比率を高めた。同様のことは、穀物ではないが主食作物のじゃがいもにもみられ、その生産量の半分近くが東部で豚用飼料になることで国内需給の均衡が保たれた。その他の飼料作物では、燕麦が馬の飼育の縮小のため過剰化したのを別とすれば、畜産の拡大を背景に大麦の輸入が国内生産に匹敵する規模でつづき、さらにとうもろこしの輸入も増大したが、それらの安い飼料が国内のライ麦やじゃがいもと競合し、これらの価格を圧迫する関係にあったのである。

そこで、この低価格に対応するため合理化も試みられた。たとえば化学肥料の低廉化を背景にした施肥量の倍増という形での農業の集約化や、トラクターその他の導入による機械化もある程度は進んだ。しかし戦前に比して戦後には、大経営で不可欠とする農業労働者の賃銀が大幅に上昇し、さらに租税負担や金利負担も著増したから、これらの支出増のため赤字化する経営が穀作地帯では続出し、負債の累積につながった。当時の調査によれば、農業負債の総額は、戦前の130億マルク（戦後領土分）がインフレ期にほぼゼロになったものの、通貨安定後にふたたび急増して28年末には110億マルクに達し、その利子負担は金利上昇のため戦前の7.5億マルクを超えて10億マルクに上ったといわれる。しかも負債発生の理由が、戦前には土地の購入または相続を主因としたのが、戦後には経営の赤字補塡を主因とし、その意味で

農業負債は農業不況の象徴でもあった。そしてこの農業負債を地帯別・経営規模別にみると（表2-23），一般に西部よりも東部で，また農民経営よりも大経営で負債が大きく，課税上の地価にたいする負債比率は，東部の大経営では西部の小農経営の2倍以上の7割前後にも上り，この比率は表示を略したが年とともに高まった。この事実は，課税上の地価が現実の地価をやや下回ることを考慮しても，穀作の不振のため東部の大経営の多くが，土地売却によっても返済できないほどの過剰債務を抱えて破綻に瀕していたことを如実に示している。

そこで，20年代末近くになると，東部の農業者を中心に農業保護の要求がいちだんと強まった。むろん政府もそれまで手をこまねいていたわけではない。25年夏には既述のレンテンバンクを農業金融機関に改組して，外資の導入による農業向けの低利貸出しに当たらせたり，翌26年には穀物とくにライ麦の価格支持のため，過剰農産物の買上げ機関として新設されたドイツ穀物会社に財政から3000万マルクを1.5％の低金利で貸し付けたりもした。さらに28年春には，大規模な救農緊急計画の一環として，予算規模もさきの2倍に増額され，対象も各種穀物のほか豚などの畜産物にまで拡大され，また市場整備のため協同組合も助成の対象とされた。もっともこれらは緊急計画のごく一部にすぎず，残りは財政緊縮を求める通貨当局や産業界の反対のため棚上げされ，他方で世界的な農業恐慌がこれ以後深化しはじめたから，その効果はほとんどあがらなかった。そこで29年2月，対立しあう農業3団体が「緑の戦線」（Grüne Front）という共闘組織を結集し，農業保護政策の強化を政府に強く迫ることとなった[37]。

これを受けて政府は29年以降，農政を急遽多面的に強化しはじめた。そのはしりは，同年5月のオストプロイセン州援助法であった。同州は講和条約の結果ポーランド回廊によって本土から分断され，流通過程の激変のため同州農業は東部のなかでもとくに苦境にあったから，それにたいして公的資金による農業負債の低利借替えや，救済不能の大農場の買上げ・細分による農民入植などの措置がとられた。この救済措置はやがて適用範囲を本土の東部国境地帯，さらにはエルベ河以東の東部全域にまで拡大され，いわゆる東部

援助 (Osthilfe) につながったが、これは巨額の国家資金を喰いながら、しかもユンカー層からは大農場の収奪をはかる「農業ボリシェヴィズム」だとして強い反撥を買い、ヴァイマル体制の打倒に政治的に利用されることとなった。それはともかく、この負債整理と並行して農産物の価格支持政策も格段に強化され、29年7月以降、農業関税があいついで引き上げられ、輸入禁止的な高率となった。たとえば小麦関税は、従来の100kg当たり5マルクが29年7月に6.5マルクに変更されたあと、30年中に5回も引き上げられて25マルクになり、これに保護されて世界市場価格は10マルクを割るのに国内価格は25マルク前後の水準を保った。またライ麦については、関税引上げと並行して、29年秋以来、政府資金による過剰分の買上げが拡大されたが、これによる価格の支持は安い外国飼料の輸入増大によって破綻した。そこで、この輸入を抑制するため、飼料用大麦の関税が29年末に2マルクから一挙5マルクに、翌年3月末には10マルクに、そして年末までに18マルクにと引き上げられたし、通商協定によって低関税が固定しているとうもろこしについては、その国内取引が30年3月に政府の専売事業に移されるなどした。そのうえで政府は、30年5月以降、買い上げたライ麦の一部を着色し、飼料用としてやや値引きして販売することとし、同様のことは東部で過剰のじゃがいもについてもみられた。だがこの政策は、それまで安い輸入飼料に大きく依存してきた西部とくに北西部の畜産業を圧迫し、養豚業などは過剰なじゃがいもをもつ東部で拡大するようになり、前者の農民の不満から「緑の戦線」も解体することとなった。このように呉越同舟の「緑の戦線」の要求した農政の強化は、相対的安定期の農業問題のあり方を反映して東部の穀作大経営を優遇する形で結実し、その保護のため価格メカニズムを超えた政府の直接的な市場介入政策も展開されたものの、これも世界的な農業恐慌のため効果をあげえずユンカー層の不満を買ったが、その犠牲とされた農民層は反体制エネルギーをうっ積させ、ナチスの反体制大衆運動に同調することとなったのである*。

---

  * 編者注：原稿はここで終わっており、124頁で予告された「財政金融・対外経済」についてはメモの類も残されていない。ただし、第4章（167-168頁）で簡単に触れられている。

注
1) 当時の景気動向については，さしあたり，C. T. Schmidt, *German Business Cycles 1924-1933*, NBER, N. Y., 1934 を参照。さらに詳しい叙述は，景気研究所の四季報（*Vierteljahrshefte zur Konjunkturforschung*）や，賠償委員会の半年ごとの報告書（*Deutschland unter dem Dawes-Plan—Die Reparationsleistungen: Die Berichte des Generalagenten*）などにみられる。
2) この点では有沢広巳・阿部勇『世界恐慌と国際政治の危機』（改造社，1931年）のパイオニア・ワーク以来，多くの著書・論文があるが，近年の成果として，加藤榮一『ワイマル体制の経済構造』（東京大学出版会，1973年），有沢広巳『ワイマール共和国物語』〔私家版〕（東京大学出版会，1978年）が最も注目に値する。また西ドイツの研究動向をみるには，H. Mommsen u. a.(Hrsg.), *Industrielles System und politische Entwicklung in der Weimarer Republik*, Düsseldorf 1974 が便利である。
3) ドイツの産業センサスの伝統的分類によって就業者数を5人以下の「小経営」，6～50人の「中経営」，51人以上の「大経営」に分けると，軽工業では35％，24％，42％となり，このなかでは繊維で11％，13％，76％と「大経営」の比率が高かったが，食品では44％，26％，30％，衣服では58％，21％，21％と零細「小経営」が圧倒的であり，重化学工業では鉄鋼・金属製品で30％，29％，41％であったのを例外として，全体としては9％，17％，74％と「大経営」が圧倒的であった。
4) ドイツではアメリカ，イギリスと異なって1936年まで産業センサスで生産額が調査されることはなかった。したがって表2-2の生産額も各種の推計と仮定のもとに算出され，それだけに誤差も大きかった。すなわち，まず総生産額の算出では，一般に重工業では官庁統計ないし業界統計による生産量または生産額の把握率が高かったのにたいして，軽工業ではそれが低く，大部分は取引税統計や就業者数から算出されるしかなかった。そのうえ総生産額から原材料費等を差し引いて純生産額を算出する段階では，一部の大企業の事例やアメリカ・イギリスの例が機械的に採用されることが多かったが，いずれの場合にもドイツ軽工業に多い零細企業が大企業と同じ付加価値生産性をもつと仮定するだけに，軽工業が過大に表示されることにならざるをえなかったのである。こうした推計方法の細目については，R. Wagenführ, *Die Industriewirtschaft*, Berlin 1933, S. 55, 57 を参照。
5) 個々の産業にかんする文献は当該箇所で示すが，種々の産業における合理化の様相を包括的に論じた文献としては，Die Industrie- und Handelskammer

zu Berlin (Hrsg.), *Die Bedeutung der Rationalisierung für das deutsche Wirtschaftsleben*, Berlin 1928; J. W. Angell, *The Recovery of Germany*, New Haven, 1929, Chap. IV〜V; R. A. Brady, *The Rationalization Movement in German Industry*, Berkeley, 1933 (reprint: 1974) 等がある。

6) 化学工業については，既出の概説書の当該箇所のほか，P. Waller, *Probleme der deutschen chemischen Industrie*, Halberstadt 1928; A. Marcus, *Die grossen Chemiekonzerne*, Leipzig 1929, S. 29ff.; Enquete-Ausschuß, *Die deutsche Chemische Industrie*, Berlin 1930; H. Lang, *Die chemische Industrie im deutschen Außenhandel*, Leipzig 1931; P. Horn, *Die Entwicklung des deutschen Außenhandels mit „chemischen Grundstoffen" und „künstlichen Düngemitteln" bis 1930*, Diss. Freiburg i. Br. o. J.; R. Lachmann-Mosse, *Die Stickstoffindustrie und ihre internationale Kartellierung*, Diss. Zürich 1940; F. ter Meer, *Die I. G. Farbenindustrie AG*, Düsseldorf 1953; L. F. Haber, *The Chemical Industry, 1900-1930*, Oxford, 1971; H. Tammen, *Die I. G. Farbenindustrie AG (1925-1933)*, Berlin 1978 等を参照。これらのうち，戦前のものでは第1と第3のものが包括的であるが，戦後刊行の最後の3著も従来非公開の内部資料を利用していて有益である。また化学工業では一般に統計類が乏しいが，この点では，Verein zur Wahrung der Interessen der chemischen Industrie Deutschlands e. V., *Überblick über den Arbeitsbereich Mitte 1929*, Berlin 1929; H. Gross, *Material zur Aufteilung der I. G. Farbenindustrie AG*, Kiel 1950 等によって一部を補足した。なお邦語文献は少なく，戦前のものでは，上林貞治郎「独逸化学工業集中史」(藤田敬三編『世界産業発達史研究』伊藤書店，1943年，所収) があるが，最近の成果として，第一次大戦前を対象とした加来祥男氏の一連の論文，たとえば「ドイツ化学工業における独占体の成立」(1)(2)(北海道大学『経済学研究』第30巻第1号，第2号，1980年)，1920年代については，工藤章「IGファルベンの成立と展開」(1)(2)(東京大学『社会科学研究』第29巻第5号，第6号，1978年) が注目される。

7) たとえば従業員でのシェアは，38年に表面上は30％であったが，特別契約を結んだ直系子会社を含めれば48％に高まり，同様に売上高でも25％が34％に上昇したが (Gross, *a. a. O.*, Tab. IVa, Val)，このほかに一般の子会社も数多くあったから，実質上のシェアはさらに高まった。なお売上高のシェアが相対的に低いのは，コンツェルン内部での取引が無視され，外部への販売額だけが計上されるためである。

8) ドイツのタール染料の輸出額の仕向け地別構成を戦前 (11〜13年) と戦後

(27〜29年)で対比すると，かつて最重要の市場であったアメリカの19.6％，イギリスの14.3％が戦後にともに5.7％に低落し，逆にヨーロッパ大陸の10ヵ国が26％から33.8％に（大陸全体では約45％），アジア4ヵ国が30.7％から33.4％にシェアを高めた。そしてこのアジア向けの場合，日本向けが自国生産の増加によって6.8％から4％に，中国向けがアメリカの競争によって16.4％から12.7％に低下したのを，インド向けが6.1％から13.2％に，オランダ領インド向けが1.4％から3.5％に増加することでカヴァーしたのであって，これによってインドは最大の輸出先になった（Enquete-Ausschuß, *Der deutsche Außenhandel*, S. 206, 310ff.）。

9) Waller, *a. a. O.*, S. 147-148.

10) G. Keiser und B. Benning, *Kapitalbildung und Investitionen in der deutschen Volkswirtschaft 1924 bis 1928,* Berlin 1931, S. 47.

11) ドイツの窒素肥料輸出額の仕向け地別構成を28〜29年の平均で上位から示すと，オランダ18.6％，日本17.2％，フランス15.5％，アメリカ10.7％，デンマーク6.9％（以上小計68.9％）等であるが（Horn, *a. a. O.*, S. 53-54），このうち日本向けは，船賃の値引き等に支えられて国際カルテルの重要売込み先とされ，このため日本では，国内企業の保護と安い硫安の確保をめぐって，いわゆる外安問題が発生した。

12) IGも外債発行にまったく依存しなかったわけではない。同社は外国企業への資本参加を目的とした機関として，28年にスイスに子会社（I. G. Chemie Basel）を，翌年はアメリカにも子会社（American I. G. Chemical Corp.）を設立し，これらは外資建ての株式や社債の発行によって外国資本を調達し，その一部は親会社の資本参加分の肩代わりに充当された（I. Sielmann, *Internationaler Vergleich der Finanzierungspolitik der Großindustrie*, Emsdetten 1934, S. 33-34）。しかし，それらの調達資金も一部は親会社を介してその株主によって支出されたし，また資金の充用も外国企業への参与を中心としたから，国内の企業活動にかんするかぎり，親企業にたいする肩代わり効果はあまりなかったといえよう。なお企業金融については貸借対照表の分析が通例であり，IGについても Sielmann, *ebenda*, S. 25ff. がそれを試みているが，その内容は，前川恭一『ドイツ独占企業の発展過程』（ミネルヴァ書房，1970年）36頁以下にほぼ逐語的に再現されているので，ここではそれにふれない。

13) 鉄鋼業にかんするドイツ語文献では，S. Duschnitzky, *Das Konzern-Problem*, Riga 1927; P. Ufermann, *Der deutsche Stahltrust*, Berlin 1927; A. Marcus, *Die grossen Eisen- und Metallkonzerne*, Leipzig 1929, S. 165ff.; B. Dietrich,

第 2 章　相対的安定期のドイツ資本主義　139

Vereinigte Stahlwerke, Berlin 1930; H. J. Schneider, *Der Wiederaufbau der Großeisenindusrie an Rhein und Ruhr*, Berlin 1930; Enquete-Ausschuß, *Die deutsche eisenschaffende Industrie*, Berlin 1930; E. Mund, *Die rh.-westf. Montankonzerne im Betriebsvergleich*, Leipzig 1933; *Die deutsche Eisen- und Stahlindustrie 1933 (Das Spezial-Archiv der deutschen Wirtshaft)*, Berlin 1933; H. Meyer-Waldeck, *Der deutsche Absatzmarkt für Walzwerkserzeugnisse*, Düsseldorf 1933; K. Stallmann, *Der Stahlwerksverband in seinen internationalen Beziehungen*, Diss. Berlin 1935; W. Treue und H. Uebbing, *Die Feuer verlöschen nie*, Bd. 2: August Thyssen-Hütte 1926–1966, Düsseldorf 1969 等を参照した。このなかでは，6番目のアンケート委員会の報告が多面的であり，2番目のウーファマンが労働側の，5番目のシュナイダーが資本側の見解を代表し，最後のものが個別企業の社史である。また邦語文献も他産業に較べれば多く，そのなかでは，加藤，前掲書，278頁以下が詳しい。そこで以下では，これとの重複をなるべく避けながら，重点だけを記すこととしたい。

14)　この独占組織の結成状況を示せば，粗鋼共同体の実務機関として再発足した製鋼連合の傘下では，市販用鋼塊，レール等の鉄道資材，形鋼の3部門を統轄するA製品連合が25年5月に再建されたのにつづいて，6月に棒鋼，7月に厚板，8月に帯鋼の各シンジケートが，さらに30年1月には並板，2月には汎用鋼のそれが結成され，また別系列の独占組織としては，25年3月に鋼管，4月に線材，30年4月に薄板の各シンジケートが結成された。これを戦前と対比すれば，シンジケート組織がA製品以外にも普及したこと，ことに混合企業と単純企業との抗争のために独占形成が難航した棒鋼部門でも混合企業の制覇によってそれが可能となったこと，などが特徴的であるが，こうした独占組織の整備強化によって，それらの国内価格は安定し，顕著な下方硬直性を呈することとなったのである。

15)　もっとも構成企業が完全に持株会社化したわけではない。たとえばライン製鋼では，既述の IG ファルベンが同社の株式の35%をもつ大株主であり，これと石炭供給契約が結ばれていたため，同社の石炭部門はすべて拠出されずに終わった。同様にラインエルベ・ウニオンを構成するゲルゼンキルヒェン社も一部の炭鉱を拠出せずに残したが，ちなみに同ウニオンは26年末に再組織され，ゲルゼンキルヒェン社が他の2社を合併する形で組織の単純化がはかられた。なお以上の事例とは逆に，合同製鋼がテュッセン拠出の機械部門を分離し，これを最大の機械メーカー Demag (Deutsche Maschinenfabrik AG) に合体することで，それへの18%の資本参加を獲得するなどの例もあった。

16) Ufermann, *a. a. O.*, S. 68-69.
17) 同社の社債残高は，26年4月の発足時には，テュッセンとラインエルベから継承した7分利付ドル社債3550万ドル（1.5億マルク）だけであったが，同年6月には3000万ドルの6.5分利付ドル社債Aをアメリカで発行し，翌7月にも同額に当たる1.26億マルクの7分利付マルク社債Bを発行し，後者は0.9億を国内で，残りをオランダ，スイス等で売り出した。なお翌8月と翌27年の2回に分けて計1000万ドル余のドル社債Cもアメリカで発行されたが，これはテュッセン社債の低利借替え分であった。そして上記のA・B両社債による2.5億マルクは，今後10年間の同社の事業拡大や合理化計画をまかないうるものと考えられたが，実際には資金が不足し，27年7月にさらに3000万ドルの6.5分利付ドル債がアメリカで発行されざるをえなくなり，同社の社債残高は5億マルク余に達したのである。
18) Enquete-Ausschuß, *a. a. O.*, S. 33, 35 から算出。
19) Treue und Uebbing, *a. a. O.*, S. 34 から算出。
20) この鉄鋼争議については，Preller, *a. a. O.*, S. 403ff.; E. Frankel, Der Ruhreisenstreit 1928-1929 in historisch-politischer Sicht (F. A. Hermens und T. Schieder 〔Hrsg.〕, *Staat, Wirtschaft und Politik in der Weimarer Republik*, Berlin 1967) 等を参照。
21) Schneider, *a. a. O.*, S. 73, 76ff.
22) 機械工業については，その内部構成の複雑さもあって包括的・標準的な研究書は乏しいが，以下では既述の Angell, Brady 等の概論のほか，下記の文献を利用した。F. Kruspi, *Gegenwart und Zukunft der deutschen Maschinenindustrie*, Berlin 1926; Schulz-Mehrin, *Produktionswirtschaftliche Zusammenschlüsse im Maschinenbau und verwandten Zweigen*, Berlin 1927; A. Heße, *Die wirtschaftliche Lage und Entwicklung der deutschen Maschinenindustrie seit der Stabilisierung*, Diss. Köln 1930; E. Runge, *Die deutsche Maschinenindustrie in den Jahren 1924 bis 1933*, Diss. Gießen 1936; W. Ostermann, *Marktlagen der deutschen Maschinen-Industrie von 1924 bis 1934*, Diss. Freiburg i. Br. 1936; F. Büchner, *Hundert Jahre Geschichte der Maschinenfabrik Augsburg-Nürnberg 〔1840-1940〕*, Nürnberg 〔1940〕. なお第一次大戦以前の時期については，A. Schröter und W. Becker, *Die deutsche Maschinenindustrie in der industriellen Revolution*, Berlin 1962; E. Barth, *Entwicklungslinien der deutschen Maschinenindustrie von 1870 bis 1914*, Berlin 1973 等がある。

また自動車工業については，H. Schneider, *Die Entwicklung der deutschen*

Automobilindustrie nach dem Kriege, Diss. Frankfurt/M. 1929; P. Dannheisser, *Das Problem der Preissenkung in der deutschen Automobilindusrie*, Diss. Frankfurt/M. 1931; H. Maurer, *Das Zusammenschlußproblem in der deutschen Automobilindusrie*, Diss. Zürich 1936; K. W. Busch, *Strukturwandlungen der westdeutschen Automobilindusrie*, Berlin 1966, Kap.1; F. Blaich, Die "Fehlrationalisierung" in der deutschen Automobilindustrie 1924 bis 1929 (*Tradition*, Jg. 18, 1973) 等を参照。

なお脱稿後の業績として，藤澤利治「1920年代におけるドイツ電機工業の企業金融」（新潟大学『商学論集』第15号，1982年），西牟田祐二「ダイムラー＝ベンツ社の成立と展開」(1)(2)（東京大学『社会科学研究』第38巻第6号，第39巻第1号，1987年）がある。

23) Kruspi, *a. a. O.*, S. 116.
24) Heße, *a. a. O.*, S. 92ff.
25) ドイツ機械工業会の調査によれば，量産化の利益として，標準的な機械の生産コストは，1台だけを単発で生産する場合に較べて，3台を同時に生産すれば7割に，10台なら5.4割に，30台なら5割に下がるという（Schulz-Mehrin, *a. a. O.*, S. 2)。
26) Kruspi, *a. a. O.*, S. 77.
27) 29年当時の乗用車の輸出入をみると，輸出は4809台（平均単価6713マルク），輸入は1万4513台（同3279マルク）であった。この平均単価を表2-18の国内価格と対比すれば明らかなように，輸出は大型車・高級車からなり，小型車・中型車では外車がかなりの比重を占めたことになる（Blaich, *a. a. O.*, S. 24)。また別の資料によると，29年の国内生産台数のうち外資系企業のシェアは24.3％に上り，さらに輸入車を加えれば，外国車の占めるシェアは37.4％に上ったという（Busch, *a. a. O.*, S. 26)。
28) 20年代の繊維産業については，他の主要産業の場合に比して研究書も少なく，さらに統計面でも，織物業の統計がもともと不備であるほか，紡績業についても『統計年鑑』には29年以降毎年の数値が発表されなくなるなど，資料上の制約も多い。以下では，既出の概説書のほか，繊維産業全般にかんするものとして，Enquete-Ausschuß, I. Unterausschuß, 3. Arbeitsgruppe, 2. Teil, *Entwicklungslinien der Industriellen und gewerblichen Kartellierung*, 4. Abs.: Textilindustrie A-B, Berlin 1930; G. A. Wegener, Konjunktur und Kapitalwirtschaft in der deutschen Textilindustrie (*Zeitschrift f. handelswiss. Forsch.*, Jg. 26, 1932); K. Schürmann, *Die Struktur der deutschen Textilindustrie und ihre Wandlungen*

in der Nachkriegszeit, Bonn/Köln 1933, 各部門にかんするものとして, W. Keilholz, *Die deutsche Baumwollindustrie*, Diss. Köln 1935; P. Briese, *Die Absatzentwicklung der deutschen Wollindustrie seit Beginn des Weltkrieges*, Diss. Königsberg 1929, また個別大企業については, *Die DEBAG (Deutsche Baumwoll-AG)-Textil-Gruppe Osnabrück (Das Spezial-Archiv der Deutschen Wirtschaft)*, Berlin 1934; G. C. Lahusen et al., *Die Nordwolle unter unserer Leitung*, Bremen 1932 等を参照した。

29) *Vjh. z. Konj.-forsch.*, Jg. 3 (1928/29), H. 4-B, S. 22.

30) Schürmann, *a. a. O.*, S. 70-72.

31) ちなみに繊維産業では製品の多様性や企業の乱立のため, カルテルがあっても生産や価格への規制力はほとんどもちえず, 販売条件とくに支払期限の短期化を協定するだけのものが多かった。たとえば毛織物業界の全国組織 (Verein Deutscher Tuch- und Wollwarenfabrikanten) は, 販売条件の改善を目標に1902年結成されたが, その後の歴史は, 一方で卸商, 他方で大口購買者とのあいだでの販売・支払条件をめぐる対立と妥協の歴史であり, その過程で協定条件も再三の変更を迫られたのである (Enquete-Ausschuß, *a. a. O.*, B, S. 327ff.)。

32) 失業救済制度については, 第一次大戦後の社会政策全般を論じた *Deutsche Sozialpolitik 1918-1928: Erinnerungsschrift des Reichsarbeitsministeriums*, Berlin 1929; L. Preller, *Sozialpolitik in der Weimarer Republik*, Stuttgart 1949 の当該箇所のほか, J. Dierkes, *Die Organisation des Arbeitsmarktes*, Breslau 1929; A. Egger, *Die Belastung der deutschen Wirtschaft durch die Sozialversicherung*, Jena 1929; A. v. Bülow, *Die Höhe des Sozialverwandes in Deutschland (Der wirtschaftliche Wert der Sozialpolitik)*, Jena 1931; M. T. Wermel und R. Urban, *Arbeitslosenfürsorge und Arbeitslosenversicherung in Deutschland*, Teil II, München 1949; 戸原四郎「ヴァイマール体制と失業問題」(東京大学社会科学研究所編『基本的人権3 歴史II』東京大学出版会, 1968年) 等を参照。

33) この基準賃銀にたいする給付率は, 失業者本人にたいする基本率=下限と, 扶養家族1人当たり5％を加算した上限の二つで規定されたが, 週給10マルク以下の最下層では75～80％, 逆に60マルク以上の最高層では35～60％とされ, 30～36マルクの標準層では40～65％とされた。

34) 資本側の対応については, F. Tänzler, *Die deutsche Arbeitgeberverbände 1904-1929*, Berlin 1929; M. Schneider, *Unternehmer und Demokratie: Die freien Gewerkschaften in der unternehmerischen Ideologie der Jahre 1918 bis 1933*, Bonn-

Bad Godesberg 1975, 労働側の対応については，R. Hilferding, *Die Aufgaben der Sozialdemokratie*, Berlin 1927; F. Naphtali (Hrsg.), *Wirtschaftsdemokratie: Ihr Wesen, Weg und Ziel*, Berlin 1929 等を参照。

35) 第一次大戦後のドイツ農業について欧文文献は多いが，以下で主として参照したのは，総論的なものでは，Friedrich List-Gesellschaft, *Deutsche Agrarpolitik*, 3 Teile, hrsg. v. F. Beckmann et al., Berlin 1932; M. Sering, *Deutsche Agrarpolitik*, Leipzig 1934; H. Haushofer, *Die deutsche Landwirtschaft im technischen Zeitalter*, Stuttgart 1963, 農業政策では，J. B. Holt, *German Agricultural Policy 1918–1934*, Chapel Hill, 1936; A. Panzer, *Das Ringen um die deutsche Agrarpolitik*, Kiel 1970, 農業負債問題では，Enquete-Ausschuß, II–12: *Die Verschuldungs- und Kreditlage der deutschen Landwirtschaft*, Berlin 1930; K. Diehl et al. (Hrsg.), *Wirkungen und Ursachen des hohen Zinsfußes in Deutschland*, Jena 1932, I–A, 酪農業では，Enquete-Ausschuß, II–15: *Die Lage der deutschen Milchwirtschaft*, Berlin 1931 などである。なお邦語文献は少ないが，原田溥「ワイマール・ドイツ資本主義の農業政策と東部援助問題」(『唯物史観』第3号，1966年)，横山幸永「1920年代のドイツ農業」(東京大学『経済学研究』第13号，1969年)，加藤榮一「ドイツ農業および農業政策」(日高普・大谷瑞郎・斉藤仁・戸原四郎編『マルクス経済学 理論と実証』東京大学出版会，1978年) などがある。

36) 北西部のシュレスヴィヒ・ホルシュタイン州では28年1月，養豚業の危機を背景に，救農を求める農民デモに14万人もが参加したが，ここでは農民の多くが，有効な活動を展開できない既成の農民団体から離れて，別個に農村住民運動 (Landvolkbewegung) を展開しはじめ，その一部はやがて金融機関や税務署の襲撃などのテロ運動にさえ走った。本来的に保守的な農民層も，没落の危機にさらされて反体制的エネルギーを蓄積し，これが既成の組織によって吸収されないままに，ナチスの進出を可能にする土壌となったのである。さしあたり，村瀬興雄『アドルフ・ヒトラー』(中公新書，1977年) 第9章，参照。

37) この農業3団体とは，①農村同盟 (Reichslandbund)，②農民組合 (Vereinigung der deutschen Bauernvereine)，③農民団体 (Deutsche Bauernschaft) である。このうち①は，東部を中心に当時170万の会員を擁する最大の組織であったが，概して東部大経営の利害を代表し，政治的には保守派とくに国家国民党と親密であり，これにたいして②は西部・南部のカトリック系農民56万を結集した中央党系の組織であり，さらに③は会員6万にとどまったが，北部・中部のプロテスタント系の組織として①と対立し，政治的には自由主義的で民主

党に近かった。こうした異質の団体が結集した背景には，前述の北西部の場合のように，傘下の農民が現状への不満から別個の農村住民運動に走りつつあり，既成団体は組織防衛のためにも大同団結して利益団体としての効果を示す必要があったが，しかしこれは内部での経済的・政治的な利害対立のため持続せず，後述の政策展開のなかで，31年にははやくも解体することとならざるをえなかった。

第3章　世界恐慌とドイツ資本主義
――1931年のドイツ銀行恐慌――

　1929年以降の世界恐慌の過程で，ドイツは31年7月に激しい銀行恐慌に見舞われた。一般に帝国主義段階になると恐慌が形態を変え，急性的性格を弱めるため，大規模な信用恐慌ないし銀行恐慌などは発生しにくくなるが，31年の場合には特殊な政治的要因も絡まってそれが勃発したのである。

　周知のように20年代後半の相対的安定期にドイツは対外借入に依存して強蓄積をつづけたが，その過程で大銀行は，不安定な外国短資を大量に取り入れつつ産業金融を拡大することで構造的な脆弱性を強めていった。そのため，世界恐慌下で政治的事情に触発されて外国短資の引揚げがはじまると，それら大銀行はもろくも破綻せざるをえなかった。しかもそれは，たんにドイツ金融史上の一大事件にとどまらず，ただちにイギリスに飛び火し，9月に同国を金本位制離脱に追い込み，これはまた国際通貨としてのポンドの地位から一連の諸国の追随を呼ぶなど，国際金本位制の崩壊へと発展したのである。それはまさに相対的安定期の資本蓄積の破綻を金融面で表現するものであった。そしてドイツでは，この資本蓄積の破綻が膨大な失業の発生その他をつうじて社会不安と政治的危機を醸成し，さらに財政の破綻や通貨不安をも惹起したから，有効な銀行救済措置もとれないままに銀行恐慌が勃発し，これがまた恐慌をさらに深化させ危機を激化する要因となった。そこでこの危機を克服して体制を擁護するため，やがて国家独占資本主義的な政治主導の景気振興政策が必至となったが，この政策の展開には，銀行恐慌対策としてとられた為替管理や銀行統制などが不可欠の前提をなしたのである。このように1931年の銀行恐慌は，直接には内外の政治過程と密接に絡みあって発生しながら，経済的にはいわば20年代的蓄積から30年代的蓄積への転換を媒介する重要な歴史上のひとこまをなすものであった。そしてこの時期については

近年多くの研究や資料も発表されているので,以下ではそれらによりながら銀行恐慌の背景・経過・帰結を瞥見することにしよう[1]。

銀行恐慌の背景

　第一次世界大戦後のドイツ経済は,革命とインフレの激動期をへて,24年秋の通貨安定以後ようやく本格的な復興を開始した。しかしこの復興には,国内的にヴァイマル体制,対外的にヴェルサイユ体制という二つの政治的な枠がかけられていた。このうち前者は,戦後の革命を乗り切るため資本が労働にいちはやく譲歩し,政治的民主主義だけでなく社会政策の拡充による経済的民主主義をも約束した体制であった。その内容は広汎にわたるが,のちの資本蓄積にとって重要なのは,失業救済制度によって失業者の圧力を軽減する一方,労使の団体交渉による労働条件の決定には国家の介入の余地を設けることで,産業平和のために下方硬直的な「政治的」賃銀水準を生み出したことである。これは資本にとって革命の代価であったにもせよ,危機が去れば高価にすぎ,資本蓄積への不当な阻害要因として攻撃目標とされたが,しかしその廃棄は労使の決定的対立を招きかねなかったから,当面は甘受するほかなかったのである。これにたいして対外的な枠は,連合国のドイツ抑え込みの体制であり,その内部にはヨーロッパ政治での主導権を狙うフランスのドイツ弱体化路線と,これを牽制するイギリスやアメリカの路線との対立があったが,当面はドーズ賠償案に基づいて,連合国の管理下で金本位制による通貨価値の安定と年々多額の賠償金の支払いとを義務づけるものとして,ドイツ経済にとって重圧をなしたのである。

　だが,この内外二つの枠は容易に両立しなかった。ドーズ案は,対外的には貿易の出超によって国際収支の黒字をあげるとともに,国内的には賠償費を計上しながら社会政策費等を圧縮することで健全財政を保つことを求めたが,他方でヴァイマル体制は,高賃銀による企業収益の圧迫から税収が伸び悩むなかで福祉のための支出を拡大することによって,健全財政を困難にするとともに,国内需要の高水準から国際収支の黒字をも期待しがたくしたからである。その対策として喧伝されたのが産業合理化である。これで国際競

争力を強化し，貿易の入超を出超に転じて国際収支を改善するとともに，合理化による高度成長で税収を拡大し，賠償費や社会政策費を支弁しつつ健全財政を保つことが期待されたのである。こうして合理化は当時のスローガンとなり，企業は競争に耐え抜くため産業組織の再編や設備投資を急ぎ，27年にはいわゆる合理化景気が現出するにいたった。

　しかし合理化は巨額の資本を必要とし，インフレ収束による運転資金の枯渇とあいまって，国内の資本需要を膨張させた。これにたいして資本供給は，インフレによる銀行の資本価値の破壊，中間層の没落による投資余力の減退，その後の重税による資本形成難などのため容易に回復しなかった。しかも，このなかから年々多額の賠償金が控除されるとなれば，需給が逼迫して高金利がつづくのも当然であった。そこで大企業は利子負担軽減のため金利の低い外国での起債に訴えたが，その可能性を欠く一般の企業は国内で銀行借入に依存するしかなく，銀行自身はまた高金利で外国短資を吸引しつつ企業金融を拡大し，いわゆる短期借り・長期貸しによる危険をおかすことになったのである。

　もっとも産業合理化の成果が十全に発揮されれば，過度の外資依存もやがては解消したであろう。だが実際には，イギリスの経済的不振や周辺諸国の国内産業保護のための輸入制限政策などもあって，ドイツの輸出は予期したほどには伸びず，不況時をのぞけば入超がつづく状態であった。こうした市場の伸び悩みは，量産化によるコスト・ダウンを制約したから，企業や銀行の資本構成の改善も困難となり，また合理化の進展も狭い限界を画されることとなった。そして後者は雇用の拡大を制限したから，好況下でも100万を下らない失業者を残すこととなったが，その救済をはじめ住宅建設その他の社会政策的事業のため財政は圧迫され，州や大都市もあいついで外債を発行することとなったのである。

　こうしてドイツの対外債務は増加しつづけた。その額については種々の推計値があるが，短資まで含む公式の数値は後述の31年8月のレイトン報告ではじめて与えられた[2]。これによれば，30年末現在で対外債務総額は，短期が103億マルク（うち銀行の借入が72億），長期が92億マルク（うち企業が54

億，中央・地方政府が38億），さらに外国人による株式や土地の取得が60億マルクで，計255億マルクに上り，逆に対外債権は，短期が53億マルク（うち中央銀行を含む銀行が33億），長期が44億マルクで計97億マルクであったから，純債務は158億マルクとされた。当時ドイツの年間輸出額は最盛期でも135億マルク，中央・地方の財政支出純計は約200億マルクであったから，上記の対外債務がいかに大きかったか想像できよう。だが，それ以上に問題なのは，短期債務が大きかったことである。しかもその額はのちの調査で5割近くも多い145億～150億マルクであることが判明し，債務総額は320億マルク余に上ることとなった。そして短期資金の最大の取り手である大銀行では，平均して預金の約4割が外国資金で占められ，貿易金融用の手形引受けまで加えれば，その比率は5割近くにも達したといわれる。しかもその資金運用は流動性の低い企業貸付を中心にしていたから，大銀行は極度に不安定な状態にあったわけである。

　ちなみに国際収支表から対外債務をとらえれば，24～30年の期間に資本勘定は合計182億マルクの外資取入れを記録し（うち明示的な長期資本は半額の91億で，残りは分類不明分を含めて短期とみなされる），これで賠償103億マルク，貿易の入超63億マルク，さらに中央銀行の金・外貨準備増21億マルクをまかなった勘定になる。一見したところ，賠償等は借金によって右から左に処理したかのようである。かりにそうであれば，賠償さえなくなれば問題が大半は片づくだけにことは簡単であるが，事実はそうでない。導入外資の大部分は種々の形で国内の再生産過程に充用され，これで雇用が維持されるとともに，そこで形成された資金の一部が賠償金として同過程から脱落し，その国外送金に導入外資が充当されたのである。その中間の国内過程を捨象して初めと終わりだけを記録したのが国際収支表であるが，これ自身もまた，ヴェルサイユ体制下の賠償履行が自力で果たせない無理を内包し，しかもそのためにヴァイマル体制が財政難その他で実質的基盤をもちえなかったことを物語っていたのである。その破綻がやがて銀行恐慌へと発展するが，その前兆は29年に早くもみられるようになった。

銀行恐慌への道

　ドイツの景気は合理化の行き詰まりから28年後半にすでに後退しはじめた。図3-1にみるように，工業生産は同年11月の鉄鋼大争議による落込みを別としても，ほぼ頭打ちから減退に転じ，株価や物価も同様で，失業は増勢を示しだした。もっとも当面は政府の投融資による建設活動のため景気後退も小幅にとどまったが，しかしこの底支え要因も，アメリカの株式ブームによる金融引締まりで外債発行が停止し在欧短資が流出するなどのため，金融面から制約を受けていた。こうしたなかで29年春，アメリカ短資に代わって重要性を増していたフランス短資が突如大量に流出し，ドイツ金融市場は攪乱された。

　この短資流出は直接には賠償問題に起因した。それまでのドーズ案は，さしあたり年次額を決めただけで，その総額も支払期間も未決とするなど，あくまでも暫定案であった。そこで，経過期間が終わる29年秋以降についての最終案をまとめるため，ヤングを長とする賠償委員会が開かれていたが，同年4月，賠償総額をめぐって独仏の主張が対立し，フランスはドイツに圧力をかけるため在独短資の引揚げに踏み切ったのである。図3-1にみるように，外国短資に強く依存してきた大銀行の預金は一挙に約10億マルクも落ち込み，その支払いのため中央銀行たるライヒスバンクはほぼ同額の手形を再割引し，金・外貨準備の3分の1を失った。このため発券準備率は4月末に法定の40％近くにまで下がったから，年初に下げたばかりの公定歩合を引き上げたほか，賠償問題で政治的に譲歩することによってようやく危機を脱したのである。こうして6月にヤング案がまとまり，翌年1月に正式調印の運びとなった。これによって賠償総額は59年間払いの約1200億マルクとされたが，ドイツにとっては，初期の年次金がドーズ案の25億マルクから16億マルクに減額されたほか，国民感情を刺激してきた連合軍のライン駐留や外国人委員の財政金融監視制度が撤廃されるなどの成果が得られた。しかしその反面，賠償金の外貨での送金もドイツ側の責任とされ，ドーズ案にあった外貨事情による送金猶予の保護規定は廃止され，厳格な手続きのもとで部分的・一時的な猶予が認められるだけとなった。この点はやがて現実に重大問題となった

150

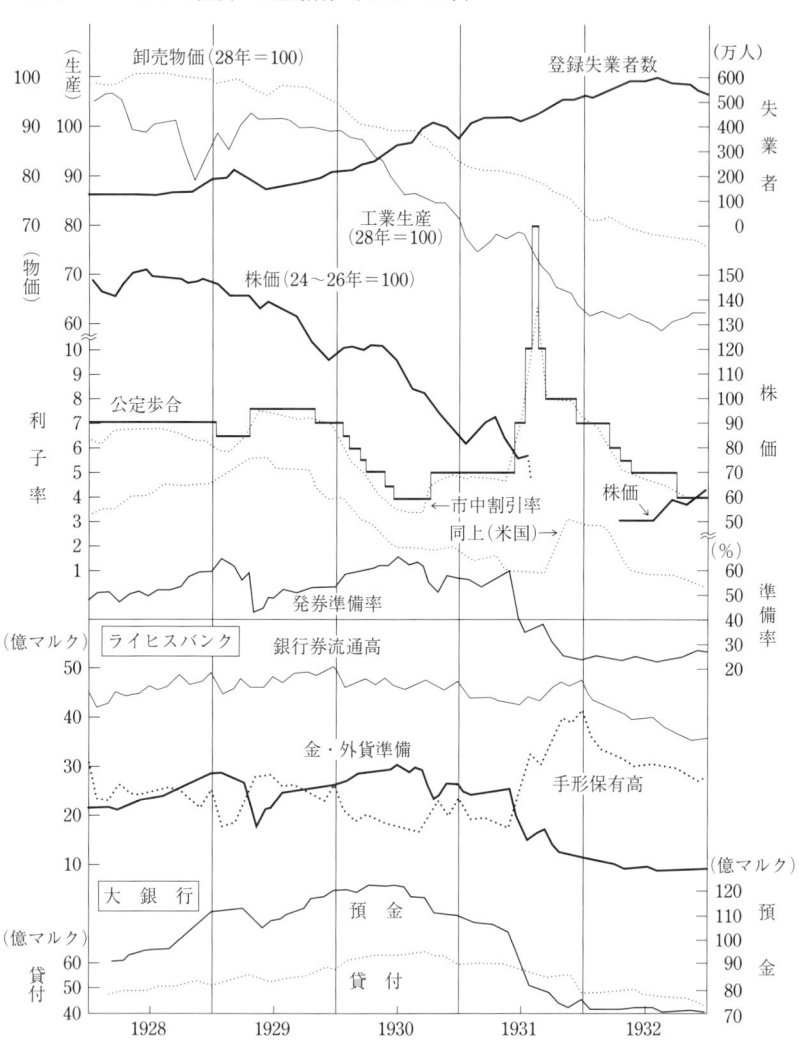

図3-1 ドイツの経済・金融指標（1928～32年）

(注) 工業生産指数と失業者数とは季節調整ずみ。株価は31年7月から32年5月まで取引所閉鎖のため空白。
(資料) *Konjunkturstatistisches Handbuch 1933* その他による。

が，それを予告するかのように，新制度によるヤング公債の外国での発行も恐慌下で順調には進まなかったのである。

　この間，29年秋のアメリカの株価暴落を象徴的契機として，世界経済は大恐慌の渦に巻き込まれていった。図3-1にみるように，ドイツでも物価の崩落，生産の大幅減退がみられ，失業者は30年秋までの1年間に200万から400万に急増し，組合員失業率は10％から約25％に上昇した。この大量失業は社会不安と政治的危機を招いたが，これには財政の破綻も絡んでいた。すなわち，失業の増大はただちに失業保険の大幅な赤字を生み，財政資金による補塡を必要としたが，他方で財政は景気後退による税収の減退と救済支出の増加のため赤字を抱えていたから，その健全化のためにも失業保険制度の建て直しが急務とされた。そしてそのためには，掛金の増額か給付金の削減かが必要であったが，既述のように同制度は失業の圧力を中立化して「政治的」高賃銀を維持する重要な柱であったから，その改変は労使の中心的争点とならざるをえなかった。労働者側は労使折半の掛金の増額によって給付金の維持を求め，逆に資本家側は給付金の削減を要求し，これをてこにして物価低落のなかで横ばいをつづける賃銀水準の引下げを企図した。そしてこの対立は，社会民主党首班のミュラー内閣にそのまま持ち込まれ，同党が前者を，国民党が後者を代弁して譲らなかった。このため財政の再建は進まず，29年12月には中央銀行総裁シャハトが赤字補塡のための政府貸上げを拒否したため，これに抗議してヒルファディング蔵相は辞任した。ちなみにシャハトは，ヤング案の作成にみずから関与しながら，その最終調印に反対して30年3月に総裁を辞任したが，後任総裁の元首相ルターは，金融に不馴れのため適切な措置をとれず，その後の事態の悪化に一役を買った。それはともかく，こうした失業保険問題をめぐる対立のため，ミュラー内閣は次年度予算を編成できないまま30年3月末に瓦解した。そして後任のブリューニング内閣は多数派の結集に失敗したため，以後は国会を無視して緊急事態用の大統領令を濫発することで重要施策を行なうようになり，ヴァイマル民主主義体制はここに事実上の終焉をみたのである。

　ところでこの新内閣は，賠償の改訂・廃棄を最終目標としながらも，当面

はその国際政治上の環境づくりのため賠償の履行に最大限の誠意を示し，国内的には健全財政・健全通貨のためのデフレ政策を強行した。たとえば同年6月，政府は大幅な財政緊縮・増税案を提出し，国会が否決をするやこれを解散し，翌月には既定方針を大統領令で実施に移した。しかし恐慌が深化するなかで行なわれた9月14日の総選挙では，反体制を唱える左右両極が進出し，ことにナチスは大躍進をとげ，社会民主党につぐ第二党にのしあがった（次章の図4-1を参照）。この選挙結果は，ドイツの政治的不安定を示すものとして外国資本の不安をかきたて，その引揚げが大規模化した。さきの図3-1にみるように，総選挙後1ヵ月内外のうちに大銀行の預金は7億マルクも減少し，その払出し・送金のため中央銀行の手形保有高と金・外貨準備はそれぞれ約6億マルクの増減をみ，このため公定歩合も引下げから引上げに転じた。それと同時に政府はアメリカの銀行団から1億2500万ドル（5億2500万マルク）の信用を受け，これで財政の破綻を回避する一方，社会民主党の閣外協力を取り付けることで内政的危機を乗り切った。こうして政治的不安に基づく金融的攪乱は一応収束されたが，それは一時的・表面的なものであった。政府の懸命なデフレ政策にもかかわらず，むしろこれによる景気のいっそうの冷却のため，財政は予想以上の赤字を出すという悪循環がつづいた。また銀行では，預金の引出しにもかかわらず貸付が焦げ付いて回収できず，一部では追貸しさえ必要となって流動性が悪化し，さらには株価の続落のため証券勘定で損失が生じ，株価維持のため自行株の買支えさえ必要となった。こうして事態は悪化の一途をたどり，いったん衝撃が与えられれば簡単に破綻しかねない状況に陥っていったのである。

その引金となったのが，翌31年3月の独墺関税同盟案の発表であった。これは戦後に弱体化した両国の経済強化策の一環であり，その効果はあまり期待できなかったが，周辺の諸国とくにフランスは，これをヴェルサイユ条約等による戦後ヨーロッパ体制にたいする政治的反逆として受けとめ，その取り潰しにかかった。こうしたなかで5月1日，オーストリア最大の銀行で国際資本ロスチャイルドもかむクレディット・アンシュタルトが，自己資本とほぼ同額の1.4億シリングの損失を発表した。この損失は，29年10月の銀行

合同の失敗，産業金融の焦付き，保有有価証券の減価などによるものであったが，この発表はただちに内外の預金取付けを誘発し，とくにフランスは政治的理由からも大規模にそれを行なった[3]。そこでこれに対抗するため，オーストリア政府が同行の株式を買い上げたり中央銀行が救済融資をつづけたりして新資金を注入し，さらにはイングランド銀行が関係諸国の中央銀行に働きかけて国際融資を準備し，これで同行の破産をくいとめた。もっともこの国際融資にはフランスが冷淡で，結局，イングランド銀行が6月16日に単独で1.5億シリングの信用を供与したが，それはフランスの反撥を買って在英資金の引揚げに発展し，これによる同行のフリー・ハンドの制約がやがてドイツにもはね返ることとなった。

　この中欧の金融的破産はドイツへの不信を強めた。事実，アメリカではドイツ債券の売り急ぎから相場が暴落し，ドイツの銀行からの短資引揚げも再燃した。その火に油を注いだのが，6月3～8日の英独首脳会談への対策であった。この会談では賠償改訂問題が暗黙の主要議題であったから，イギリスの好意を呼ぶため，ブリューニング政府は一段ときびしいデフレ政策を内容とした大統領緊急令を5日付で発表した。それと同時に，この不評な政策が賠償破棄による窮状打開を叫ぶ左右両極の勢力拡大につながるのを防ぐための内政措置として，翌日付の政府声明は賠償改訂を公然と要求した。しかしこの内政外政の使い分けも成功せず，外国の反撥を買っただけで首脳会談も成果なく終わった。しかも国内では，首相の帰国を待って6月11～12日に，野党が今次の緊急令に反対して国会の開催をあいついで要求した。国会の多数派が要求すれば，政府はそれに応じなければならなかったが，それはまた少数派内閣の倒壊を意味したから，ここに内政の危機は頂点に達した。これは外貨流出に拍車をかけ，中央銀行の金・外貨準備の減少は，6月第1週（1～6日）の1.6億マルクが政府声明後の第2週（8～13日および15日の月曜）には5.4億マルクに増大し，ことに野党の要求をへた12日には1日で2億マルク，翌日も1億マルク余に上った。そこで中央銀行は13日に公定歩合を5％から7％に引き上げて大銀行の手形再割需要を抑える一方，公務員給与支払い等のための政府貸上げも拒否し，このため政府は民間銀行に大蔵省

証券2.5億マルクの引受けを懇請せざるをえなかった。しかしその間に野党の足並みも乱れはじめた。第一党の社会民主党は，プロイセン州で連立政権を組む中央党（ブリューニングの出身党）の圧力により，倒閣は右翼政権の登場に結果するとして国会要求を取り下げ，国民党も同党所属の中央銀行総裁の働きかけで同様の態度をとったから，ここに内政の危機は遠のき，外貨流出も小幅となった。

　だがそれも束の間で，6月17日に最大の羊毛企業ノルトヴォレ（Norddeutsche Wollkämmerei und Kammgarnspinnerei AG）の欠損発表で事態は悪化しだした。同社はもともとブレーメンのラフーゼン（Lahusen）一族による小梳毛企業であったが，戦後に銀行信用を利用して梳毛部門を拡張するとともに毛織企業を系列化し，斯業最大のコンツェルンに成長した。その主力銀行は，当初はベルリン商業銀行であったが，27年にこれが同社の無謀な拡張への融資を拒否して以来，積極経営でならしたゴルトシュミット頭取のダナート銀行がそれに代わり，ドレスデン銀行もかなりの融資をつづけた（以上の3行はいずれもベルリン大銀行）。そのほか同社は，20年代にオランダの子会社に収益金を隠匿し脱税をはかるとともに，これをつうじて多額のイギリス資本を取り込むなど，きわめて複雑な経理を行なってきた。しかし，こうした急拡大は世界恐慌下で裏目に出，さらに原毛投機の失敗も加わって同社は巨額の赤字を出した。その額は当初，自己資本1億マルク弱にたいして2000万マルクと発表されたが，7月初めにはそれが子会社と合わせて2億マルクにも上ることが判明し，7月10日に破産した。ちなみにこれによるダナート銀行の損失は5000万マルクといわれる。

　この企業破綻の報道は，ダナート銀行を中心に大量の外資引揚げにつながった。このため中央銀行も6月19日に7000万マルクの金・外貨準備を失い，40％の法定準備に1億マルクを残すだけとなった。そこで翌20日，イングランド銀行に融資を打診したが，しかし同行自身が既述の対墺救済融資でフランスの対抗的ポンド引出しにより行動の自由を失っていたから，ドイツの要請に応じなかった。そのためライヒスバンクは金融引締めを強化し，各銀行別の信用割当制の採用，手形の適格条件の厳格化などを決定したが，その直

後にアメリカ大統領フーヴァーの提案が伝えられたため，その実施は一部緩和された。ちなみにこの提案は，ドイツの破綻を防ぐため戦債・賠償の1年間の支払猶予(モラトリアム)を呼びかけたものであり，この賠償停止はドイツの財政収支の均衡や国際収支の改善に一縷の望みを残し，そこから国際信用の獲得，ひいては外資引揚げの中止にも道を開くものとされた。事実，6月23日の中央銀行の勘定は前回の15日のそれに比し，金・外貨準備の3.7億マルクの減少により準備率が48.1％から法定ぎりぎりの40.4％に低下したことを示したが，これでさえフーヴァー提案後にイングランド銀行が2000万マルク余の信用をコールで与えたことで法定率を割らずにすんだのであるし，さらに翌24日には同行がドイツの要請で英米仏の各中央銀行と国際決済銀行による1億ドル（4.2億マルク）の対独信用供与をまとめあげた。この額はドイツ側の期待を下回ったが，ともかくもそれで外資流出は一時鎮静したのである。

　しかし，それも数日で終わった。フランスはフーヴァー提案に難色を示し，ドイツ側の独墺関税同盟案や賠償改訂要求等の廃棄という政治的譲歩を受諾の条件とした。このためパリで米仏協議が重ねられ，7月7日，国際的圧力におされてフランスもようやくそれを受諾したが，その間に先行き不安から資本流出が再燃しだした。6月末にドイツの準備率は40.07％と下限に達したが，これでさえ前記の1億ドル信用の4分の3を使ってのことであった。しかも7月早々にはノルトヴォレの実態が判明しだし，これによる損害からイギリス資本の引揚げも増加しはじめた。ちなみに従来の外資引揚げは，初期のフランスについで，アメリカ・オランダ・スイス（後2者の一部はフランス資本）が主であったといわれる。このためライヒスバンクは1億ドルの信用を使い果たし，5日には，その付属機関の金割引銀行が以前にアメリカの銀行から受けて使わずにいた5000万ドルの信用枠を借り受けることで，準備割れを防ぐこととなった。

　しかしその直後に，スイスの新聞はダナート銀行の危機を報道した。この情報は，同行と張り合っていたドイツ銀行から流されたといわれるが，ここに外資引揚げとならんで国内資本の逃避も活潑となった。そこで大量の預金引出しによって苦境に陥ったダナート銀行は，8日，ドイツ銀行に合同を申

し入れたが拒否され，翌日，政府に救済を要請した。そしてこの救済には外国からの信用が必要だとして，中央銀行総裁が英仏に飛んで信用供与を懇請したが，イギリスはフランスの反撥を恐れて単独では動けず，フランスはドイツの政治的譲歩を貸付の条件としたから，11日に空手で帰国するしかなかった。この日，すでに金割引銀行の信用枠も使い果たした同行は，救済融資どころか信用規制をいっそう強化せざるをえなくなり，そのため金融手形2.5億マルクの割引を拒否されたダナート銀行は，週明けの13日に窓口を閉鎖することを政府に通告した。このため政府は翌日曜の深更まで各種の対策会議を重ねたが，すでに八方塞がりのうえ，大銀行間の協調も得られなかったから，わずかにダナート銀行の預金への政府保証を決めただけで終わった。

こうして7月13日の月曜，ダナート銀行の休業が伝えられるや，他の銀行や貯蓄金庫に取付けが殺到し，銀行恐慌が発生した。これにたいして各機関は預貯金の払出し制限などで防戦に努めたが，政府はとりあえず取引所を閉鎖し，翌日以降の全国的な銀行休業を布告し，そのもとで一連の対策を練ることとなったのである。

銀行恐慌の後始末

銀行恐慌の収拾策としては，国内での銀行の支払い再開や資本整理，対外的な資金流出防止，等々の措置がとられた。紙幅も尽きているので，以下では要点だけを述べよう。

まず当面の支払い再開を可能にするため，銀行への新資金の供給がはかられた。取付け直後の7月15日，中央政府は準備率が法定を割る35.8％に下がったので公定歩合を7％から10％に引き上げたが，他方では準備率の規定を一時停止して手形の再割を拡大することとした。このため同月28日には半官半民の引受け・保証銀行を設立し，その裏書で再割適格手形を造出するなどの措置もとられた。そのほか財政資金も投入された。たとえばダナート銀行とならんで危機に陥ったドレスデン銀行にたいしては，それが信用組合の上部機関であることもあって，政府が7月末に新規の優先株3億マルクを大蔵省証券で全額引き受けた。こうした一連の資金供給に支えられて銀行は支払

いを段階的に再開し，8月5日に全面的再開に到達した。そしてこれによる資金需要の殺到を予想して公定歩合は8月1日に15％に引き上げられたが，12日には元に戻り，以後，数次の引下げがつづいた。なお取引所は9月の一時的再開をへて翌年4月に正常化した。

　それと並行して銀行の資本整理による再建策も推進され，32年2月に決着をみた。その内容は個々の銀行ごとに異なるが，大幅な減資による赤字処理の過程で国が手厚い保護を与えたことが特徴的である。それがとくに顕著なのがダナート，ドレスデン両行であった。ダナートの場合，支払い停止時までに株式資本金6000万マルクのうち3500万マルクが株価買支えのため自行保有に属し，これは同行再建のため一連の大企業が買い取る予定で国がその代金を大蔵省証券によって立て替えたが，同行の赤字が巨額なため最終的には国がその株式を全額切り捨て，残りの株式2500万マルクも3割の750万マルクに減資させた。他方，ドレスデン銀行の場合には，1億マルクの資本金が政府引受けの優先株3億マルクを加えて4億マルクとなったが，国はこの優先株を普通株に転換し2億マルクに切り捨てる一方（うち4800万は金割引銀行が肩代わり），旧普通株1億マルクについても自行保有分5800万マルクを国が買い取り，うち3300万マルクを切り捨て，残りは外部の株式とともに3割に減資し，計2000万マルクとした。そしてこのうち政府保有の750万マルクを同行に無償で返還し，前記ダナート銀行の株式と交換させてこれを吸収合併させることとした。こうして新銀行の資本金2.2億マルクのうち2億マルクは国（金割引銀行を含む）に属し，またその間，国は両行のため約5.8億マルクの大蔵省証券を出し，そのうち出資分と回収予定分を差し引いて3.1億マルクを失ったのである。これほどではないが，他の大銀行も同様に国の援助を受けた[4]。それは国の銀行支配を強め，のちの積極的金融政策の展開を容易にしたのである[5]。

　さらに対外面では，ドイツ資本の逃避を抑えるため31年7月15日に外国為替管理令が公布された。これは為替取引の中央銀行への集中ではじまり，18日には為替所有の集中，さらに8月1日の緊急令では為替取引の認可制へと発展し，輸出入をも規制するにいたった。前述の中央銀行の信用拡大もこう

した為替管理を前提としたが，しかしこれで国内資本の逃避を抑えるだけでは問題は片づかなかった。これまでの資金の対外流出のうち国内資本のそれは4分の1程度といわれ，残りの外国短資は規制の対象外であり，その規制には別個の国際交渉を必要としたからである。しかもそれは従来の経緯からして，ヴェルサイユ体制をめぐる高度の政治問題と絡みあっていた。そこでその処理は，ドイツの緊急事態を解決するためイギリスが提唱した関係7ヵ国首脳のロンドン会談（7月20〜23日）に委ねられたが，これはフランスが政治的要求に固執したため主題については成果をあげえず，わずかに既述の国際信用1億ドルの期限延長と在独短資の据置きないし長期への転換を討議するための特別委員会を国際決済銀行に設けることを決めただけで終わった。そしてこの委員会（通称ウィギン委員会）は8月8日に召集され，18日に英代表レイトン起草の報告書を採択したが，これはドイツの対外債務や国際収支の危機的状態を指摘し，暗々裡に賠償取立ての無理を認めつつ，当面は外国短資の据置きを勧告した。これを受けてドイツは主要債権国とのあいだに，外国短資63億マルクの元利保証と引換えに6ヵ月間の据置協定を結んだ。ドイツ側はこれが全短期債務をカヴァーしないなどの点で不満を残したが，同報告が賠償停止実現のため政治的に有益だとして，それに基づく据置協定の調印に応じ，以後，この協定は満期ごとに1年ずつ更新されていった。

　この据置協定によって為替管理が実現化することで，国内ではインフレ的な景気政策の余地も生じた。しかしブリューニング内閣は，賠償問題がなお最終的な決着をみていないことを理由にデフレ政策を継続した。ドイツ経済は銀行恐慌で攪乱されたうえ，9月以降はポンド切下げで輸出難を加重されたが，さらに12月には第四次緊急令によるデフレ政策強化で追討ちをかけられた。このため景気は冷え込み，失業者は31年後半に400万から500万に，翌32年中頃には600万に増大し，これによる危機の深化が5月末に同内閣の崩壊を招き，7月末の総選挙でナチスの第一党化を生んだ。そこにいたるまで，政府は賠償廃棄のため懸命の努力をつづけ，32年2月の関係諸国のジュネーヴ会議で事実上その廃棄の線が打ち出され，6〜7月のローザンヌ会議で正式に決定された。これを最大課題としたブリューニング内閣はゴール寸前で

倒れたが，これは第一次大戦後の対内・対外の二つの政治的な枠の相克のなかで，後者のために前者を軽視したことの帰結であった。そこで，賠償による制約を解かれた後続の政権は新たな景気政策を志向しはじめ，これはナチス治下で継続拡大されることとなった。そして，そのための管理通貨体制や銀行統制などは銀行恐慌対策として打ち出されたものであり，それらを生み出した点に同恐慌の一つの意義があったのである。

注

1） このドイツの銀行恐慌について，通史以外の主要な参考文献をあげておけば，戦後のものでは，R. Lüke, *Von der Stabilisierung zur Krise*, Zürich 1958, Teil V~VI; E. W. Benett, *Germany and the Diplomacy of the Financial Crisis 1931*, Cambridge (Mass.), 1962; S. V. O. Clarke, *Central Bank Cooperation, 1924-31*, New York, 1967, Chap. 8; K. E. Born, *Die deutsche Bankenkrise 1931*, München 1967; G. Hardach, Währungskrise 1931 (H. Winkel [Hrsg.], *Finanz- und wirtschaftspolitische Fragen der Zwischenkriegszeit*, Berlin 1973) 等があり，このなかではリューケとボルンのものが優れている。戦前のものでは，*Untersuchung des Bankwesens 1933*, 2 Teile in 3 Bänden, Berlin 1933-34 が資料的価値をもつほか，E. Walb, Die Bankkrise von 1931 (*Zeitschrift für handelswiss. Forschung*, 26. Jg., 1932); W. Gerteis, *Die Währungs- und Kreditpolitik Deutschlands Frühjahr 1930 bis Frühjahr 1932*, Würzburg 1934; H. Jacob, *Die Kreditverflechtungen der Berliner Großbanken in den Jahren 1928 bis zur Bankenkrise 1931*, Würzburg 1935 等がある。なお H. Priester, *Das Geheimnis des 13. Juli 1931*, Berlin 1931 はジャーナリストの筆になるものとして有名であるが，参照できなかった。

また当事者の回顧録としては，H. Brüning, *Memoiren 1918-1934*, Stuttgart 1970（三輪晴啓ほか訳『ブリューニング回顧録 上巻』ぺりかん社，1974年）; H. Pünder, *Politik in der Reichskanzlei*, hrsg. v. T. Vogelsang, Stuttgart 1961; L. Schwerin v. Krosigk, *Staatsbankrott*, Göttingen 1974; H. Luther, *Vor dem Abgrund 1930-1933*, Berlin 1964; H. Schacht, *76 Jahre meines Lebens*, Bad Wörishofen 1953 等がある。各著者の当時の地位は，ブリューニングが首相，ピュンダーが官房長官，クロージクが大蔵省の局長でのちの蔵相，ルターが中央銀行総裁，シャハトがその前後の総裁である。

さらに当時の大銀行の社史では，*Die Berliner Handels-Gesellschaft in einem Jahrhundert deutscher Wirtschaft 1856-1956*, Berlin [1956]; F. Seidenzahl, *100*

Jahre Deutsche Bank 1870-1970, Frankfurt/Main〔1970〕が詳しい。また，この恐慌で有名なノルトヴォレについては，G. C. Lahusen et al., *Die Nordwolle unter unserer Leitung,* Bremen 1932; E. W. Abraham, *Konzernkrach,* Berlin 1933, S. 41ff. 等を参照した。

　日本での研究では，有沢広巳・阿部勇『世界恐慌と国際政治の危機』（改造社，1931年）15章が同時代史としてヴィヴィドな描写を与え，日本銀行調査局『最近に於ける独逸銀行及信用制度の諸問題』（1934年）も前出の1933年調査委員会資料の要点を伝えるとともに，大銀行の再建措置を述べていて有益である。さらに戦後の研究では，加藤榮一『ワイマル体制の経済構造』（東京大学出版会，1973年）などのほか，大島通義氏の一連の論文，とくに「ブリューニンク政権における財政政策の指導」（『三田学会雑誌』第63巻第2号，1970年），「財政政策と賠償問題」（同誌，第66巻第2・3号，1973年）が，銀行恐慌を直接に論じたものではないが，本稿の主題と密接に関連しているので参照されたい。

2）　ドイツの対外債務については，C. R. S. Harris, *Germany's Foreign Indebtedness,* Oxford, 1935 を参照。なお各種の推計値は *Untersuchung des Bankwesens 1933,* Teil 2, S. 462-463 にも表示されており，またレイトン報告は *The Economist,* Aug. 22, 1931 に収録されている。

3）　これまでの通説では，フランスの政治的な取付けがクレディット・アンシュタルトの破綻を生んだとされてきたが，そうした取付けは5月11日の赤字発表まではなく，むしろ経済的理由ではじまった取付けを増幅する要因にとどまったようである (Benett, *op. cit.*, pp. 100ff.; Born, *a. a. O.*, S. 65ff.)。

4）　たとえば最大のドイツ銀行では，株式資本金2億8500万マルクのうち，自行保有分1億500万マルクを7200万マルクに切り捨て，残りの株式1億8000万マルクも同額の4割に減資し，新資本金を1億4000万マルクにした。それと同時に，資金補強のため前者の自行保有株を額面の115%で金割引銀行と一般とに半分ずつ売り出すこととしたが，不況下での販売難のため金割引銀行の引受け分が4500万マルクにふやされ，資本金の約3分の1に達した。ちなみに同行は，既存の積立金1億4560万マルクに上記の減資金1億800万マルク，さらに15%のプレミアム分1080万マルクを含む31年度収益2320万マルクを加えた2億7680万マルクによって，貸付勘定の償却・積立2億4000万マルクや証券勘定の償却3500万マルクをまかなったのである。同様のことはコメルツ銀行でもみられ，ベルリン大銀行のなかでは，6ヵ月以下の外国短資をとらずに健全経営を志向したベルリン商業銀行だけが，国の資金援助なしに難局を乗り切るにとどまった。

5）　国による大銀行支配の意義を重視する説（たとえば Lüke, *a. a. O.*, S. 351-352）にたいしては，ナチス治下で大銀行がしだいに再民有化されたこと，そこでの積極的金融政策が中央銀行を軸にしたこと等を理由とする反対論もある（たとえば Born, *a. a. O.*, S. 176-177; Krosigk, *a. a. O.*, S. 86）。しかし中央銀行の活動は民間大銀行との協調を前提とするが，従来この関係はかなり悪く，たとえば銀行恐慌直後には銀行協会の代表が中央銀行総裁ルターの解任を政府に申し入れたほどであった。そしてナチス政権は総裁を実力者シャハトに代えたが，首のすげかえだけでなく大銀行を資本的にも支配していたことが，体制のいまだ安定しないナチス初期の時代には金融政策の展開にとくに重要な意味をもった，とみるべきであろう。

第4章 ナチス体制下のドイツ資本主義

第1節 概　観

　1933年のヒトラーの政権掌握から39年の第二次大戦突入にいたるまでのナチス体制下のドイツ経済を概観し，その特質を明らかにすることが本節の課題であるが，そのためにはあらかじめ，それに先行したヴァイマル体制期のドイツ経済にふれておくことが必要であろう。両体制の対比が特質の解明に役立つからであると同時に，ナチス体制の成立自体がヴァイマル体制の経済的限界にその客観的根拠をもったからである。むろん紙数も限られており，また個々の論点についてはすでに多くの研究もあるので，以下では個々の事実の解明よりもむしろ全体を貫く大筋の論理の摘出に力点を置くこととしたい[1]。

ヴァイマル体制下のドイツ経済

　第一次大戦によってドイツ資本主義は深刻な危機に見舞われた。総力戦体制下での大衆の不満は18年11月に革命となって爆発し，ドイツは連合国に降服したが，この革命はさらに社会主義の実現へと向かう形勢にあった。この事態に直面して資本は，とりわけ労働側にたいして大幅に譲歩し各種の改良を許容することで資本主義体制の維持に努め，ここにいわゆるヴァイマル体制が樹立された。19年8月のヴァイマル憲法はその法的体系化であるが，上記の経緯からそこでは政治的民主主義とならんで現代的生存権を内容とする経済的民主主義が強調され，福祉国家への展望が示された。とくに労働側にたいしては，団結権・団体交渉権が正式に認められ，これによる労働条件の改善や国家による失業者救済が約束されたほか，重要産業の社会化や基本的な経済・社会政策の立案への労働側の同権的参加も打ち出された。もっとも

それらがすべて憲法の規定どおりに実現されたわけではなく，社会化などは有名無実に終わったが，しかし労資関係に直接かかわる部分は，すでに戦時中に萌芽的に試行されていただけに，その実績に基づいて戦後に拡充・制度化され，社会政策の充実による産業平和の維持が志向されたのである。それは，資本にとっては価値増殖を制約する障害となったが，戦後危機から体制を守るための不可避の負担であった。ちなみにこの資本の譲歩はすでに終戦直前に労資の代表者間で合意されたが，この譲歩を主導したのは，従来労働側に最も敵対してきたルール地方の鉄鋼資本であり，その点にも資本側の深刻な危機感がうかがえた。

　しかし他方，この国内危機への対応策は敗戦国ドイツのきびしい国際環境によって制約された。19年6月，ドイツは連合国の定めたヴェルサイユ講和条約への調印を強要され，これによっていっさいの戦争責任を負わされ，領土の割譲，在外資産の放棄などとならんで巨額の賠償支払いを義務づけられた。だが巨額の賠償支払いは，国家財政を圧迫すると同時に国際収支面では内需の抑制による対外余剰の捻出を必要とするから，体制安定のための社会政策的経費の増大や内需の拡大による福祉国家化を制約せざるをえない。つまり，戦後ドイツに課されたヴァイマル・ヴェルサイユの内外両体制は相互に矛盾しあい，その相克が以後の10余年，形を変えながらドイツ経済の展開を制約することとなった。そして戦後数年間は，この賠償支払いが財政赤字の増幅，金・外貨準備の枯渇をつうじて戦中来のインフレを加速した。このインフレは，実質賃銀の切下げによる剰余価値率の上昇をつうじて，労働にたいする資本の譲歩の経済的奪還をある程度可能にし，ヴァイマル体制の枠の緩和に役立った。しかしそれも，23年に強硬な賠償取立てを企図したフランス軍のルール占領，これにたいするドイツ側の消極的抵抗によってインフレが史上有名な破局段階を迎えるに及んで，経済活動の麻痺，大衆の窮乏化，中産階級の没落を招くにいたった。そのため，いったんは鎮静しかけた体制的危機が再燃し，同年秋には中部ドイツで左翼が，南ドイツでヒトラーらの右翼が蜂起を企て，さらに西部ではフランスの策動による分離独立の動きも生じた。この危機に直面して政府は授権法に基づいてインフレ収束を強

行し，連合国もアメリカの主導のもとにドーズ案による賠償の暫定的軽減措置を講じた。こうして24年秋，ドイツはインフレを収束して金本位制に復帰し，いわゆる相対的安定期を迎え，世界経済の一環としてようやく本格的な復興に取り組むこととなったのである。

　だがこの経済復興も前述の内外両面からの制約を課されていた。たしかに賠償は一応軽減され，その外貨での送金には通貨安定のため保護措置も講じられたが，それと引換えに連合国のドイツ財政金融監視機構も強化され，健全財政・健全通貨と賠償支払いとの両立が義務づけられた。また国内体制の枠組みは，インフレ期の資本の復権を反映して労働時間の制限などではやや緩和されたものの，基本的には変化なく，むしろ争議調停制度の改正で労働協約締結にたいする国家の介入が強化され，産業平和維持のため強制仲裁による労働条件の改善が頻繁に行なわれるようになってきた。こうした内外両面の制約を前提にしてドイツが復興するためには，産業の合理化を徹底させるしかなかった。すなわち優良設備による大量生産や企業組織の再編によってコストを切り下げ，それで入超の圧縮，出超への逆転を達成し，国際収支の改善によって賠償用の外貨を確保すると同時に，国内的には輸出主導の経済復興によって雇用の拡大と企業の増収とを実現し，これによる税収増大で賠償費や社会政策経費をまかないつつ健全財政を堅持する，というわけである。こうして産業合理化は，矛盾解決の鍵として時のスローガンとされたのである。

　むろん個別資本はそうした国民経済的スローガンだけですぐに行動するわけではない。しかしインフレの収束で価格関係が激変し，さらに耐乏生活の反動としての消費需要が一巡して25年中頃から1年間いわゆる安定恐慌がつづくに及んで，激しい国際競争下で市場を確保し拡大するため，資本は産業合理化を急がざるをえなかった。こうして化学工業での$\overset{イーゲー}{\text{IG}}$ファルベン，鉄鋼業での合同製鋼などの巨大企業結成に代表される企業の再編成，それに基づく独占組織の強化が進み，そのもとで傘下の不良工場の整理，残存工場での生産の特化や設備の更新などによる生産性向上が進められた。それらは多額の資本を要したが，インフレによる銀行資産の破壊，一般投資家層の没

落,その後の重税などのため資本供給が不足し高金利がつづいたから,合理化は金融面からも制約された。そこで大企業は金利の低い外国とくにアメリカでの社債発行に依存し,その可能性を欠く中小企業は合理化を手控えるか国内の銀行からの高利借入に頼るかしたが,銀行はこれに応ずるため外国短資を高利で取り入れ,短期借り・長期貸しによる不安定性を深めた。こうした問題を含みながらも設備投資は増大し,27年にはいわゆる合理化景気も現出した。

この産業合理化の成果をみると,鉱工業生産は24～29年に5割近くも増加して戦前水準(戦後領土に換算)を1割余り上回ったが,他方で雇用はこの5年間に1割余の増加にとどまったから,労働生産性は4割近い大幅な上昇を記録した勘定になる。それにもかかわらず貿易収支は予期したほど改善されなかった。輸入は食糧・原材料を中心に25年に戦前水準を超え,物価上昇分を消去した実質でも27年に戦前水準を超えたのにたいして,輸出は名目額で26年に戦前水準を超えたものの,実質では29年にも戦前水準を下回った。この輸出不振は,一部は合理化景気による内需の拡大,輸出圧力の減退によるが,主としては戦後世界経済の構造的制約に起因した。ドイツの主要輸出先であるヨーロッパでは,イギリスの慢性的不況,フランスの大幅な平価切下げに加えて,東欧の新生諸国も自国の工業化のため輸入防遏政策をとったから,ドイツは輸出拡大を阻害された。したがって,輸出拡大を予期した合理化は,量産効果を発揮できないままに資本コストの増大に呻吟することとなったが,その限界は経済の各分野に種々の問題を残した。

たとえば労働の分野では,次節で再論するように,雇用の頭打ちのため常時100万を超える失業がつづいた。それでもヴァイマル体制下では失業者も公的に扶助されたから,就業者の労働条件は圧迫されずに国家の介入に支えられて改善をつづけた。その意味で同体制は,資本側の反撥とは対照的に,労働側には歓迎された。事実,社会民主党は27年の大会で,同党系の労働総同盟も翌年の大会で,この体制を謳歌し経済民主主義のいっそうの拡充を期待したが,そうした労働側の内部でも,職員層はインフレ期以来の所得水準の低下,経営の合理化による地位の不安定化のため,労働者にたいするかつ

ての特権的地位の回復を夢みて，戦後体制にはむしろ反撥して右翼化する傾向を秘めていたのである。

　また農業では，戦後世界的に過剰傾向がつづいたが，その圧力を緩和するための農業関税は工業の競争力確保のため戦前に比し低めに抑えられたから，国内価格も圧迫された。だが生産費は戦後体制による賃銀・社会費の大幅な上昇，金利の高騰，租税の重課などのため上昇し，収益が悪化して一部では赤字のため負債が累積した。こうしてインフレ期にいったんは完済された農業負債がその後急増し，28年夏には課税標準地価にたいする負債率の平均が，西部の農民経営ではほぼ30％であったのが，東部では50ha以下の層でも40％台，それ以上の大経営層では60～70％にも達した。一般に西部では自家労力による農民経営が支配的で商業的作物や畜産に重点を置いたのにたいして，東部では雇用労働力によるユンカー等の大経営が支配的で穀作に重点を置いたが，都市化にともなう消費構造の高度化が前者に有利に後者に不利に働いたこともあって，東部農業はとくに苦境にあり，その救済がいちはやく問題化していたのである。

　さらに財政では，戦前に比して国家の経済介入の強化によりその国民経済での比重も増大したが，ことに失業救済から住宅建築まで含む各種の民生安定経費の伸びが顕著であった。それをまかなうため租税の重課がつづいたが，産業合理化の限界は一方で税収の伸びを制約し，他方で各種救済支出の増大を招くから，健全財政の維持を困難にした。もっとも国（ライヒ）の財政は連合国の監視下で賠償を支払いつつ一応は均衡を保ったが，これは戦後の財政改革で有力な税源が国に移ったことで可能とされた。そのシワは州・地方財政によせられ，ここでは各種の福祉事業，住宅・文化施設の建設，公営事業などを担当するため公債に依存するしかなかった。そして州や大都市は外債を発行し，これにたいしては中央銀行総裁のシャハトが，不要不急の事業のため対外債務が累積することは危険だとして，起債の認可制による抑制を試みたが，その事業が経済的合理性を欠くとしても体制安定には欠かせない以上，規制も空洞化せざるをえなかった。むしろ問題は外債も出せない弱小自治体にあり，自治体間の格差是正を企図した財政調整制度にもかかわらず，そこでは地元

金融機関からの借入か行政サーヴィスの低下かに訴えるしかなく，経済情勢が悪化すればたちまち破綻する状態にあったのである。

　最後に対外面をみると，相対的安定期にドイツは年々所定の賠償を支払いながら金・外貨準備をも若干増大させたが，それは当初構想されたように貿易収支の改善によるものではなく，企業・銀行・財政の対外借入によって可能とされた。もともと食糧・原材料輸入，製品輸出という貿易構造をもつドイツでは，輸出の一方的拡大による貿易収支の改善は期待しがたかったが，その輸出が国際環境に制約されて伸び悩んだ以上，賠償支払いは対外債務の累積に結果する以外になかった。それはヴァイマル・ヴェルサイユ両体制の非両立性を意味し，ドイツは賠償の軽減を必要とした。そこでドーズ案の暫定期間が終わる29年秋を控えて，同年春から賠償の最終決着交渉がはじまり，紆余曲折のあげく30年1月にヤング案が調印された。それはドイツにとって，賠償の軽減が期待を下回り，外貨送金の保護が薄れるなどの不満を残したが，国民感情を刺激してきた連合国の監視体制が廃止され，賠償負担が当面は軽減されるために受諾された。だがこれも，その間に勃発した恐慌のため基盤を失う運命にあったのである。

　ドイツの景気は28年中頃をピークにして，はやくも下降に転じた[2]。もっとも当初は財政支出や建築活動に支えられて経済指標もなお高位を保っていたが，アメリカの株式ブームによるドイツへの資本流入の激減が合理化投資の継続を不可能にし，これによる生産の頭打ちが他方での賃銀続騰や金利上昇と重なって企業収益を悪化させた。そして29年秋のアメリカの株価暴落を象徴的契機とした世界恐慌がそれに追打ちをかけ，以後32年中頃までドイツ経済は急激な収縮をつづけた。28～32年の経済指標の落込みは，国民総生産で3割半（実質では2割弱），卸売価格で平均3割余，鉱工業生産で平均4割強に達した（独占力の強い生産財部門では5割強の生産減少により卸売価格の下落は1割余にとどまり，逆に消費財部門では生産減少が2割半で卸売価格の下落は3割余に及んだ）。そのため雇用も3割縮小し，季節調整後の完全失業者は130万人から600万人（労働人口の約3分の1）にほぼ一貫して増大した（後出の図4-2を参照）。これら指標の落込み率はアメリカの場合と

ほぼ同じであったが，同国と異なり戦後危機をヴァイマル体制で糊塗してきたドイツでは，それがただちに社会不安を惹起し体制的危機を再燃させることとなった。

　景気の下降でまっさきに破綻をきたしたのは，それまでも負債の累積に苦しんできた農業であった。このため29年2月，東部農業の利害をとくに代表する農村同盟（Reichslandbund）は，西部・中部の両農民組合と路線の対立を残しながらも，「緑の戦線」（Grüne Front）という共闘を組み，政府に農業保護政策の格段の強化を迫った。そこで政府も同年中頃以降，一方で農業の破産防止のため負債整理事業等を進めるとともに，他方で穀物価格支持のため関税のあいつぐ大幅な引上げや過剰穀物の大量の買上げに着手した。これによって穀物価格は世界市場価格が暴落するなかで割高に保たれたが，それは多額の財政負担を要し生計費を高めるとして，資本や労働の反撥を招いただけでなく，農業内部でも矛盾を拡大した。過剰がとくに深刻だった東部の主産品のライ麦は，小麦と異なって一部が飼料でもあったから，その価格支持は輸入大麦等の飼料関税の大幅引上げを必要とし，これは安い輸入飼料に依存してきた西部の畜産農民の経営を直接圧迫したからである。そのため呉越同舟の「緑の戦線」は31年に早くも分裂し，東部農業は保護の不十分さに不満をつのらす一方，その犠牲にされた西部農業も収支の悪化から負債の累積，破産の激増に見舞われ，かかる事態を招いた現体制への不信をともに深めていったのである。

　それと並行して社会政策でも破綻が露呈した。景気後退による失業増大のため失業保険は29年にすでに大幅な赤字を生み，当面それは国家財政から補塡されたものの，国家財政も火の車であったから，その赤字解消が急務とされた。そのためには，労資折半の保険掛金の増額か保険給付の削減かが必要であったが，そのいずれによるかは労資の一大争点とされた。この保険給付は失業圧力を中立化し「政治的」賃銀水準を底支えする要因であったから，労働側は賃銀防衛のため，掛金の増額による給付の据置きを要求し，逆に資本側は景気後退に対応する賃銀切下げの前提として，掛金の据置きによる給付の削減を要求した。そしてこの対立は，社会民主党首班のミュラー大連立

図 4-1 総選挙における各党の得票率（1928～33年）

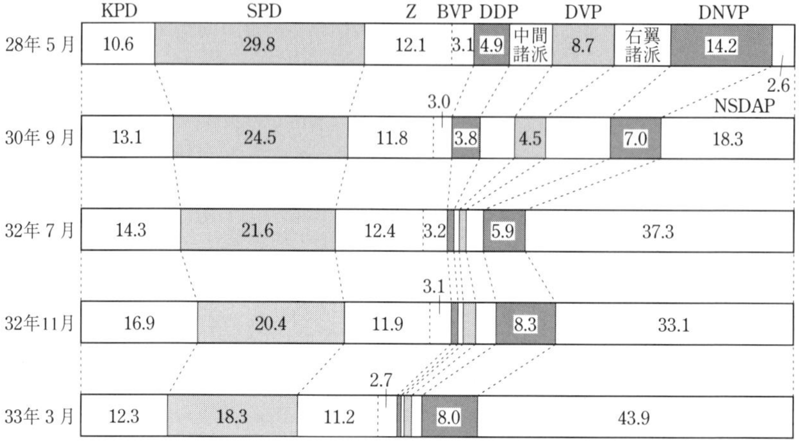

	KPD	SPD	Z	BVP	DDP	中間諸派	DVP	右翼諸派	DNVP	NSDAP
28年5月	10.6	29.8	12.1	3.1	4.9		8.7		14.2	2.6
30年9月	13.1	24.5	11.8	3.8		4.5		7.0		18.3
32年7月	14.3	21.6	12.4	3.2			5.9			37.3
32年11月	16.9	20.4	11.9	3.1			8.3			33.1
33年3月	12.3	18.3	11.2	2.7			8.0			43.9

（注）　上図は第1章の図1-2のつづきをなすが，政党名を再度示せば，左から共産党（KPD），社会民主党（SPD），中央党（Z）とその地方組織たるバイエルン国民党（BVP），民主党（DDP，30年以降は国家党〈DSP〉と改称），国民党（DVP），国家国民党（DNVP），ナチス（NSDAP）の順となる。

内閣のもとで，労働組合の突上げを受けた同党閣僚と資本の利害を代弁した国民党（人民党とも訳される）閣僚との抜き差しならぬ対立となって現われ，30年3月末，同内閣は新年度予算も編成できずに瓦解した。このあと中央党のブリューニングを首班とする右寄り内閣が発足したが，第一党の社会民主党が下野して少数派内閣にとどまったから，これ以後，主要な施策は国会を無視して，憲法48条に定めた緊急事態用の大統領緊急令を濫発する形で展開されるしかなく，議会制民主主義はいちはやく空洞化したのである。

このブリューニング内閣は在任2年余のあいだ，財政の健全化のため緊縮と増税によるデフレ政策を強行しつづけた[3]。それは金本位制の論理からすれば当然の施策であり，また賠償改訂への布石としても重視されたが，しかし反面，それによる恐慌の深化，社会的矛盾の激化も放置はできず，その緩和のため各種の救済支出の拡大を余儀なくされたから，その路線も容易には貫徹できなかった。そして30年7月，大統領緊急令によってデフレ政策に着手するや国会の抵抗にあい，これを解散して既定方針を貫いたものの，9月の総選挙では，図4-1にみるように中道諸党が凋落して反体制の左右両極が

進出し，とくにナチスは議席を12から一挙に107にふやして第二党に躍進した。この傾向はその後もつづき，32年7月にはナチスが230議席を得て第一党になった。その間，党勢が不変だったのはカトリック教徒を基盤にした中央党だけであり，共産党の伸びは社会民主党の後退とほぼ一致したから，ナチスは一部で左翼票を得たにしても，基本的にはブルジョア諸政党の支持者にくい込むことで躍進をとげた勘定になる。こうした支持政党の激変は，恐慌による広汎な中間層の動揺，現体制への不満を反映したものといえよう。

　こうしたドイツの政治的不安定さを嫌って，30年9月以降，外国短資が大量に流出しはじめた。これによる経済の攪乱は政府の対外借入でいったんは鎮静したが，翌年春以降，企業の破綻がしだいに露呈するなかで東欧の金融恐慌の余波も加わって外資流出が再燃し，7月には大銀行が支払い停止に陥って金融恐慌が勃発した[4]。その悪影響を最小にするため政府は，対外的には為替管理に移行するとともに，連合国と短資据置協定を結んで資本流出を抑え，あわせて賠償の再検討を要請し，国内的には資金援助による銀行救済に乗り出すと同時に，一般企業の減資による再建をも促した。こうした資本の助成を進める一方で，デフレ政策はさらに強化された。ことに31年9月のイギリスの金本位離脱のあとポンドが大幅に切り下げられ，一連の諸国がそれに追随するに及んで，旧平価のマルクは割高で輸出難が激化したため，31年12月の第四次緊急令では，それまで下落率の低かった独占価格や協約賃銀などの強制引下げも命令され，商品コストの全般的引下げが試みられた。それでも輸出数量の大幅減退は避けられず，国内経済の収縮による失業の増大がつづいた。ちなみに失業保険は32年に黒字に転じたが，それは，30年7月以降，掛金の増額や給付の期間短縮を含む削減があいつぎ，しかも失業が長期化して受給資格者が減少したためであった。つまり，失業保険が失業救済の実を失うことで赤字が解消し，代わって地方自治体が福祉救済の責任を負わされ，ここでの赤字増大に肩代わりされたのである。ただその間に，ドイツの賠償支払能力の欠如は連合国も認めるところとなり，32年7月にその打切りが最終的に合意されたが，そのために尽力してきたブリューニング内閣は，国内危機の収拾能力を欠くとして反動勢力の攻撃を受け，同年5月末に

失脚したのである。

　後継のパーペン内閣は, いわば労せずしてヴェルサイユ体制の制約を緩和されたが, さらに反動勢力の期待に応じてヴァイマル体制の打破に努めつつ, 景気回復政策をも打ち出した。すなわち, 32年6月に前内閣末期のナチス武装組織禁止令を解除し, 翌月にはヴァイマル体制の牙城として社会民主党政権がつづいたプロイセン州政府をクーデタによって打倒し, 国の直轄下に移したあと, 9月には租税証券の導入による間接的な企業減税や追加雇用にたいする賃銀助成などの措置を講じ, 企業の収益改善をテコにした生産と雇用の拡大を企図した。ちなみにここでも追加雇用には労働協約の適用緩和を認め, 労働側の反撥を買うなど, 同政権の反動性が示された。この景気政策は, 賠償の打切りとあいまって経済環境を改善し, 不況の底入れを可能にした——それを反映して11月の総選挙ではナチスが後退した——が, 景気回復の決め手となる大規模な公共投資を欠いたため十分な効果はあげえなかった。そしてヴァイマル体制のいっそうの清算に失敗した同内閣は, 12月にシュライヒャー内閣と交替したが, これはナチス左派から社会民主党系労働組合にいたる広汎な層の支持を取り付けるため, さきの労働協約の空洞化措置を廃止する一方, 独自の金融方式による公共投資主導型の景気政策を策定した。これは構想としては注目に値したが, その実施以前に同政権は反動勢力の抵抗にあって翌年1月末にヒトラー政権と交替させられた。戦後のドイツ経済を制約したヴァイマル・ヴェルサイユ両体制は, 恐慌下でその限界を露呈し, このドラスティックな清算が新政権のもとで進められることになるが, 次項ではそれを, 政権掌握にいたるまでのナチスの運動と併せて考察することとしよう。

ナチス体制の成立

　ナチスはもともと第一次大戦後の混乱期に簇生した右翼集団の一つであり, 主として無力な中間層の戦後体制への不満を反映していた。そして同党の標榜した国民社会主義も, 雑多な主張の寄せ集めにすぎなかったが, 一応は偏狭な国民主義（ないし民族主義）と小市民的社会主義とからなった。すなわ

ち，マルクス主義の階級闘争論を排撃して，卑俗な人種論に基づいて純血のドイツ民族による国民共同体の実現を夢想し，反民主主義の指導者原理に基づく強力な国家権力のもとでその生存圏の拡大を達成しようとする国民主義が，その一面であり，その面でヴァイマル・ヴェルサイユの両体制に敵対した。だが同時にまた反資本主義の側面ももち，同党の綱領（20年に起草）では，不労所得・利子奴隷制の打破，トラストの国有化，土地の無償没収による土地改革などの社会主義的措置による，健全な中産階級の育成を要求していた。

　この国民主義と社会主義との同居は矛盾をはらんでいた。クーデタによる目標の一挙達成を志向していた初期にはともかくも，23年の一揆の失敗で組織が壊滅し，25年以降，改めて大衆路線にそって組織の全国的な再建・拡大が試みられるに及んで，その対立も露呈した。ナチス発祥の地であるバイエルン等の後進農業地帯では，ヒトラーの指導のもとに反ユダヤ主義に傾斜した国民主義路線によっても運動は展開できたが，先進工業地帯の西部や北部ではそれは困難であった。しかもここではヒトラーが29年まで政治活動を禁止され，党組織の指導は G.シュトラッサー（Gregor Strasser）に一任されたが，彼は弟の元社会民主党員のオトー（Otto Strasser）とともに，労働者層を獲得するため社会主義的主張を前面に押し出し，党内左派として南部のヒトラーらの右派主流派と対立した[5]。むろんこの左派もマルクス主義には敵対したが，ナチスの枠内では反資本主義の路線を追求し，たとえば25年11月には党本部に無断で西部・北部の集会を開き，社会主義にヨリ多く傾斜した新綱領草案を作成し，翌年2月に本部の巻返しでその撤回を強制されたあとも，独自の出版活動によって自己の路線の宣伝をつづけ，29年の党大会では企業側の御用組合（黄色組合）への党員の参加禁止を求めるなど，国民主義的な右派とはたえず対立したのである。

　もっともこの対立も，相対的安定期にはナチス進出の条件が欠けていたため，所詮コップのなかの嵐にすぎなかった。28年の総選挙でも同党の得票率はわずか2.6％にすぎず，党員構成でみても，都市の小営業者や職員層のごく一部に同調者を見出すにすぎなかった。だがそれ以後，恐慌下で社会的矛

盾が激化するにつれて、党勢拡大の客観的条件も生まれはじめた。この条件を有効に利用するため新たな主体的対応が模索されはじめたが、そこでは活動分野ごとに別々の路線が適宜利用された。

たとえば農村では、ナチスは従来ほとんど支持を得ていなかった。その理由の一つは、綱領に掲げた土地の無償没収にたいする農業者の反撥にあったから、ヒトラーは28年に綱領のこの部分を修正して私有財産の尊重を約束し、それによって土地改革という社会主義路線を事実上、棚上げにした。そして30年3月には農政構想を発表し、民族の血と力の源泉として農業を重視するという農本主義に基づいて、外国の競争を排除して農産物の自給化と農民層の安定とを達成するとして、具体的には農地相続制度の改変や生産・流通面の対策を打ち出した。保守的な農民を対象とする以上、左派の社会主義路線でなく右派の国民主義路線を前面に押し出し、農業内部の結束による保護要求の実現を訴えるのは当然であるが、注目されるのは、農村に勢力をもつ右翼の国家国民党などの伝統的保守派と異なって、ナチスが左翼ばりの戦闘的な運動を展開した点である[6]。すなわち、上記の構想発表のあとナチス農本主義の代表者ダレ（R. W. Darré）を長とする農政部を本部に設け、党組織をつうじて各地の農民運動家と連繋をとりつつ、反ユダヤ主義・反自由主義・反マルクス主義を内容とする宣伝活動によって農民の不満に訴え、これが30年9月の総選挙でのナチスの躍進に大きく役立った。そこでこの成功を踏まえて、それ以後は既成の農民団体とくに最大の農村同盟への勢力浸透をはかり、その内部で中小農民の不満を背景に親ユンカー的な保守派の指導部にたいして、激しいイデオロギー攻撃やはては人身攻撃を加えるなどして、その追落しにかかった。そして31年12月にナチスはついに農村同盟の指導部にくい込むことに成功し、これをテコにして下部での勢力拡大を促すこととなった。このようにナチスは、農村では右派の路線にそいながら、伝統的保守派とは異なり左翼的な運動形式をとることによって革新派として勢力を拡大し、いちはやく既成組織の乗っ取りに成功したのである。

これにたいして労働の分野では、次節でみるように左派の路線がリードした。20年代末以降、左派は左翼系の組合に反対するため職場でナチス経営細

胞の結成に着手した。これは右派主流派の牽制にあって組合活動を禁じられ，政治的宣伝活動しか許されなかったため，従業員への影響力を減殺されたが，それでも右翼化の素地のある職員層には勢力をかなり伸ばし，同細胞員は31年初頭に3千人程度であったのが，1年後には4万人を超え，33年初頭には40万人に達していた。その過程で本部の統制にもかかわらず同細胞の疑似組合化も進み，労働条件の改善を求めて資本への敵対を深め，32年11月にはベルリン交通局で共産党とナチスとの共闘でストライキが打たれたりもした。なおその間，32年5月に左派の領袖シュトラッサー兄が国会でナチスの雇用創出構想を発表したが，当時，社会民主党系の労働総同盟も同種の構想を推進し，反インフレ政策の見地からこれに反対した同党執行部と対立を深めていたから，ここに表面上はともかくもナチス左派と労働総同盟との関係も微妙となり，のちにシュライヒャー内閣の成立と関連して，両者間で提携の可能性を打診する秘密の接触がもたれたりもした。むろんそれは成果なく終わったが，ナチス左派の路線は，右派路線では取り込めないような層への浸透を可能にしたのである。似たことは小営業者層とくに小売商でもみられ，ここではその存立を脅かす百貨店や消費組合に反対する運動が左派によって展開され，32年11月には営業中間層闘争団が結成されるにいたった。

　それとは逆に大資本にたいしては，ナチスは右派路線で対応した。30年9月の総選挙で躍進したナチスは政策構想の具体化を迫られ，翌年1月に本部に経済政策部を設けたが，同部長が左派のヴァーゲナー（O. Wagener）であったためもあって，その提言は経済組織の改革に傾斜し，左派の反資本の運動とあいまって資本の反撥を買った。そこでヒトラーは，それとは別に業界と関係をもつケプラー（W. Keppler）を私設経済顧問にして，有力資本家との接触に努め，そこでは左派路線の棚上げによる資本主義体制の堅持が再三約束された。ヒトラーはそれ以前にも，たとえば27年の資本家あての覚書で，国民主義と社会主義とは最高形態では同一事に帰着するという詭弁によって社会主義の空洞化を示唆していたが[7]，30年5月には左派の急先鋒であったシュトラッサー弟の一味を除名し，その兄の32年5月の雇用創出構想が資本の不評を買うや，その宣伝を禁止し，9月には前記の経済政策部を改組して

部長も替え，さらに年末にはシュライヒャー政権に接近して党の分裂をはかったとしてシュトラッサー兄の役職を剥奪した。これによって左派は指導者を失い大打撃を受けたが，こうした一連の強硬措置によってヒトラーは資本の反撥を緩和し，政権獲得への障害を取り除いたのである。

以上でみたように，ナチスは党内での対立にもかかわらず，むろんそれを逆用して左派路線で大衆運動を展開しながら右派路線で体制側に接近することによって，33年1月末に政権の座につくことに成功した。そしてこの政権はさしあたり国家国民党との連立内閣であって，ナチスからは首相のほかフリック（W. Frick）内相とゲーリング無任所相の3名だけが参加し，元首相のパーペンが副首相，国家国民党の党首フーゲンベルク（A. Hugenberg）が経済相兼農相を務め，自余の閣僚は多くが無党派であったが，この閣僚構成のもとでヒトラーはナチス独裁体制の樹立を準備した。すなわち，その直後に国会を解散し選挙戦となったが，そこでは左翼にたいしてナチス武装組織の実力行使，さらには警察の介入をつづけ，とくに2月末の国会放火事件のあとは戒厳状態下で弾圧に狂奔した。この露骨な選挙干渉にもかかわらず，3月5日の総選挙においてナチスは44％の得票にとどまったが，自余の党派にたいする弾圧と懐柔とによって，3月24日の国会では政府への授権法が，社会民主党（共産党は非合法化され議席喪失）の反対を押し切って所要の3分の2を上回る賛成で可決された。同法は当面4年の時限法であったが，その後更新され恒久化されて，国会による制約ははずされた。そのうえでナチスは，与党の国家国民党を含む諸党への弾圧を強め，6月後半には社会民主党を非合法化したほか，自余の諸党をも「自発的」解散に追い込み，7月の政党新設禁止法によってナチスの一党独裁体制を樹立した。それと同時に，反資本主義路線の貫徹を夢みて第二革命を求めた党内左派にたいして，ヒトラーはナチス革命の終結を宣言して，秩序回復のため左派の追落しにかかり，翌年6月末のレーム事件によって，シュトラッサー兄を含む反対派を大量に虐殺し粛清した。そして8月には大統領の死去を契機に，ヒトラーがその職をも兼ねる総統として全権力を一手に掌握するにいたったのである。なおその間，ナチスの進出が一部で遅れた州政府への締めつけも進められ，最終的

に34年1月末の法律によって州政府は政治的独立性を失い，国の行政機関に格下げされた。また行政機構の内部では33年4月の法律によってナチスに同調しない官吏の追放も進められた。こうして政治・行政の部面ではナチスへの「同質化」（Gleichschaltung）が進んだが，似たことは経済の部面でも進行し，ナチス経済体制が樹立されることとなった。だがそれも各分野ごとに異なる様相を呈したのである[8]。

ナチス路線による再編が最も順調に進んだのは農業であった。ここでは既成の組織へのナチスの浸透が一部でかなり進んでいたから，新政権下でいわば首のすげ替えによる全組織のナチス化が短期間で達成された。まず農民組織の次元では，最大の農村同盟がすでにナチス化していたから，これに自余の組合を結集させる方針をとり，これにたいする西部農民組合の反対は，会長のヘルメス（A. Hermes）を別件で逮捕することによって切り崩し，33年4月には全組合を統合してダレがその長に就任した。またヘルメスは農協組織の会長でもあったから，従来介入できなかった農協への進出もこれで可能となり，さらに農業会議所も別のルートでナチスの支配下に入った。これら一連の組織の制圧によって伝統的保守派の勢力は後退し，これに基礎をもつフーゲンベルクは33年6月末に失脚してダレが農相となり，そのもとで農業の職分団的編成が急がれた[9]。

農業の新組織として食糧（職分）団（Reichsnährstand）が33年9月の法律で制定された。これは，農業生産者のほか農産物の流通業者や加工業者まで全員を強制加入させる一大組織であり，一方で農民へのナチス教育を，他方で農産物の生産・流通・加工の統制を行なうことによって，健全な農民層の維持と食糧の自給化を達成しようとした。それを反映して本部の機構も3部に分かれ，農民組合を継承した「人間部」は「血と土」（Blut und Boden）のイデオロギー教育を担当し，農業会議所を継承した「農場部」は農業技術の普及に当たり，第3の「市場部」は農協や各種団体と連繋して市場統制を担当し，その実務執行のため傘下に主要農産物ごとの経済団体を設置した。本来の職分団構想からすれば，食糧団は農業生産者だけの自治組織とすべきであり，ダレ自身も当初はそれを予定していたが，現実の課題が農業恐慌の克服

にあったため，イデオロギー的要請は棚上げにして異質の流通・加工業者をも加入させ，またその自治組織の面も希薄にして，農業省の指示に服する統制機関に変質させられたのである。こうして現実の必要に対応しただけに，食糧団はその後の農政に重要な役割を演ずることとなった。

それと並行して33年9月には世襲農場制（Erbhof）も制定された。これは「血と土」の結合によって農民経営を安定させようとして，一定の要件を満たす農場を世襲農場に指定し，ここでは一子相続制によって経営の細分化を回避させ，また土地抵当や抵当流れを禁止するものであり，今後はこの農場主だけを「農民」（Bauer）と呼び，これに自余の「農業者」（Landwirt）より高い社会的評価を与えようとした。そしてその要件は，農場主が非ユダヤ系で農場の単独所有者であること等とともに，農場規模が原則として7.5～125haであることとされたが，この上限の設定はユンカーの排除を意味した。このように同制度は，伝統的保守派のユンカー層に対抗して，民族の血の源泉として農民層を強化しようとするナチスのイデオロギーの産物であり，その線上で新農民創設の入植事業も喧伝された。だが，土地改革のための土地没収は綱領修正で放棄されたから，この入植事業もナチス政権以前の実績を下回る規模でしか行なわれず，また世襲農場も抵当流れにならないかわりに抵当金融の道を閉ざされて経営の合理化を阻害されるなど，現実の必要に対応することができず，やがて種々の批判を浴びるもととなったのである。

つぎに労働の分野では，既成組織へのナチスの浸透が限られていたため，弾圧による組織の解体がまず先行した。もっとも職員組合の一部ではナチスが進出して，農業の場合と似た事態もみられたが，労働組合ではそうした拠点も得られなかったから，ナチスは33年5月初め，社会民主党系の全組合を実力で制圧し，やがて他の系列の組合も解散に追い込んだ。その間に代替の組織として，党の組織部長ライ（R. Ley）を長とする労働戦線（DAF：Deutscher Arbeitsfront）を新設し，旧組合員を含めて従業員をこれに吸収することとした。この労働戦線は，当初は職分団構想にそって労働者，職員，企業家，小営業者（手工業・商業・小営業），自由業の5団体から構成されるものとし，さしあたり前2者の組織化を急いだが，ここでは従来の経緯から

ナチス左派の活動家が事実上の組合幹部となって企業と対立し，経営への介入を再三試みた。これによる資本の反撥を恐れたヒトラーは，33年末に労働戦線の改組を命じ，翌年1月末以降，労働者・職員・企業家等の別による組織をすべて廃止し，それら諸階層を無差別に経営単位で組織しなおすことによって，組合類似活動の余地を封じようとした。これと並行してその直前に出された国民労働秩序法は，経営共同体論に基づいて経営者を指導者として，労働者・職員を従属者として位置づけ，以前の経営協議会もたんなる諮問機関たる経営信任会議に格下げすることによって，職場での資本の支配を保障し，また労働条件ももはや団体交渉によってではなく，国の労働管理官（Treuhänder der Arbeit）の定める最低基準を前提に経営者が上から決定することとされた。それによってヴァイマル期の労働体制は抹殺されたが，同時に労働戦線も実質的な活動部面を奪われ，労働条件の決定に関与できない，たんなる宣伝・監視機関に堕し，かろうじて傘下の歓喜力行団（KdF : Kraft durch Freude）が催すレクリエーション事業によって労働者の関心を惹きうるだけとされた。そのため同戦線の改組はナチス左派からも強い抵抗を受け，レーム事件による左派粛清をへて34年11月にようやく一段落をみた。なおこのあと翌年3月のライプツィヒ協定によって経済団体が団体として加盟するなどして，労働戦線はさらに組織を拡大したが，その実質が空疎なことに変わりはなかった。

　他方，資本の分野では，ナチスへの「同質化」はさらに遅れ，しかも実質を欠いた。たとえば最大の組織である全国工業連盟は，33年春にクルップ新会長のもとで指導者原理を受け入れ，執行部にナチス代表を迎える反面，ユダヤ系の実業家を解任し，秋には名称を変更して（Reichs*verband* から Reichs-*stand* へ）職分団的外見をとるなどしたが，それらはナチスへの適応の構えを示すことで，それ以上の介入を防ぎつつ，党に左派抑圧を迫るための方便であった。そして経済組織の本格的な再編は，34年2月のドイツ経済有機的構成準備法によって職分団化の方向が打ち出されたが，これはすぐには具体化せず，最初の施行令が出たのは同年11月であった。しかもその間に所管の経済相は中央銀行総裁兼務のシャハトに代わり，彼は右翼的ではあってもナ

チスとは異なる資本のチャンピオンであったから，そのもとでの経済組織再編も資本の利益に反するものではありえなかった。具体的には，農業関係以外の全企業は部門別および地域別の2系列で組織され，その積上げは頂点で全国経済会議所に集約されることとなったが，これは経済省の監督下に置かれた。こうしたピラミッド型の機構を築くことによって，個々の段階で党その他が外部から介入するのを防ぐと同時に，国の施策は末端にまで貫通することになった。しかもこの組織化は全面的かつ強制的であるうえ，各業種に単一の団体しか認めず，その母体としては既存の最大の団体が優先されたから，これまで大資本と中小資本とが別個の組織をもって対立してきた業種でも大資本の指導による組織化が達成され，その内部では指導者原理によって大資本の支配が保障されたのである。ちなみにそれ以前でも33年7月の強制カルテル法によって独占体制は補強され，また利子奴隷制打破のナチス綱領にもかかわらず，33〜34年の銀行制度調査会の審議のあと大銀行の再民有化も進められたが，34年末から36年までかけた上記の経済組織再編は，大資本の利益を尊重しながら組織化を徹底し，それによって国家主導の経済運営のための機構を整備したのである。

　以上でみたように，ナチスによる経済組織の再編は，各分野で様相もテンポも異にし，ナチスの従来の公的主張にもかかわらず，明確に反労働・親資本の方向で実現されたが，そのもとで経済がいかに展開したかをつぎに概観することとしよう[10]。

ナチス体制下のドイツ経済

第一次4ヵ年計画期　ヒトラーは政権掌握直後の33年2月1日，4年以内に農民を窮乏から救い，失業を最終的に克服することを国民に公約した。そのため爾後の期間は，事前の明確な計画を欠きながらも第一次4ヵ年計画期と呼ばれるが，その公約の実現はナチス体制の安定のために重要な課題とされた。

　そこでまず農業からみてゆけば，当初はフーゲンベルク農相のもとで旧来の農政の継承・拡大による対策が講じられた。たとえば負債整理事業では，

従来の東部援助法の規定を6月初めの法律で西部にも拡大・適用することによって農民の倒産を防止し、また価格支持政策でも、これまで穀物に偏してきた対象を畜産物にまで拡大することで農民の救済を試みた。たとえばバターについては、競合するマーガリンの関税を大幅に引き上げるとともにその国内生産を制限し、これでバター価格を吊り上げて原乳価格の引上げをはかった。それは、かつてライ麦価格支持のために飼料価格の引上げをはかったのと同じ論理であるが、消費者の不評を買い、これに便乗したナチスの攻撃のため農相の交替を早めた。そして後任のダレ農相のもとで、既述の食糧団をつうじて価格支持・過剰対策もヨリ組織的に展開された。たとえば乳業では、生産者・流通業者・加工業者の強制的組織化を前提として、生産者の原乳販売を割り当て、過当競争を排除して価格を引き上げ、他方で流通業者や加工業者のマージンを圧縮する価格形成を命令することで消費者価格の据置きをはかった。また穀物では、これまで価格が割高に保たれたため、その引上げではなく維持が課題とされたが、穀物関係者の組織化によって生産者価格を地域別・時期別に固定すると同時に、その維持のため過剰穀物の政府機関による買上げを拡大する一方、製粉業者の原料在庫の拡大をも命令した。そして34年には不作のため問題が過剰から不足に一転したが、これにたいしては、既存の在庫を放出するとともに農民に供出を強制することで対応し、それ以後は計画的な供出制度のもとで「生産闘争」による食糧自給率の向上に努めることとなった。こうした農政を反映して、一般に物価は横ばいをつづけるなかで農業生産者価格は畜産物を中心に上昇し、他方で負債整理事業によって利子負担が減少するなどしたから、農業所得は大幅に改善された。もっともこの改善は初期の2年間に顕著であり、その後は横ばいに転じたが、ともかくも農民は窮状を脱し、その意味で公約は一応果たされた。

　つぎに失業については、33年6月の失業減少法(ラインハルト計画)によって施策が本格化した。この法律は多面的な内容を含み、そのなかには、同法以前からある失業青年の勤労奉仕への動員と同じ趣旨から、女子の退職を条件とした結婚資金貸付制度を創設するなど、姑息な労働力供給の削減措置も含まれたが、中心は各種公共事業の拡大による雇用の創出にあり、民間住

宅建設促進のための補助金や企業の設備投資促進のための免税措置がそれにセットされた。その事業規模は免税分を除いて10億マルクであり，前内閣末期の計画の2倍に当たるが，さらに9月の第二次失業減少法では建物の修繕等への補助金として5億マルクが上積みされ，またその間に大規模な自動車道路の建設も法制化された。そのさい注目されるのは，その資金調達方法であり，34年度末までに上記の計画の公共投資は約50億マルクに上ったが，このうち約30億マルクは雇用創出手形でまかなわれた。この手形は，公共事業を請け負う民間業者が特別の政府金融機関あてに振り出す期限3ヵ月の商業手形であるが，5年間は満期ごとに書き替えられたから，実際には中期国債を発行したのと同じであった。それがとくに商業手形の形式をとったのは，直接には不況下で貨幣市場が緩和したのに，資本市場は先行き不安から逼迫をつづけたためであるが，同時にまた公然たる国債発行が国民の根深いインフレ恐怖心を刺激するのを避けるためでもあった。こうした方法による大規模な公共事業は，雇用を直接に拡大するだけでなく，各種資材の調達その他をつうじて企業の生産と雇用をも拡大させ，種々の助成措置がこれを増幅した。こうして景気は回復に向かい，季節調節後の失業者数は33年中頃には500万人を上回っていたのが翌年春までに250万に半減し，失業克服もまずは順調なスタートを切った。

　しかしこの景気回復は原材料の輸入増大をともない，これによる外貨危機のためそのいっそうの展開が制約されるにいたった。ドイツでは31年の金融恐慌のあと為替管理がはじまり，輸入用や外債利子送金用の外貨割当制がとられてきたが，ナチス治下で外貨準備が急減したため，34年春以降その割当額も大幅に制限され，原材料輸入の縮小から景気の維持も困難となってきた。そこで7月に外債利子の送金を全面的に停止したが，これに対抗して西欧の債権諸国は自国へのドイツの出超による債権を差し押さえる策に出たから，ここにドイツは新たな対応を迫られた。その対策としてシャハトの考案した新計画が9月に採択されたが，これは外貨を使わずに貿易を拡大するため，従来の多角的貿易決済に代えて，新たに各国と個別に協定を結び，各2国間で貿易収支の均衡をはかり，残る差額はそれぞれの中央銀行の特別勘定に自

国通貨で払い込むこととし，それとの関連で西欧諸国とのあいだに外債利子の支払協定が結ばれた。ただアメリカだけはドイツにたいして出超国でかつ債権国でもあったため，この枠からはみ出し，ドイツとの通商協定を破棄したから，その入超を減らすためドイツも輸入先を他国に移すこととなり，貿易相手国の構成はこれ以後かなり変化した。そのさいドイツは，農業恐慌に苦しむ東欧や南米の諸国に接近し，相手側の弱点を利用してそこからの輸入を拡大し，とくに東欧諸国をドイツの広域経済圏に組み込んでブロック化を進めることになったのである。

　この新計画は対外関係を変えただけでなく，国内の統制をも強化させた。さしあたり輸入原材料の統制が厳重になったが，乏しい原材料を有効に利用しようとすれば，それが生産性の高い大企業に重点的に配分され，中小企業が排除されるのは当然であり，この制度は大企業優遇策として機能した。また輸入の削減や輸入先の転換は一部の原材料の価格上昇をともない，ことに繊維品などはそれによるコストの上昇のため値上りしたが，これを最小限に抑えるため価格統制も強化され，34年秋には価格監視官が再度任命された。そのもとで物価は全体として横ばいをつづけたが，これを可能にするため賃銀も恐慌時の低水準のままに据え置かれたのである。

　これらの対策によって景気回復は中断されずに進行したが，その起動力をなした国家の経済活動は34年以降はやくも公共事業から軍備拡大にその重点を移した。ナチス治下では国家財政の数字が秘密とされ，戦後に出された推計値も相互にくい違うため正確にはいえないが，エルベの推計によれば，本来の公共投資は道路関係を中心にして33年の24億マルク（以下，マルクは略）が翌年に35億に膨張したあと漸増に転じ，36年に42億，38年に55億であったが，軍備拡大費は，33年に前年並みの7億であったのが翌年に一挙33億に激増して公共投資と肩を並べ，その後も急増をつづけて36年に90億，38年に155億を記録した[11]。ちなみにヒトラー自身は当初から軍備拡大を最高目標とし，国防予算については蔵相の権限を制約したり，雇用創出事業にも軍事的観点を入れるよう指示したりもしたが，技術的制約もあって軍備拡大が軌道に乗ったのは34年後半からであった。そしてこれに基づいて翌年3月には，

ヴェルサイユ体制に挑戦する再軍備宣言を行ない，徴兵制を復活し，軍備拡大のテンポをさらに早めたのである。

　この大規模な軍備拡大は租税収入ではまかなえないから，さきの場合と同様に特殊手形で金融された。ただこの場合には，秘密保持のため政府・中央銀行・軍需企業の共同設立になる名目上の冶金研究所（略称メフォ）が軍需企業の振り出すメフォ手形を引き受けた点だけが異なり，満期ごとの書替えや中央銀行の再割適格性などはすべて同一であった。だが，こうした特殊手形の累積はやがて貨幣市場を圧迫し，中央銀行のフリー・ハンドを制約したから，それらの中長期国債への転換が必要とされた。これまで政府は33年秋に地方債の，翌年に国債の低利借替えを行なったが，景気回復を背景に35年には中長期国債の発行に踏み切り，これを成功させるため中期債は銀行に，長期債は貯蓄金庫・信用組合・保険機関に，強制的に引き受けさせた。またその発行条件が他の有利な証券の競争によって悪化しないよう，すでに33年から民間企業の証券発行を規制したほか，34年末には株式配当を原則として最高6％に制限し，これを超える配当は公債に投資することを義務づけた。だがこれらの措置にもかかわらず，中長期国債の発行は軍備拡大のテンポにはとうてい及ばなかったから，それ以後もメフォ手形の累積がつづかざるをえなかったのである。

　他方で企業は33年以降，景気の回復につれて操業率を高め，これによって収益は急速に改善され，36年には合理化景気末期の28年の水準を上回るにいたった。しかも配当は上記の規制によって低位に抑えられたから，収益の多くは企業内に留保され，各種積立金への繰入れや大幅な償却によって企業の内実強化がはかられた。そして設備投資は，20年代後半に合理化投資が行なわれたばかりであり，当面は一部の軍需企業を除けば増勢も鈍かったから，それは自己金融によって優にまかなわれ，銀行等への債務の返済も進んだ。したがって，企業証券の発行も必要でなく，資本市場は国債によって独占されたが，さらに貨幣市場でも銀行の企業向け貸出しは停滞ないし減退したから，金融機関は特殊手形を含む公債への投資を拡大することとなった。こうして民間貯蓄の多くは，あるいは直接に，あるいは金融機関を介して間接に

国家に動員され，国家はそれを軍需企業ないし関連部門に支出するという資金循環の構造が形成されたのである。

以上のような過程をへて，ドイツの景気は36年には20年代末の水準にまで回復した。28年に比して36年に国民総生産は，名目で8％下回ったものの実質では15％上回り，鉱工業生産も生産財の回復を主因として36年春に28年水準を抜いた。また雇用や失業も36年末には28年水準に戻り，労働者は時間当たり賃銀が恐慌時の低い水準に据え置かれたものの，景気回復による労働時間の延長によって手取り額は着実に増加し，生計費の低下を考慮すれば36年末には28年水準に復帰した（後出の図4-3を参照）。その意味でナチス政権は失業克服の公約も果たし，完全雇用をほぼ達成した。したがって，景気政策としては本来この時点で軍備拡大を軸とした国家の経済活動を縮小すべきであった。ことに36年には世界的な景気回復を反映して一部の原材料や農産物の価格が上昇に転じ，ドイツはふたたび外貨危機に見舞われただけに，それは重要な争点となった。とくにシャハトは輸入用外貨の割当に関連して，食糧輸入を減少させえないダレの農政を改めて攻撃したほか，軍需関連の原材料輸入をめぐって国防相などとも対立し，ヒトラーにたいして軍需拡大のスロー・ダウンを迫った。しかしヒトラーはこの経済界の大立者の要求を無視し，逆に軍備拡大をさらに急ぐことによって経済的矛盾を拡大することになったのである[12]。

第二次4ヵ年計画　36年9月の党大会でヒトラーは新たな4ヵ年計画の実施を宣言した。この計画の狙いは，その直前に彼が執筆した秘密の覚書に詳しく述べられているように，4年以内に戦争準備を完了するよう経済の軍事化を急ぐことであった。そのさい乏しい外貨を軍需に充当するためにも，国内の食糧・原料基盤の強化による自給率の向上，とくに輸入品に代替する原料の国内生産が重視され，その主要なものとして，人造石油生産体制の18ヵ月以内の確立をはじめとして，合成ゴムの生産，低品位の国内鉄鉱石の開発による鉄鋼生産の大幅な拡大，等が列挙された。しかもこれらの代替原料の生産ではコストは問題外だと断定して，その高コストないしは長期的収益性への疑念からするシャハトや経済界の反対を封じ，さらに民間企業がそれに応

じなければ国家がみずからそれを担当し，非協力な経済界を断罪すると威嚇した。むろんこれは，経済に無知なヒトラーが有力な反対派を意識して述べた誇張であって，経済界を敵に回して軍需生産が拡大できるはずもなく，事実，計画の具体化の段階では高コストに見合う利潤の保証が配慮されたことは，のちにみるとおりである。

　この4ヵ年計画の実施は，翌10月中旬，党の実力者ゲーリングに全権委任され，彼はその配下に，原料生産・原料配分・労働配置・食糧・価格形成・外貨の6部からなる実務機関（4ヵ年計画庁）を設置し，これに基づいてシャハトの経済省とは別個の経済政策を展開した。それにたいしてシャハトは，国内自給化よりも世界経済との連繋，軍備拡大よりも輸出拡大による通貨の安定を求める路線から，ゲーリングの路線に再三抵抗したが成功せず，37年11月，これに抗議して経済相を辞任した。その後任には翌年2月，小者のフンク（W. Funk）が就任し，経済省もゲーリングの影響下に路線を修正して4ヵ年計画の一翼を担うようになり，また同計画がその間の実績の低さから計画期間の事実上の延長と課題の重点項目への限定を迫られるなどしたから，それらに応じて実務機関も再三の改編をまぬがれなかった。

　それはともかく，完全雇用に近い状態で大規模な事業を強行すれば，労働力不足が生じて賃銀・物価の上昇は避けられないし，また事業も計画どおり円滑には実施されえなくなるから，あらかじめその防止策を講ずる必要があった。労働力については，36年秋にはなお100万を超える失業者が残っていたものの，熟練工はすでに不足気味であったから，それの確保が急務とされた。そして10月にはすでに法案がつくられたが，それを緩和し小出しにする形で翌月以降，一連の命令が出された。それは，4ヵ年計画と関係の深い金属産業（鉄鋼・非鉄金属・機械・電機等の業種）と建設業について，専門工（Facharbeiter. 熟練工のほか一部に半熟錬工を含む）の養成を各経営に義務づけたり，他産業への従事者の復帰を促したりしたほか，国策にそった労働配置を実現するため，金属産業では専門工の新規採用に労働局の許可を必要とさせ，建設業では着工前に所要の専門工と資材の量を届け出させることとし，また専門工の争奪による事業の阻害や賃銀の上昇を避けるため，労働手帳の

制度を利用して彼らの職場移動を制限することとした。また物価についても，新たに価格形成官を任命し，11月末には全面的な価格停止令を公布したが，ここでは価格の維持を原則としながらも，国策遂行のためコストの上昇が不可避の場合には，それに適正利潤を保証する価格の引上げも「例外的」に認めるという，弾力的運用がはかられたのである。

　こうした前提のもとで4ヵ年計画全体の策定も進められた。原料・基礎資材を中心とする計画は37年末までに4回練り直され，各部門ないし品目ごとに年次別の生産計画・投資計画・外貨計画等が定められたが，その間に計画は逐次，実施段階に入っていった。ここでその内容に立ち入る余裕はないが，その予定投資額は当時の鉱工業投資額の約7割にも上る大規模なものであり，そのうち半分近くは化学工業関係に向けられ，そのまた半分以上は人造石油の増産用であった。この分野では，IGファルベンがすでに33年に国家から販路・価格（＝利潤）保証を与えられて，中部ドイツで褐炭を原料に人造石油の生産を開始し，やがて一連の炭鉱企業も別の製法で生産に着手したが，4ヵ年計画のもとで既存の工場の拡大，新工場の建設によって40年までに国内の石油需要の自給化を達成することが目指された[13]。同様のことは人造ゴムでもみられ，さらに繊維原料の輸入削減のため繊維企業によるスフの生産なども進められた。また鉄鋼業では，鉄鋼生産を拡大すると同時に，中部ドイツ等の低品位の鉄鉱石採掘によってその自給率を高めるため，鉄鋼資本との親和と反撥のうちに国営ゲーリング工場が新設された[14]。ちなみに中部ドイツ沿いでは，この時期に労働戦線の事業としてフォルクスワーゲンの工場建設もはじまった。だが，それら一連の4ヵ年計画事業も各種の隘路とりわけ労働力の不足に制約されて，工場建設の遅れや操業の困難をまぬがれることができず，所期の成果をあげるにはいたらなかった。最重点課題とされた人造石油も40年の時点で生産は計画目標の半分にも達しなかったし，鉄鋼はほぼ計画にそった増産をとげたものの，それは出発時点で既存企業が大量の遊休施設を残していたためであって，鉄鉱石の自給率引上げは，巨費を要したゲーリング工場の貧鉱開発によるよりも，むしろオーストリア合邦などの対外侵略に多くを負ったのである。

同様のことは，4ヵ年計画の一環に組み込まれた農業でもみられた。ここでは食糧の自給化と原料農産物の増産，それによる外貨の節約が目標とされた。そこで，開墾・干拓などによる農地の拡大がはかられる一方，当面の措置としては，37年3月の命令で化学肥料の大幅値下げとライ麦やじゃがいも（とくに飼料用と原料用のそれ）——さらに翌年秋には牛乳——の生産者価格の引上げが実施された。なおそのさい，消費者への悪影響を避けるためライ麦粉の価格は据え置かれたが，これは食糧団の統制をつうじて，小麦の製粉業者や大麦を使う醸造業者にたいする課徴金をライ麦の製粉業者に補償金として回すことで可能とされた。それはともかく，上記の価格政策によって肥料の消費が増加し反収が増大するなかで，価格が引き上げられた特定の農産物の増産が誘導され，さらにライ麦や小麦は飼料や醸造への使用を禁止され，農民は自家用食糧以外はすべて供出することを命じられ，それによって主食の確保と備蓄がはかられた。そしてライ麦の脱落によって拡大した飼料の穴は，じゃがいもや大麦，各種の牧草の作付拡大によって埋め合わすこととしたが，実際には大麦等の輸入拡大をもってしても不足が残り，そのため畜産は伸び悩み，とくに養豚は縮小の一途をたどった。こうして食糧の自給率は主食を中心に上昇したものの，油脂類では依然として輸入に大きく依存し，これは飼料輸入とあいまって外貨節約を不可能にし，その対策として国民は，肉の代わりに魚を，バターの代わりにマーマレードを食べることを奨励されたのである。

　しかもこの状態でさえ労働力の不足の激化につれて維持しがたくなった。開墾等が労働力不足で容易に進まないなかで，工場・道路等の建設のため農地が転用されたから，農地は年々減少の一途をたどったし，農村労働力，とくに世襲農場法で相続権を奪われた農村子弟は，賃銀の高い建設業などに大量に流出した。むろんその防止策も種々講じられ，農村労働者用の改良住宅の建設は4ヵ年計画で重視されたが，実効には乏しかった。そこで農業機械の導入が促進され，それとの関連で耕地整理も強行され，農業の機械化はある程度は進んだ。しかし軍需との競合で農業機械の供給が制限されたことを別としても，中小農民経営では機械化に狭い限界があり，むしろナチスが敵

視したユンカー等の大経営での機械化による増産に期待する以外になかった。ダレの農本主義的農政は破綻し，路線の転換を迫られたのである。

　こうした労働力不足は，労働政策のいっそうの強化を必要とした。詳しくは次節で述べるが，労働配置政策が当初は金属産業と建設業の専門工だけを対象とし，それも種々の限定を付して部分的に職場移動を制限したのが，金属産業では37年2月の命令でその限定をはずして専門工一般への規制強化となった。建設業でも建設計画の届出に基づいて緊急度に応じた資材配分をつうじて労働配置を試みていたのが，やがて労働力の直接規制となり，37年10月の命令で大工・左官職に，翌年2月の命令で全職種にそれが適用されることになった。しかもその間に失業人口はさらに減少し，不熟練工の不足も激化した。その対策として政府は，原料不足のため不完全就業のつづく繊維産業等での失業扶助金の支給を37年後半以降制限することで転職を促したり，女子労働力を動員するため，さきに結婚資金貸付の条件とした退職の規定を同年末に廃止して逆に就職を奨励したり，さらに翌年3月からは新規学卒者を登録させて就職指導をしたりした。それでも事態が改善されないなかで，38年5月末，国際関係の緊張を背景にヒトラーが西部要塞の建設命令を出すに及んで，労働力不足は深刻化した。そのため翌月には徴用令が出され，全国民は一定期間，国の指定する場所での労働（または職業教育の受講）を義務づけられたが，さらに翌年2月には徴用期間の限定がはずされたほか，新設の国策工場での労働力確保のため既存工場に労働力供出の割当がなされるまでにいたった。なおその間，労働時間も次第に延長され，38年4月の労働時間令は，一応8時間を原則とし最長を10時間とする従来の規定を継承しながらも，工場監督官の許可によってそれ以上の延長も可能とした。

　こうした情況のもとで企業は労働力を確保するため賃銀を引き上げ，これを武器にして法令の網をくぐって労働力の争奪を進めた。それを抑制するため38年4月の賃銀形成令では，労働管理官が最低賃銀のほか新たに最高賃銀をも定めて賃銀の監視を強めることとしたが，企業は個々の労働者の賃銀格付けを引き上げたり，労働者の支払う各種負担金を肩代わりしたりする抜け道を利用した。ナチス独裁体制をもってしても，労働力不足という根本的隘

路をまえにしては賃銀上昇を封じ込めることはできなかった。そして労働者は，労働時間の延長も加わって賃銀実収額をかなり増加させたが，しかし自由な労資関係であればもっと増加したはずの所得を抑え込まれたことで不満を抱き，労働規律の弛緩や長時間労働のため作業能率も低下した。そしてこれらによる生産コストの上昇が一部商品の価格引上げに結果したのである。

　なお財政・金融面にもふれておけば，急速な軍備拡大のため，それをまかなう既述のメフォ手形の残高も膨張し，37年度末には120億マルクに達した。それは貨幣市場を圧迫し，通貨政策の展開を困難にしたから，経済相辞任後も中央銀行総裁であったシャハトは，翌年度以降メフォ手形の割引を拒否し，このため政府は同手形に代えて，大蔵省証券の一種である期限6ヵ月の納入者証券でもって業者に支払うこととした。この証券は中央銀行では割り引かれず貸出しの担保になるだけであったが，メフォ手形が翌39年度から逐次5年の満期を迎えて償還されるため，市中銀行は同手形を中央銀行に持ち込んで代わりに納入者証券を業者から買い入れたから，事態は実質的には以前と同じであった。しかし国家財政逼迫のため39年度にもメフォ手形が償還されず大蔵省証券に借り替えられることになったため，シャハトはそれに抗議して同年1月に総裁を辞任し，ここでもフンクが後任となった。そこで同年度から軍需品への支払方法が再度変更され，将来の税収を先取りする租税証券での支払いが中心となったが，これも相場維持のための買オペで中央銀行の信用膨張につながった*。なおその間，中長期国債の発行もつづいたが，4ヵ年計画実施のため軍需関連企業の証券発行も増大したから，年々の国債発行額は制限され，中央銀行の信用に支えられた各種の短期証券によって軍備拡大は主としてまかなわれたのである。しかも39年6月には中央銀行法が改正され，同行の政府への従属が強まり，信用創造による政府貸上げは制度的障害を撤廃され，いっそうの拡大をみることとなった。完全雇用下ではそれはインフレに直結するから，価格統制その他の手段をもってしても物価の上昇は不可避となったのである。

　＊　編者注：この文の「これも」以下は「ナチス経済」の2刷によった。

以上の諸事実は，完全雇用下での軍備拡大の強行によってドイツ経済が景気過熱状態に入ったことを示している。これを処理するためには，軍備拡大を制限するか，あるいは対外侵略によって生存圏を拡大し，そこでの収奪によって人的・物的資源に余裕をつくるしかない。実際には後者の道が選ばれ，38年3月のオーストリア合邦を皮切りに，ミュンヘン会談直後の10月にはチェコ・スロヴァキアの一部を，翌年3月にはその残りを獲得し，9月にポーランドに進攻したところで第二次大戦となった。これによって経済の軍事化は当然さらに進んだ。だが奇異なことに，戦後の調査で明らかにされたところでは，ドイツの戦争経済は42年に再編成されるまで総力戦の体制としては不徹底であり，たとえば国民総生産に占める軍事費の割合はイギリスよりも低かった[15]。その理由としては，ドイツでは軍備拡大が早期に本格化し，すでに経済の許容限度に達していたこと，またドイツの軍事戦略がもともと長期戦ではなく電撃戦を中心としていたこと，等々があげられるが，それらとならんでナチス体制の性格も一因をなしたと考えられる。すなわち，ナチスは種々の欺瞞や策略を弄しながらも，ともかくも大衆運動として発展して政権を獲得したために，逆に独裁体制を樹立したあとでも，その政策はたとえ形式的にではあれ，大衆の支持を動員しうるものであることを要求されたのである。4ヵ年計画の労働力規制にしても，出発時点ですでに構想をまとめながら，労働者大衆の反撥を気遣いながら小出しにしか実施できなかった点に，それは現われている。したがって戦争経済下でも，一応は大砲もバターも追求する政策をつづけるしかなく，客観情勢がそれを許さなくなってはじめて大砲中心の総力戦体制に移行したのではないかと考えられる。その意味でもナチスは，伝統的右翼ないし権威主義的反動とは異なっていたのである。

むすび

 以上でわれわれは，ヴァイマル体制の限界，それに基づくナチス体制の成立，そのもとでの経済の実態を駆け足で概観してきたが，最後にそれを要約しながら，関連するかぎりでナチス研究の若干の潮流に言及することとしよ

う。むろん各種の説に立ち入ることはできないから，ここでは，周知のディミトロフ・テーゼにそってナチズムないしファシズムを金融資本の暴力的独裁としてとらえる潮流と，逆にそれを中間層の運動としてとらえる潮流の二つを念頭に置くこととしよう[16]。このうち前者は東ドイツで通説とされ，後者は戦後西側の現代史研究で支配的となっているが，以下では，それらをそれ自体として論ずるのではなく，経済過程に即したわれわれの分析からみて，それらがいかなる問題を残しているかを論ずるにとどめざるをえない。

　ナチスの擡頭は，ヴァイマル・ヴェルサイユ両体制の限界に基礎をもった。このうち後者の体制は，経済的には賠償問題を軸とし，そこでは金本位制の論理が前提とされたが，前者の体制は，階級対立の宥和という課題を達成するためには，本来，弾力的な管理通貨制度に基づくインフレ的経済体質を必要とする。したがって，この両体制の並存はもともと多くの困難を抱え，相対的安定期のようにゆとりのある時期にはある程度可能とされたものの，恐慌を迎えればいちはやく限界を露呈し，その相克のうちに経済も破綻せざるをえなかったのである。もちろん恐慌による経済の破綻はいずれの国でも生じたが，戦後危機をかろうじて糊塗してきたドイツでは，上記の事情によって激化された経済的破綻がたちまち社会的不安，政治的動揺に直結した。そしてこれが諸階級・諸階層の利害の統合をますます困難にし，安定した政治勢力の欠如が事態の収拾を不可能にして，混乱を助長する結果となった。こうした情況のもとでナチスは，それなりに主体的対応をはかることによって大衆運動として躍進をとげたが，そのさいにナチス左派の反資本主義路線が重要な役割を演じた。しかもその反面でヒトラーが体制側に接近し，資本主義体制の維持を約束したことは，体制安定のため強力な政権を期待する支配者層をして，ナチスを支持はしないまでも許容させる効果をもち，ナチスは合法的に政権の座につきえたのである。

　この政権掌握前のナチスの運動は，戦後西側の現代史研究によって種々の側面から実証的に分析され，中間層を基盤とするその大衆運動的性格もかなり解明されてきた。ちなみにディミトロフ・テーゼ自体は政権掌握後のファシズムにかんする規定であるが，この規定を重視しファシズムと金融資本と

を直結させる議論の場合には，政権掌握前のナチスについて，ヒトラーの資本への接近は問題にされても，その大衆運動的側面はデマゴギーの所産として軽視されがちである。その意味で，後者の側面を重視する近年の研究動向は注目に値するが，研究の重点がなお政権掌握前の時期にとどまっているためもあって，この側面のその後の変化やナチス権力の性格規定との関連などについては，なお問題を残しているといえよう。

それはともかく，政権の座についたナチスは，危機克服のため，恐慌下で形骸化した民主主義体制を最終的に払拭して独裁体制を樹立したが，それと並行して経済体制の変革をも推進した。これは，ナチスのイデオロギーにそった職分団制の樹立を企図したが，それが最も順調に進んだ農業の分野でも，その企図は現実との妥協に終わり，あとは労働を弾圧し資本を優遇することによって，資本主義体制の補強に結果した。この疑似革命は，反資本主義を標榜したナチス左派の粛清をもって完了したのである。そして大衆の支持を確保し体制の安定をはかるため，農民や失業者の救済が進められた。しかもこれはたんなる救済事業ではなかった。さしあたり公共事業を，しかしやがて軍備拡大を主要な対象として，信用創造によって需要を拡大し，これをつうじて過剰な設備と過剰な労働力とを再結合させ，景気の回復をはかるという，国家独占資本主義に特徴的な政策であった。むろんこの政策は，不断に外貨危機に見舞われるなど多くの困難をともなったが，独裁体制下で強引な対応策をとりえたことによって，たとえばニュー・ディールなどに比して，景気回復・失業解消などでははるかに成功した。

しかしこの成功は，ナチスの軍備拡大最優先の政策のいわば副産物であった。したがって，36年に完全雇用がほぼ達成され，本来の景気政策であれば政策の転換が生ずるような局面を迎えても，それ自体では政策に歯止めがかからなかった。逆にそれ以後，第二次4ヵ年計画によって軍備拡大のテンポが早められ，景気の過熱が不可避となった。経済の論理を無視したこの政策は，資本の反撥を圧倒する形で強行されるしかなかった。それまで経済の独裁者として君臨したシャハトの勢力後退に，それは象徴的に示された。しかしそうした政策の強行は，やがて労働力の隘路にぶつかり，これが基礎にな

って原材料・外貨の不足，信用インフレ等が激化したから，4ヵ年計画も目標を達成できなくなり，国内の隘路を打開するためには戦争に突入せざるをえなくなったのである。

　ところで，一部の現代史家は，この第二次4ヵ年計画によってナチスと資本との関係が根本的に変化したという。たとえばシュヴァイツァーは，36年以前には党と軍と資本との3者がパートナーとして鼎立していたのが，その後は資本等にたいする党の支配に移ったととらえ，同様にメイスンは，それによって経済にたいする政治の優位が生じたという。しかもそれが，たんなる量的変化ではなく，質的な変化として強調されるのである。シャハトの失墜や既述のヒトラーの覚書などは，一見この見解を裏づけるかのごとくであるが，しかしシャハトの動向という表面的現象やヒトラーの主観的意図から，ただちに政策の性格を判断するのは早計であろう。いうまでもなく一定の政策の性格を判断するためには，その意図・目標とならんで，それを実現するための手段，それが実施された結果が併せて考察されなければならない。そして4ヵ年計画においては，ヒトラーの威嚇やシャハトの退陣にもかかわらず，販路・価格（利潤）保証や補助金支給等々の政策手段が広く採用され，結果的にも資本は価値増殖を可能とされたのである。たしかに経済の合理的運営を求めてシャハトが代弁した資本の要求は，ここでは容れられなかった。しかし，諸利害の抗争のうちに政策が決定される資本主義社会では，資本の要求がつねに容れられるという保証はもともと存在しないし，それが容れられなければ党（政府）の支配ないしは政治の優位になるのであれば，資本主義はつねにファシズムだということにならざるをえないであろう。要するに，この種の主張は，政策意図を重視するあまり，それが同時に政策結果でもあるとみなす，素朴な誤解に基づいているのである。

　他方，ナチズムを金融資本の独裁とみなす見解は，独裁体制下で金融資本が価値増殖を達成できたという，結果の側面を重視し，これを誤って一面的にとらえたものといえよう。すなわち，さきの議論と同様に意図と結果が混同されるため，金融資本の価値増殖という結果が，ナチス独裁体制の追求する意図に転化される。しかも素朴な唯物史観的理解によって，下部構造＝金

融資本が上部構造＝ナチス国家を基本的に規定したはずだとして，国家の相対的自立性を軽視する結果，上記の因果関係で主役は金融資本とされ，ナチス国家はそれに規定された手先の地位に堕することとなる。こうした硬直的見解によるかぎり，政権掌握前のナチスの運動が解明できないばかりでなく，政権掌握後の事態も理解できなくなるであろう。そうではなく，支配的な資本としての金融資本が，もはやそれ自身の蓄積をつうじては社会的編成を達成できず，国家の介入によってはじめてそれを可能にされるという，国家独占資本主義的情況を踏まえて，そこにおける各分野の具体的分析を進めることこそが，ナチス経済論の発展にとって必要であろう。

第2節　労働政策

ヴァイマル体制下の労資関係

　ナチスの労働体制，そのもとでの労働政策の考察が本節の課題であるが，その前提としてあらかじめヴァイマル体制下の労資関係を簡単に概観しておこう[17]。

　ドイツの労資関係は第一次大戦を境にして大きく変化し，戦後は労資の団体交渉による労働協約の締結を軸にして展開されるようになった。もっとも戦前でも一部の中小企業業種ではすでに協約の締結がかなりみられたが，石炭・鉄鋼等の基幹産業では企業が組合を極度に敵視し，これとの交渉をすべて拒否してきた。だが，そうした対応は大戦中に変更を迫られた。ことに16年末の祖国奉仕法によって総動員体制がしかれるなかで，国家は労働側の協力を確保するため，資本側の反対を押し切って，各工場における労働者の利益代表機関としての労働者委員会や労資同数の争議調停委員会の設置を義務づけ，それらへの組合の進出に道を拓いたから，資本としてももはや組合を無視することはできなくなっていた。

　その延長線上で，18年11月の終戦時には，資本と組合との代表者間で労資協調体制の樹立が正式に合意された。これは，資本主義体制を戦後危機から救うため，資本が大幅な譲歩によって組合を体制内化しようとした措置であ

った。この合意は12項目からなったが，要点を示せば，組合を労働側の正式代表として承認し，その団結権・団体交渉権を保証するとともに，賃銀その他の労働条件は8時間制の枠内で労資の団体交渉によって決定することとした。そしてその実施を監視するため各工場に労働者委員会を，また紛争解決のため労資同数の調停委員会を設置し，さらに全般的な労資関係や各種の経済問題を協議するため全国レヴェルで労資同数の中央委員会を設置し，その決定には双方の下部機関も従う，というものであった。当時この合意は「労働組合の大憲章(マグナ・カルタ)」と呼ばれたが，事実その線にそって，ヴァイマル体制の労資関係の枠組みは早急に法制化されていったのである。

　すなわち，戦時動員の解除による失業の増大に対処するため，11月13日の失業者扶助令によって公的な失業救済制度が打ち出されたあと，同月23日の労働時間令によって最長8時間制が導入され，翌月23日には労働協約，労働者・職員委員会，労働争議調停にかんする命令によって，さきの合意にそった枠組みが制度化された。そしてこれらは他の合意事項とともに，19年夏のヴァイマル憲法において，労働者保護規定として体系化されたのである。むろんそうした制度的枠組みができても，戦後危機のもとでは労資関係も安定せず，20年代中頃に相対的安定期を迎えるまで，政治ストを含めて労働争議は頻発した。だがその間にも，革命運動の退潮やインフレによる資本の強化を背景に，産業平和の回復を目指して労資関係の枠組みの整備が進められた。

　たとえば20年2月の経営協議会法では，それまで革命運動の母体として政治的役割を演じてきた労働者評議会(レーテ)に代替する形で，純経済機関として労資関係の安定化を任務とする経営協議会(レーテ)の設置が義務づけられ，これが経営内での協約履行の監視や労働条件の個別的改善交渉に当たることとなった。さらにインフレ収束過程の23年10月には，協約締結を促進するため調停制度も改正された。18年末の規定では調停委員会の裁定は強制力を欠いたが，この改正によって調停官は，労資の一方が裁定を拒否しても他方が申請すれば，あるいは双方が拒否しても調停官が必要と判断すれば，その職権によって裁定の拘束力を宣言し，この強制裁定によって紛争を収拾させ，協約を締結させることが可能となった。またそのため調停機関も整備され，従来の調停委

員会は大幅に整理されて局地的争議にのみ関与することとなり，新たにヨリ大規模な争議を担当する国の常設調停官が各地域に任命され，さらに重大な争議にはそのつど特別調停官が労働大臣によって任命されることとなって，国の労働行政による労資関係の規制力は格段に強化された。しかも労働大臣はそれ以前から，協約に一般的拘束力を宣言することによって，その協約を締結当事者だけ

表 4-1　労働協約の内訳（1929年初頭）

		件　　数		対象人員	
		件	％	千人	％
対象人員別	100人以下	3,946	(44.2)	162	(1.3)
	100～1,000人	3,677	(41.2)	1,163	(9.5)
	1,000～1万人	1,008	(11.3)	3,081	(25.1)
	1万～10万人	206	(2.3)	5,369	(43.7)
	10万人以上	11	(0.1)	2,502	(20.4)
	不　　明	77	(0.9)	…	
総　　計	29年	8,925	(100.0)	12,277	(100.0)
	14年	*10,885*	*(100.0)*	*1,399*	*(100.0)*
適用範囲別	企業単位 29年	3,263	(36.6)	488	(4.0)
	14年	*8,384*	*(77.0)*	*425*	*(30.4)*
	地区単位 29年	2,489	(27.9)	744	(6.1)
	14年	*1,292*	*(11.9)*	*250*	*(17.9)*
	地域単位 29年	3,089	(34.6)	9,188	(74.8)
	14年	*1,198*	*(11.0)*	*645*	*(46.1)*
	全国単位 29年	84	(0.9)	1,856	(15.1)
	14年	*11*	*(0.1)*	*78*	*(5.6)*

（注）　イタリックは14年初頭の数値。
（資料）　*St. Jb. D. R. 1915*, S. 80f.; *1930*, S. 334f.

でなく広く同一業種の全体にまで拡大・適用させ，労働条件の統一化を達成することができたのである。なおその他の制度改正としては，23年末に 8 時間を超える労働時間延長の余地が開かれたが，27年 4 月には再度その規制が強められた。また失業者扶助は財政負担との関係で細目が再三変更されたが，インフレ収束時から労資双方に拠出金を課すようになり，その帰結として27年秋には失業保険制度に移行することとなった[18]。

　そうした制度的枠組みのもとで，相対的安定期に労働条件がどのように推移したかをみるため，まず労働協約の締結状況からみてゆこう。労働協約は大戦直前には全国で 1 万件余り，その対象人員は150万人前後であったが，戦後にはその分野が一部の中小企業業種から基幹産業にまで拡大されたことを反映して，20年代後半には件数が7000～9000件とややへったにもかかわらず，大型化によって対象人員は1100万～1200万人にふえ，全従業員の約 6 割をカヴァーするにいたった。表 4-1 によって29年初頭の状況をみると，対象

人員1万人以上の大型協約が全人員の3分の2を占め，またその適用範囲も，戦前に全人員の3割を占めた企業単位の協約は大きく後退し，ヨリ広い地域単位の協約が全人員の4分の3を占め，全国協約もその比重を高めた。そしてこれらの協約締結は労資の自主交渉によることを建前としたが，実際には上述の調停機関による強制裁定という形での国家の介入に多くを負ったのである[19]。つまり，労働協約による労働条件の決定が一般化するなかで，その協約自体は締結も内容も国家の労働政策によって強く左右された。それを反映して労働争議も，26年以降は概して戦前を大幅に下回る規模でしか生じなくなり，産業平和が回復されたのである。

そこで，この協約に定められた労働条件のうち時間当たり賃銀の推移を示せば図4-2のごとくである。これによれば協約賃銀の水準は，インフレ収束直後の24年春から翌年秋まで急上昇したあと，合理化景気を背景に27年春から29年秋まで再度大幅に上昇した。しかも注目すべきことに，不況期にも賃銀は容易に低下せず，横ばいをつづけた。たとえば25年中頃から1年間つづいた安定恐慌期には，インフレ期に水膨れした雇用の大幅な整理が進み，完全失業者は50万人から250万人に増大し，就業者も企業の操業短縮のため不完全就業を強いられたが，それでも協約賃銀は据え置かれた。同様に28年中頃に景気が峠を越し，失業が増加しはじめたあとも，賃銀はなお上昇をつづけ，29年秋以降，生産や雇用が急速に収縮しはじめても，賃銀は30年末まで高水準を保ち，31年に入ってようやく下降に転じたが，大幅な低下は31年末の緊急令による強制切下げ措置ではじめて生じたのである。一般に不況期には失業の圧力によって賃銀が圧し下げられるが，図4-2にみるように失業者の変動部分が失業救済制度による公的扶助を受けることによって，失業圧力は緩和された。そしてこれを前提として，直接には国家が産業平和を維持するために，前述の強制裁定をつうじて，不況期にも賃銀の切下げを回避し，好況期にはその引上げを認めることによって，下方硬直的な上昇一方の「政治的賃銀」水準を実現させたわけである。

この協約賃銀を生計費指数で割った実質でみると，24～29年の5年間に時間当たり賃銀は40％上昇し，29年には戦前（13～14年）水準を15％上回り，

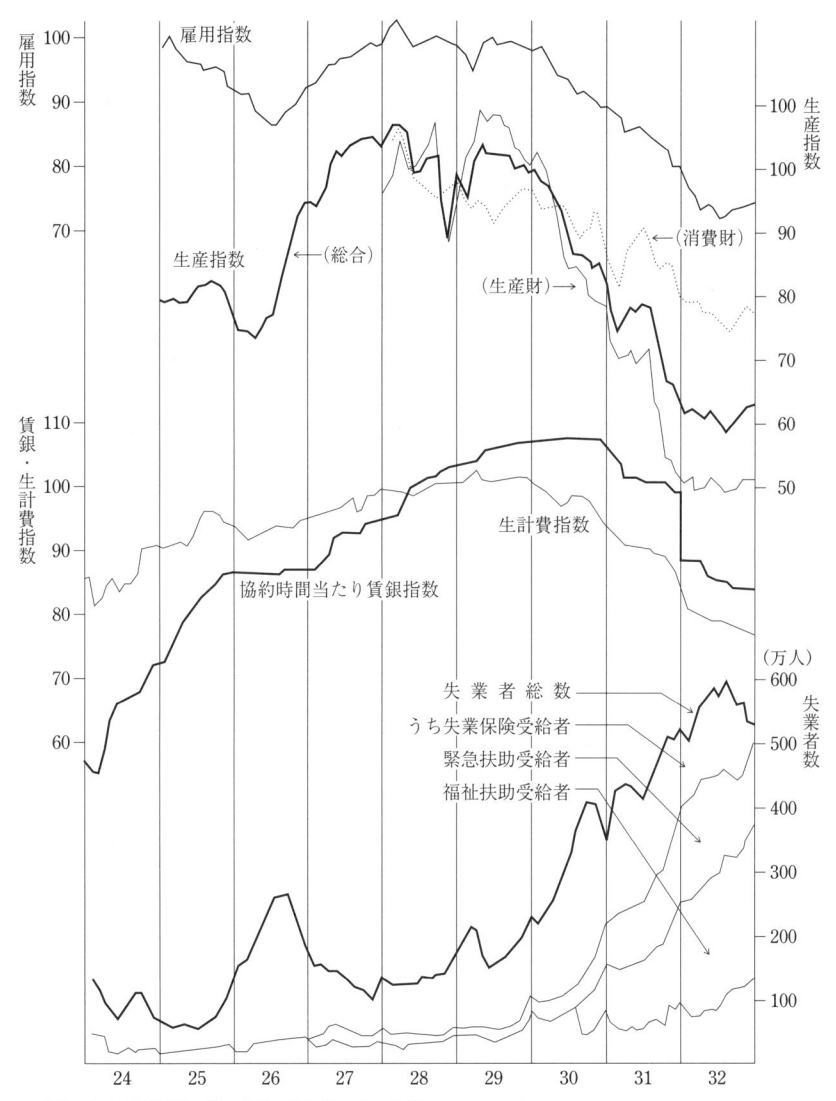

第4章　ナチス体制下のドイツ資本主義　199

図4-2　労働経済指標（1924〜32年）

雇用指数・生産指数・賃銀・生計費指数・失業者数のグラフ。ラベル：雇用指数、生産指数（総合）、（生産財）、（消費財）、協約時間当たり賃銀指数、生計費指数、失業者総数、うち失業保険受給者、緊急扶助受給者、福祉扶助受給者。

（注）　すべて季節調整ずみ。指数は1928年＝100に換算。
（資料）　G. Bry, *Wages in Germany 1871–1945*, New York, 1960, pp. 398–401（雇用と失業）, pp. 406–411（賃銀と生計費）; *Konjunkturstatistisches Handbuch 1933*, S. 15（失業者の内訳）, S. 41–42（生産指数）。

表 4-2　系統別の組合員数（1931年末）　　　　　　　　　　（単位：千人，％）

	社会民主党系（自由組合）	キリスト教系	自由主義系（ヒルシュ・ドゥンカー組合）	小　計	その他とも合　計
	％	％	％	％	
労　働　組　合	4,104 (82.5)[1]	689 (13.8)	181 (3.6)	4,975 (100)	5,196
職　員　組　合	466 (32.1)[2]	594 (40.9)[3]	393 (27.0)[4]	1,453 (100)	1,739
うち事務職員・店員	213 (19.7)[5]	514 (47.5)[6]	354 (32.7)	1,081 (100)	…
技　術　職　員	75 (61.5)[7]	27 (22.1)	21 (17.2)	123 (100)	…
職　　　長	135 (82.8)[8]	15 (9.2)	13 (8.0)	163 (100)	…

（注）　1）労働総同盟（ADGB）。2）自由職員総同盟（Afa-Bund）。3）職員組合総連合（Gedag）。4）うち主力組合は職員組合同盟（GdA）の325。5）同じく職員中央団体（ZdA）の203。6）同じくドイツ国民派店員団体（DHV）の409。7）同じく技術職員同盟（Butab）の63。8）同じくドイツ職長団体（DWB）の120。
（資料）　*St. Jb. D. R. 1932*, S. 555. 職員組合の職種別内訳は H. Speier, *Die Angestellten vor dem Nationalsozialismus*, Göttingen 1977, S. 147-149.

　週賃銀は上記の5年間に37％上昇したが，時間短縮のため戦前比では3％上回るにとどまった。もっとも実際の賃銀は，協約賃銀に一定の上乗せ分が加わり，さらに超過勤務には25％の割増もついたから，この実収賃銀を実質でみれば，時間当たりでは同期間に51％上昇して戦前を30％も上回り，週賃銀では57％上昇して戦前を10％上回った[20]。また熟練工と不熟練工との賃銀格差は，大戦直前には4割弱（前者の10にたいして後者は6強）であったのが，インフレ期に賃銀が生活給化したため，この格差も一時は1割程度にまで縮小し，インフレ収束直後にふたたび3割弱にまで回復したものの，その後は2割半前後で推移した[21]。つまり，不熟練工が相対的に優遇され，熟練工は不利となったが，同様のことは労働者と職員とのあいだでもみられ，職員の給与は戦前に比して大幅に低下した。それはインフレの所産であったばかりでなく，産業合理化にともなう旧来の熟練の価値低下にもよるものであり，労働側の内部でのこの種の階層変化は労働運動にも反映せざるをえなかった。

　そこで，上述の労働条件決定方式にたいする労資の対応を，その組織と関連させてみておこう。労働側の組合組織は，以前から社会民主党系（自由組合）とキリスト教系と自由主義系（ヒルシュ・ドゥンカー組合）の3大系列に分裂し，さらに各系列の内部では労働組合と職員組合とが別個の連合体を

結成していたが，その勢力分布は表4-2のごとくであった[22]。労働組合・職員組合とも組織率は3分の1程度であったが，労働組合では社会民主党系の労働総同盟が組合員の8割を占め，圧倒的な強さを誇った。もっともキリスト教系は西部のカトリック地帯に集中し，自由主義系は金属産業を中心に熟練工を主体としたから，それらの領域ではこれらも一定の発言力をもったが，労働条件の交渉では3大系列間の共闘も可能であり，労働総同盟が主導的役割を演じた。そして総同盟は，ヴァイマル体制による労働者の地位向上を歓迎して同体制を支持し，協約締結についても，当初はそれが組合の交渉力を凍結させるとして警戒し，24年には終戦時の労資協調の合意を破棄するなどしたが，その後は「政治的賃銀」の実績に基づいて，むしろ国家の介入を予定しつつ協約締結に積極的となり，体制内化を強めていった。その延長線上で，総同盟は28年の大会において，社会政策のいっそうの充実，経営内だけでなくさらに超経営次元での労働者の参加を内容とする経済民主主義の実現を，運動目標として決議したが，これはヴァイマル体制の親労働性(プロ)にたいする過信に基づくものであった。

　これにたいして職員組合では事情が異なった。職員組合は19世紀末以降，労働者にたいする職員の特権的地位の擁護を主目的にして結成されはじめ，大戦中からインフレによる給与の低下を背景に組織の急速な拡大と運動の急進化が進んだが，戦後まもなくふたたび保守化し，20年代中頃からさきの表4-2にみるようなキリスト教系を筆頭とする3系列の組合の鼎立状態がつづいた。このうち社会民主党系の自由職員総同盟（Afa-Bund）は，生産過程に直結する職長や下級技術職員が半数を占めたうえ，事務系でも大企業の下級職員が中心をなしたため，反労働者的性格は薄く，労働総同盟とは距離は置きながらもヴァイマル体制支持の路線をとった。これにたいして他の2系列の職員組合では，自由主義系が中級以上の事務職員を，キリスト教系が将来の自立化を夢みる中小店員を主力としていたが，彼らは戦後も所得が容易に改善されなかったうえ，経営の合理化によって地位が不安定化し，店員の自立化の道もますます狭まったから，労働者優遇の戦後体制にたいしては反撥をすら感じ，右翼化する素地を秘めていた。とくにキリスト教系では，労

働組合が西部のカトリック地帯を拠点にして中央党を支持し，その主力の鉱山労働者組合は炭鉱等の社会化に賛成したのにたいして，職員組合の主力をなしたプロテスタント系の店員組合は，戦前から反マルクス主義・反ユダヤ主義を標榜していたが，戦後も社会化に反対し，政治的には右翼の国家国民党を支持した。そして28年秋，同党がフーゲンベルク新党首のもとで企業よりの反組合路線を鮮明にするに及んで，店員組合（DHV）はそれとの関係を断ち，国民党ないし両党間の小党派と提携するなどしながら，しだいにナチスに接近していったのである。

他方，資本家団体は，国家の介入による政治的賃銀決定には当然反対し，産業合理化の成果が賃上げに喰われるという不満を再三表明した[23]。しかし，革命の成果であるこの労資関係の排除には一大階級決戦が必要であり，その場合には体制の維持さえ保証されがたかったし，また当面はともかくも合理化による収益の改善で支払能力もあったから，資本はそれを不満としながらも甘受してきた。だが，28年秋のルール地方の鉄鋼争議は，この路線の転換を意味した。ちなみに同年中頃には合理化景気が峠を越し，資本の支払能力にも限界がみえはじめたし，他方でひさびさに社会民主党首班のミュラー大連立内閣が発足し，労働総同盟が経済民主主義の実現を迫る情勢にあったから，資本の総本山ともいうべきルール鉄鋼資本は反労働の対決姿勢を強め，反撃に転じたのである[24]。

このルール鉄鋼争議は，当面の労働条件改善という点では一応組合側の勝利に終わったが，しかしそれも資本の抵抗によって当初の裁定より小幅に抑えられた。しかも最大の争点となった調停制度のあり方については，国家の安易な介入，とくに調停官のワン・マン裁定による組合要求の達成という従来の方式に歯止めがかけられ，その点では資本の反撃が効を奏した。そしてこれ以後，調停制度再検討の論議が活潑となったが，そのなかで資本家側は，戦後労資関係の基本的枠組みを否定するような主張をも展開するようになった。もっとも30年には資本家団体の内部でも，労資協調の復活を求めて組合側と再三接触する動きがみられたが，これも反労働の対決姿勢をとる多数派の反対に圧倒されて，具体的成果をあげるにはいたらなかった[25]。

こうした労働政策をめぐる労資の対立は，30年春にミュラー内閣の瓦解を招いた。第1節で述べたように，景気の下降による失業の増大が失業保険の大幅な赤字を生み，その解決策をめぐる労資の対立が閣内での社会民主党と国民党との対立となって，同内閣は瓦解したのである。そのさい資本側は，労働コストを増大させる保険掛金の増額には反対して，政治的賃銀の底支え要因である保険給付の削減を要求し，逆に労働側は掛金の増額による給付の据置きに固執した。その間に妥協の動きもあったが，組織問題を抱えた組合側の硬直的な態度がそれを不可能にした。共産党は28年以降，コミンテルンの社会ファシズム論に基づいて社会民主党にたいする攻撃を強め，組合運動でも革命的組合反対派（RGO : Revolutionäre Gewerkschafts-Opposition）を結成して労働総同盟の組織分裂をはかった[26]。そこで，組織維持のため総同盟は政府にたいする要求を吊り上げ，社会民主党を突き上げることによって妥協の道を封じ，同党首班内閣を辞任に追い込んだのである。

そのあとブリューニング内閣のもとでデフレ政策がとられ，商品価格の引下げとならんで賃銀の切下げが追求された。そして調停制度もその機能を逆転し，賃銀の切下げを命ずる機関となった。すでに30年5月，ルール鉄鋼業の一般協約改訂のさいに，経済情勢の変化を理由にして協約賃銀の上乗せ分を削減する強制裁定が出されたが，同年10月にはベルリンの金属産業にたいして，翌月以降，新規協約賃銀を8％引き下げるという裁定がくだされた。協約賃銀自体の切下げ裁定はこれが最初であったから，組合は強く反撥して，10月中頃から10万余の労働者がストライキに突入した。しかし失業が大量化しているうえ，共産党のRGOやナチスの経営細胞もストに参加して組織が攪乱されたため，金属労組は同月末にストを中止した。そのあと11月8日の強制裁定により，賃銀切下げが若干の延期（当面は3％，翌年1月中旬にさらに5％の引下げ）を付しただけで押しつけられた。そしてこれ以後，この方式による賃銀引下げが随所でみられるようになった。しかしそれでも，さきの図4-2にみるように，31年中の協約賃銀の低下はなお小幅にとどまった。それは，恐慌が深化しても協約期間中は当初の賃銀水準が保たれるという技術的理由に多くを負うが，同時に調停制度が機能を変えながらも，なお歯止

めの役割を残していたことにもよった。そこで31年末の緊急令は，硬直的な独占価格等とならんで協約賃銀を，協約期間中でも一律に27年初頭の水準まで10％余り強制的に引き下げさせることとした。さらに32年9月にパーペン内閣は，協約賃銀を下回る賃銀の支払いに道を拓き，雇用を拡大した企業には拡大率に応じて10〜50％の，また経営危機にある企業には調停官の認可のもとに20％までの，賃銀切下げを公認した。これは労働協約の原則を否定する措置であったから，当然に組合の強い抵抗にあい，個々の企業によるその実施はストライキによって制約された。そして12月にはその措置自体が，次期のシュライヒャー内閣によって，組合との友好関係を保つために廃止されざるをえなかったのである。

　このように協約賃銀は恐慌期にも資本が望んだほどには低下しなかった。たとえば29〜32年の期間に卸売価格は平均で約35％低下したが，時間当たり協約賃銀は約20％しか低下しなかった。もっとも各種の上乗せ分を含めた実際の時間当たり賃銀は25％低下したが，それでも卸売価格と比べれば賃銀は資本にとって高すぎたわけである。他方，労働者にとっては，それに労働時間を掛けた日給ないし週給が問題であるが，これは操業短縮のため同時期に33％も低下し，生計費の低下を差し引いた実質で15％低下し，その意味で賃銀は低すぎたことになる[27]。それでも就業者はまだしもであった。職安に登録された完全失業者は，季節変動を除去すれば不断に増加し，32年夏には600万人に達して，労働者・職員は3人に1人が失業した勘定になる。しかもそのうち失業保険の受給者は，受給資格の制限や受給期間の短縮のため，32年平均で2割にすぎず，受給期間の延長を認められた緊急扶助受給者を加えても失業者の半分を割り，全体の4割近くは地方団体の福祉扶助（生活保護）に頼ったのである。

　この異常な高失業は組合の活動を制約した。恐慌下で組合員が減少し，組合費収入が収縮したのに，失業手当等の支出が膨大したため，労働総同盟は30年から赤字に陥り，資金面からもストライキ闘争は回避されざるをえなかった。そのため総同盟は30年以降，解雇者を減らすため週40時間制の導入を要求したが，これは不完全就業を全般化するものだとして組合内部にも反対

があったうえ，資本家側からは問題外として一蹴された。そこで総同盟は31年中頃から，統計部長ヴォィチンスキー（W. S. Woytinsky）を中心に雇用創出計画を練り，翌年4月の臨時大会で，中央銀行の信用創造による公共事業の実施，それによる雇用の拡大を要求した[28]。しかしこの要求も，デフレ政策に固執するブリューニング内閣によって拒否されただけでなく，政権のいっそうの右寄りを阻止するため同内閣を支持した社会民主党（直接には同党の理論家ヒルファディング）によって，インフレにつながる危険な計画だとして反対された。もっとも両者の対立を隠蔽するため，総同盟の大会決議にも木に竹をつぐ形で資本主義経済の改造要求がもり込まれ，翌月の国会では党を代表してヒルファディングが一応は雇用創出政策を要求したが，これも，ナチス左派の領袖シュトラッサー兄が労働総同盟の案をとり入れて行なった雇用創出要求と較べれば，精彩を欠いた[29]。こうした経緯から総同盟の幹部は，ナチス左派と組織面で対抗しながらも政策面では接近し，これがまた社会民主党との溝を深め，ナチスの政権掌握後に決定的な対立へと発展したのである。

　最大の組織をもった労働総同盟は，相対的安定期に国家の親労働性を過信し，それに安易に依存して労働条件の改善を達成できたことで体制内化を強めた。そしてこれによる闘争力の後退が，恐慌期に資本の攻勢や共産党の組織攪乱をまえにして，近視眼的な当面の利益追求による組織維持に腐心させ，不活動化を招いたのである。かつて20年にカップ一揆をゼネストで潰した総同盟も，32年7月にパーペン政府が社会民主党首班のプロイセン州政府をクーデタで倒したときには傍観をつづけ，翌年1月末のヒトラーの政権掌握にたいしても反対行動には出なかった。他方，職員組合は，社会民主党系をのぞけば，もともとヴァイマル体制への不満を抱いていただけに，恐慌下で右翼化を強め，キリスト教系の店員組合では30年9月の総選挙時にすでに組合員の半数がナチスに投票し，自由主義系の職員組合でも31年に組合員の支持政党はナチスと社会民主党とその他に各3分の1で分かれていたといわれる[30]。次項では，こうした労働者・職員層をナチスがいかに把握し支配したかをみることとしよう。

ナチス労働体制の形成

　ナチスは雑多な中間層の不満を背景にして生まれた右翼政党であったから，国民社会主義ドイツ労働者党というその党名にもかかわらず，労働者にたいする基本方針を欠いていた。たとえば党綱領（20年採択）は労働者にまったく言及していないし，ヒトラーは『わが闘争』の第2巻（27年刊）第12章ではじめて組合問題を取り上げたが，マルクス主義的組合の打倒を叫ぶだけで，独自の積極的な組合対策は提示しなかった。そうしたなかで，第1節で述べたように党内では左右両派が対立し，国民主義路線を追求するヒトラーらの右派に対抗して，シュトラッサー兄弟らの左派は西部・北部を舞台に，彼らなりの社会主義路線によって労働者層を把握しようとして，組合工作に力を注いだ[31]。

　その具体的な動きとして，27年には左翼組合に対抗するため経営内でのナチス・グループの結成がベルリンで始まった。同市では翌年にナチス労働者闘争団（NS Arbeiterkampfbund）が結成され，そのあと電機企業のジーメンスやAEG，機械企業のボルジヒ，ベルリン交通局，コメルツ銀行など，職員や熟練労働者の多い大企業でナチス経営細胞があいついで組織された。この動きはやがて他の都市にも拡がり，28年末までにこの種の細胞ないしグループは全国で50を数えた。これを背景にして29年夏の党大会では，左派の要求によって組合問題が討議され，左派はナチス組合の結成に向けて経営細胞の全国的普及，御用組合（いわゆる黄色組合）への党員の参加禁止などの採決を要求した[32]。しかし，それによる左派勢力の強化を抑えるため，ヒトラーはこれまでの党大会の場合と同様に組合問題の決定を将来に引き延ばし，党大会はナチス経営細胞組織（NSBO：NS Betriebszellen-Organisation）を公認したものの，それも組合としてではなく，党の主張のたんなる宣伝機関としてであった。

　こうした右派の妨害にもかかわらず，恐慌下でナチス経営細胞は組織を伸ばし，組合的性格を強めていった。とくにベルリンでは，党組織の責任者が当時なお左派に属したゲッベルス（J. P. Goebbels）であり，その下に店員組合の有能な組織者ムーホウ（R. Muchow）がいたため，30年5月には経営細

胞指導部を設けて運動を盛り上げ，資本の賃銀切下げ攻勢に反対してストライキ支持の運動も展開した。このため党内で左右両派の対立も深まり，同年7月には，ヒトラーの禁止命令を無視してザクセンの金属産業のストライキを支持しつづけた最左翼のシュトラッサー弟の一派が除名されるにいたった。だが9月の総選挙でナチスが躍進をとげたあと，左派は経営細胞運動の全国的拡大を本部に迫り，右派も党のこれ以上の分裂を避けつつ左派の運動を統制下に置くために，31年初頭，党本部に全国経営細胞部を設けることに同意した。

これによって経営細胞員も急速に増加し，31年初頭には全国で3000人程度であったのが，6月に1万人を超えて年末には4万人近くにふえ，翌年5月には10万人を突破し，33年1月には40万人に達した[33]。ちなみにその内部では，31年当時，経営細胞指導員の構成が，職員3，手工業者2，労働者1の割合であったといわれるから，全体に職員層が中心で労働者は少なかったと思われるが，その間に共産党ないしRGOの下部活動家の転向・加入も稀ではなくなり，これが経営細胞に組合的性格と左翼的運動スタイルをとらせるのに貢献したといわれる[34]。ことに32年に入ると，ベルリンではゲッベルスの指示で「経営の中へ」(Hib〔Hinein in die Betriebe〕-Aktion) の運動が展開され，賃銀切下げ反対運動をつうじて資本への敵対性も強められ，11月には労働総同盟の反対を押し切って，ベルリン交通局で共産党とナチスとの共闘によるストライキが打たれたりもした。こうした動きは当然に資本の反撥を強めたが，ヒトラーは左派を抑圧することでそれを緩和しようとした。すなわち，翌12月，左派の領袖シュトラッサー兄がシュライヒャー首相とつうじて，労働総同盟に接近し党の分裂をはかったということを理由に，その役割を剝奪された。これによって左派は有力な指導者を失い，大打撃を受けたが，しかし労働の分野ではナチスの影響力が依然として左派の手にあるという情況のもとで，ヒトラー政権は誕生したのである。

33年1月末に政権の座についたヒトラーは，ただちに国会を解散して選挙戦を展開したが，露骨な選挙干渉にもかかわらず，3月5日の総選挙でナチスは圧勝できず，得票率は44％にとどまった。とくに労働者層の支持率が低

く，たとえば同じ3月に一部で行なわれた経営協議会委員の選挙で，ナチス経営細胞の得票率は平均25％にとどまった。これは，前年の4％，前々年の0.5％に比べれば大躍進であるが，総選挙での得票率の半分にすぎず，しかもそれは主として職員層の票であって，労働者の票はさらに低かった。このため政府は，経営協議会がナチス反対運動の拠点になることを恐れて，4月4日の法律によって，経営協議会の選挙を延期するとともに，反国家的活動を行なった委員を追放し，欠員は選挙によらずに行政官庁が任命することとした。それと並行して3月以降，ナチスの突撃隊（SA）や親衛隊（SS）が各地で組合とくに自由組合の建物を占拠するなど，組合活動にたいする妨害も強められた。

　こうした弾圧にたいして組合幹部は，組合の政治的中立性やナチス体制への協力を表明することによって，組織を維持し温存しようと努めた。キリスト教系と自由主義系の両組合幹部は，3月17日にゲッベルスに会って新体制支持を表明したが，労働総同盟のライパルト（T. Leipart）議長も，ヒトラーにあてた21日の書簡で組合の政治的中立性を，さらに29日の書簡では社会民主党との完全な絶縁を約束した。そして4月9日に総同盟の幹部会は，政府の政治目標を無条件で承認し，傘下の組合にそれへの協力を呼びかけ，13日には，これまで組織攪乱分子として除名の対象としてきたナチス経営細胞の代表と交渉に入り，15日には政府の官製メーデー布告に歓迎の声明を出し，19日にはそれへの参加を組合員に訴えた。こうした労働総同盟の態度は自由組合の内部からも批判を浴びたが，とくに国際労連は強く反撥し，4月9日にその本部をベルリンからパリに移したあとナチス攻撃を開始し，21日，これに迎合する労働総同盟と決裂するにいたった。このみじめな保身の策も空しく，組合はやがてナチスによって組織を破壊されることとなるのである。

　他方，職員組合では，ナチス支持者が内部に多かったから，これを手がかりにして執行部の交替による組織のナチス化が進められた。まず4月11日，自由主義系の銀行員組合で，内部の経営細胞員の突上げによって執行部が退陣し，ナチスの執行部と交替した。また同じ系列に属する大組合の職員組合同盟（GdA）も同日，同様に内部の突上げによってナチス指導下の組合運動

統一案をヒトラーに提出させられ，その直後に執行部がナチスと交替した。同じころキリスト教系の職員組合もナチスの職分団構想の支持を表明し，22日には，その連合体である職員組合総連合（Gedag）と主力組合の店員組合が，カトリック系で中央党支持のキリスト教系労働組合との連繋を断ち，29日には店員組合も執行部を交替させてナチス陣営に移行した。なお自由職員総同盟では，ナチスに敵対し労働総同盟を批判してきたアウフホイザー（S. Aufhäuser）議長が3月末に辞任し，4月30日にはこの連合体組織を解散する決議がなされるにいたった。

その間，ナチス党内では，ヒトラーの指示によって政治組織部長ライを長とするドイツ労働保護行動委員会が設けられ，秘密裡に組合制圧計画が練られた。そして5月1日に官製メーデーによって労働者の新体制支持を内外に誇示したあと，翌2日，経営細胞を形式上の主体とし突撃隊や親衛隊を動員した実力部隊が，労働総同盟や職員総同盟の全国各地の事務所をいっせいに襲撃し，無抵抗のうちにこれを占拠し，幹部を逮捕するとともに，組合の組織と資産を経営細胞委員の管理下に移した。ライは翌日の声明で，この行動が労働者を欺くマルクス主義組合にたいするものであって，本来の正当な組合運動を敵視するものではない，と述べたが，実際には自余の系列の組合も最後通牒を突きつけられて，あいついでナチス体制への「自発的服従」を申し出た。そこで5月6日，既存の組合に代わるナチスのドイツ労働戦線の設立が布告され，ライがその指導者に任命されて，創立大会が10日にベルリンで開催された。

ライは31年まで党のラインラント南部の管区指導者であり，その間ヒトラーの盲目的追随者としてシュトラッサーと対立したことを買われて，32年末に後任の政治組織部長に就任し，いまや労働戦線指導者を兼務することとなった[35]。しかし彼は労働問題について定見も認識も欠いていたから，労働戦線の組織づくりは，経営細胞の中心人物である既述のムーホウに委ねられざるをえなかった。したがって労働戦線は，左派の目指す社会改造の線にそって，社会的対立を中和するために，各種の社会層を職分団制度によって包含する一大組織として構想され，傘下に労働者，職員，企業家，小営業者

（手工業・商業・小営業者），自由業者の五つの総合団体（Gesamtverband）を従えるものとされ，さしあたり前2者の組織化が急がれた。このうち職員団体については，既存の組合がすでに大部分ナチス化していたから，それらを整理・統合するだけですみ，事実5月19日の第1回職員大会までに，以前の108の職員組合が九つの職能別職員団体（Verband）に再編成され，これらが職員総合団体の構成母体とされた。それにたいして労働者団体の場合には，組合が自生的にナチス化しないのを暴力的に抑え込んだために，その組織再編も労働者の抵抗を恐れて徐々に進められ，6月末にようやく14の産業別労働者団体への組織替えを完了した[36]。このように労働戦線は，さしあたり旧組合を再編・統一する形で，その組合員を母体として発足し，構成員数は7月中頃に労働者団体が400万人，職員団体が130万人，合計530万人であったが，やがて非組合員の加入を促し，10月末までにそれぞれ720万人，190万人，合計910万人に増加した[37]。

ところで，この労働戦線の内部では，左派の経営細胞員たちがわが世の春の到来とばかりに活気づき，組合占拠で組合役員になったかのようなつもりで，旧組合員の信頼を博するためにも経営側にたいして各種の要求を突きつけ，一部では協約改訂交渉をさえ開始した。だが，従業員統率の能力を欠きながら党の権威を笠に着る彼らの行動は，経営側にとって頭痛の種であり，資本の代表はヒトラーにその取締りを求めた。そこで資本の反撥を避けるためヒトラーは，5月15日に党命令を発して経営細胞の経営介入を禁止したが，さらに19日の法律では，従来の調停官に代えて新たに労働管理官（Treuhänder der Arbeit）を置き，これに労働条件決定の最終権限を与えることによって，組合ないし労働戦線の介入の余地を封ずることとした。しかし，この法律が暫定措置とみなされたことも作用して，一部では労働条件の決定をめぐって労働管理官と党組織とが対立したし，総じて左派は社会改造のため第2革命を要求していたから，経営細胞による疑似組合活動や経営介入はその後も跡を断たなかった。これにたいしてヒトラーは，7月初めに「ナチス革命」の終結を宣言して事態の鎮静化をはかり，規律を乱す左派の一部を粛清したほか，経営細胞の強化を抑えるため，8月初旬，その人員の上限を110万人と

定めさせ、これを各地区別に割り当てるとともに、その後継者養成の青年組織を解散させた。さらに11月にライは、左派の影響力を減殺するため新参党員の経営細胞への加入を促すと同時に、党組織としての経営細胞と大衆組織としての労働戦線との権限区分を強化しようとした。しかもその間に実力者のムーホウが事故死したことも手伝って、労働界での左派の勢力はしだいに後退したが、それを決定的にするために、11月以降、労働戦線の改組が準備された。

ヒトラーは、11月12日の総選挙と国民投票でナチスが圧勝したあと、労働戦線の労働者・職員別という組合形式の組織が反対派の拠点となるのを排除するため、その組織変更をライに指示した。この方針は、労働戦線ないし経営細胞の介入によって労働行政を妨害されてきた労働省や、その介入に悩む経済界と密接な経済省の歓迎するところとなった。そこで11月27日、労働戦線指導者ライ、労相ゼルテ（F. Seldte）、経済相シュミット（K. Schmitt）の3者共同声明が出され、労働戦線を組合的組織原理に基づく諸団体の上部機関とするのを改めて、指導者原理に基づいて直接に個々の成員を把握する組織に改変する方針を打ち出した。それは、労働戦線から組合的性格を完全に抹殺することを意味したが、それによる反撥を緩和し統制するため、その下部機関としてレクリエーション担当の歓喜力行団（KdF : Kraft durch Freude. 当初の名称は NdA : Nach der Arbeit）が設けられた。それと同時にライは指令を出し、労働戦線の労働者ないし職員団体への新規加入を停止させ、その枠外での労働者・職員・企業家等の個人加入を促進させることとした。そしてこれら団体の解体は、翌34年1月20日の国民労働秩序法、これを受けた同月25日の労働戦線改組令によって具体化することとなった。

前者の国民労働秩序法は、ナチス労働体制の根幹を規定した重要な法律であった。それは、社会的対立を前提とした左派の職分団構想を否定して、右派の国民主義にそった国民共同体論、その一環としての経営共同体論に基づいて、指導者原理によって労資関係を規定しようとするものであった。すなわち、経営内において企業者は指導者として、労働者・職員は従属者として、ともに経営目的の促進と国民・国家の共同利益のために働くことを要求され

た。そして指導者はすべての経営事項に決定権をもちつつ，従属者の福祉にも配慮し，後者は前者に忠誠を保つことが期待され，階級対立などの存在は否定された。したがって，この経営共同体の秩序を乱す者は，新設の社会的名誉裁判所（soziale Ehrengerichtbarkeit）によって処罰され排除されることとなった。そして指導者と従属者との相互信頼を深め労働平和を保つために，従来の経営協議会に代わって信任会議（Vertrauensrat）が設けられたが，これは交渉機関ではなく指導者の諮問機関であるから，労働条件についても協議はするものの，指導者の決定にたいしては，多数決によって労働管理官に提訴できるにすぎなかった。ちなみにこの信任委員は，経営指導者が経営細胞代表者の同意を得て労働戦線員のなかから候補者のリストを作成し，これにたいする従業員の信任投票によって選出されることとしたが，それが首尾よくゆかない場合の委員の指名や不適当な委員の罷免，総じて信任会議の構成や運営にたいする監視は，すべて労働管理官の権限事項とされた。そして賃銀その他の労働条件は，もはや労資の団体交渉によることなく，労働管理官が地域ごとに各業種の最低基準を決定し，その実施状況をも監視し，各経営ではそれを踏まえて指導者が上から決定することとされたのである。

　これをヴァイマル期の労働体制と較べれば，資本の支配力は格段に強化され，労働側からの制約はほぼ完全に解除された。そして当面の場合，それは労働戦線ないし経営細胞の無力化を意味した。同法の規定では，それらの組織は信任委員の選出などに関与しうるだけであったが，これでさえ，労働管理官が委員を差し替えたり信任会議の運営を監視したりしうるから，実質的な意味はもちえなかった。その点で興味あるのは，この法律が，主管官庁である労働省よりもむしろ経済界と密着した経済省の主導のもとに，前年12月に大急ぎで準備され，34年1月12日の閣議でも，労相ではなく経済相が趣旨説明を行ない，他の閣僚から拙速の疑義が出されたのを振り切って1月20日に法律として公布されたことである[38]。この事実は，前年夏以降の事態の推移と同様に，ヒトラー政権が資本の意を迎えるために，反資本の要求をつづけるナチス左派の排除をいかに急いでいたかを如実に示すものといえよう。

　この方向にそって，1月25日，ライは労働戦線の改組指令を発し，労働

者・職員等の社会階層別の団体の解散を命じ，これ以後は，労働者・職員を企業家などとともに階層区分をつけずに経営単位で丸抱えに組織することとした。それとならんで労働戦線の機構も変更され，従来の地域的編成のほかに，新たに18の産業部門別編成がとられ，これは頂点において全国経営共同体（RBG：Reichsbetriebsgemeinschaft）に結集されることとなった。ちなみにこの部門別編成は経済団体のそれと同一であり，建前としては，後者が経済問題を，前者が労働問題を担当するという分業が予定されたが，実際には同一の対象をめぐって両者間に権限争いが生じることは避けられなかった。

だが，この労働戦線の改組は，内部の強い抵抗にあって難航した。とくに労働者層にたいして特権意識をもつ職員層が，丸抱えの組織化に反対したために，当初の方針に反して職員団体はさしあたり職員団（Deutsche Angestelltenschaft）として残されざるをえなかった。そしてこれは，翌35年初頭に解体されて職業教育団体に格下げされ，10月に一般の同種団体と同列化することによって決着をみた。だが，こうした動きは，職員層の経済的利益の反映というよりは，むしろ職員団体に拠点をもった古参の経営細胞員たちの，社会主義路線を否定されたことにたいする政治的抗議行動であった。後年ライは，34年4月から年末までが決定的な難局であったと述懐したが[39]，その期間に左派の締めつけが強行された。すなわち，同年6月から経営細胞は独自の資金集めを禁止され，同月末のレーム事件によって反対派が大量に粛清されるなかでシュトラッサー兄も虐殺され，8～9月にはムーホウ派が労働戦線の役職から追放され，翌35年5月には経営細胞の地方機関が廃止されるにいたった。

その間，34年10月24日には「労働戦線の本質と目標にかんするヒトラー命令」が出されて，労働戦線は党の組織に切り替えられた。だがそれ以上に重要なのは，その第7条で，労働平和を確保するために労資の利害を調整することが，労働戦線の任務に含められたことである。国民労働秩序法によれば，労資の利害調整は労働管理官の権限に属したが，ライはこの分野に進出することによって労働戦線の，ひいては彼自身の権限拡大を狙い，政府に無断でこの原案を作成し，ヒトラーに党命令として署名させたというのが真相であ

る⁴⁰⁾。そのためこの規定は，法的にも疑義があるとして閣内でも党内でも反論を招いたが，ライはその規定を拠りどころにして，のちに労働行政への介入を試みることとなった。なお35年3月には，ライと労相と経済相の3者によるライプツィヒ協定によって，経済団体が労働戦線に団体加入することとなった。これは，労働戦線が左派の追放によって無害化したために，当初の構想にそってとられた措置であった。労働戦線は，一見これによって権限を拡大したかにみえたが，実際には経済団体に介入することができず，むしろ両者の権限争いを清算するために，38年に労働戦線側の全国経営共同体の組織が廃止させられる結果となった。同様に，農業組織としての食糧団などもやがて団体加入したが，これも実質的な意味はもたなかった。

　最後に労働戦線の規模をみておこう。その構成員数は，33年末に労働者・職員の両団体員が910万人，個人加入者が350万人で，合計1260万人であったといわれるが⁴¹⁾，その後の改組でこれらはすべて個人加入者に切り替えられ，その数は34年4月にはなお1400万人にとどまっていたのが，翌年4月には2100万人に増加して，労働者・職員のほぼ全部をカヴァーし，39年秋の開戦時には2200万人を数えた⁴²⁾。これら構成員は，建前としては自発的に参加したはずであるが，実際には不参加者が各種の不利益を受けることから，参加を強制されたのである。そうした従業員の体制にたいする不満は，たとえば信任委員の選挙にも表明され，34年5月の選挙では棄権が6割にも上り，投票中にも反対票が少なくなかった。そして翌35年の選挙では，公式発表では投票率90％，賛成票84％とされたが，実際には反対が多く，このため信任委員の選挙は翌年から年々延期され，38年には廃止されるにいたった⁴³⁾。労働戦線は，傘下の歓喜力行団のレクリエーション事業をつうじてのみ，従業員の関心を惹くにすぎないというのが実情であった。そこで次項では，このようなナチス労働体制の形成と並行して，いかなる労働政策が展開されたかをみることとしよう。

ナチス労働政策の展開

第一次4ヵ年計画期　ヒトラーが政権についた33年1月末に，失業者は職安

に登録された顕在失業者だけでも600万人に達し、失業率は30％を上回った（それ以外の潜在失業者は100万人とも150万人ともいわれる）。もっともそれは冬季の自然増を含み、季節調整後の失業者は当時500万人余であって、前年7月の600万人をピークにして、すでに漸減傾向にあった[44]。前年夏にパーペン内閣のもとで賠償問題が正式に解決され、景気刺激政策も曲りなりに採用されて以降、ドイツの景気は回復過程に入り、その意味では有利な時期にヒトラー政権は発足したわけである。とはいえ、異常な高失業がつづいたことに変わりはなく、しかもナチスにとって労働者層は、職員層と異なって支持の得にくい階層であったから、その不満を鎮静し体制を安定させるためにも、失業問題の解決は急務であった。そこでヒトラーは2月1日、国民に訴えるラジオ放送で、農業の窮状とならんで失業を4年以内に克服することを公約した。もっとも当面は反対勢力の弾圧、授権法による独裁体制の樹立といった内政問題に忙殺されたが、6月1日の失業減少法以降、本格的な失業対策に取り組むこととなった[45]。

この失業減少法は種々の施策を打ち出した。その重点は、公共団体や民間の経済活動を促進することによる労働力需要の拡大にあったが、他方では失業の顕在化を阻止するため、労働市場への労働力供給の制限をもはかった。この後者について同法は、女子を労働市場から締め出して家庭に戻すため、家政婦の雇い主に所得税の減税を認めることによってその雇用を促したほか、結婚後の妻の退職を条件とした結婚資金の無利子貸付制度を創設した。この制度はナチスの人口政策の見地からも正当化されたが、直接には労働市場の過密対策であり、したがってのちに労働力が不足に転ずると、その退職規定も廃止されて、女子の就業継続が逆に勧奨されたのである。同様のことは、青年を対象とした勤労奉仕の助成でもみられた。これは、失業した青年の堕落を防ぐため、自発的参加者に失業保険財政から食住のほか小遣銭を与えて、開墾・植林・治水等の公共事業に集団で一定期間従事させる制度であり、31年夏に発足し、翌年夏からは国の資金も投入されて大規模化したが、ナチス治下でその動員数は20万～30万人に増大した。そしてこれも当初は労働市場対策として重視されたが、やがてその軍事教練的側面が重視され、35年6月

表 4-3 失業と雇用の動向（1933〜34年）　　　　（単位：千人）

月	月末人員			対前年同期比の増減（△）		
	失業	（季節調節後）	恒常的雇用	臨時的雇用	失業	恒常的雇用	臨時的雇用

月	失業	(季節調節後)	恒常的雇用	臨時的雇用	失業	恒常的雇用	臨時的雇用
1933年3月	5,599	(5,148)	12,100	360	△ 435	150	260
6月	4,857	(5,113)	13,100	530	△ 619	370	350
9月	3,849	(4,277)	13,530	690	△1,254	790	320
12月	4,059	(3,758)	12,860	710	△1,714	930	350
1934年3月	2,798	(2,591)	13,920	1,050	△2,801	1,820	690
6月	2,481	(2,612)	15,010	800	△2,376	1,910	270
9月	2,282	(2,536)	15,260	640	△1,567	1,730	△ 50
12月	2,605	(2,412)	14,540	620	△1,454	1,680	△ 90

（注）　臨時的雇用とは，緊急失対事業・農村救援・勤労奉仕の従事者。
（資料）　*Konjunkturstatistisches Handbuch 1936*, S. 12, 16. 季節調整後の失業数は Bry, *op. cit.*, p. 401.

の法律によって，18〜25歳の青年のうち毎年20万人に6ヵ月間の勤労奉仕が義務づけられることとなったのである[46]。

　他方，積極的な労働力需要拡大策としては，前内閣までに策定された公共事業等が継承されたほか，失業減少法では，地方公共団体や民間による道路・建物・住宅等の建設を促進するため，10億マルクの補助金ないし融資が準備された。なお9月下旬の第二次法では，建物・住宅の改修工事も助成の対象となり，さらに5億マルクが補助金として上積みされた。それらとは別に国鉄・郵政の設備投資も拡大されたが，6月末には総額35億マルクの予定で大規模な自動車道路の建設も承認された。これは当然モータリゼーションを促進したが，その自動車工業では33年春の自動車税の減免措置も手伝って，生産と雇用が一般の産業に先がけて早期に回復・拡大をみたのである。そして地方公共団体は，上記の国の補助金と失業保険の資金を主要な財源として緊急失業対策事業（Notstandsarbeit）を拡大し，そこでは可能なかぎり機械を使わずに失業者を雇い入れる方針がとられたから，その雇用量は33年中に9万人弱から60万人に増大し（年間平均で26.5万人），翌年3月には63万人のピークを記録した[47]。そのほか農業経営主にたいする補助金の支給によって農業での追加雇用（農村救援者〔Landhelfer〕）も拡大された。

　これら一連の措置によって失業は33年中頃から急速に減少しはじめた。失

業ないし雇用は季節変動が大きいので，その影響を消すため対前年同期比の増減を示せば，表4-3のごとくである。これによれば，失業者の年間減少数は33年前半にはなお数十万人程度であったのが，失業減少法の施行以後は100万ないし200万人台に増大し，失業者数は34年前半までにすでに半減した。しかもそれを吸収した雇用先をみると，当初は緊急失対事業・農村救援・勤労奉仕といった臨時的雇用が多かったのにたいして，やがて通常の労資関係による恒常的雇用が上回り，前者が34年3月をピークに減少に転じたこともあって，後者のシェアがますます高まった。このことは，ナチスの施策によって民間経済の景気回復が大幅に助長されたことを物語る。もっとも34年春以降，第1節で述べたように外貨危機が顕在化し，しかも政策の重点が労働集約的な公共事業から資本集約的な軍備拡大に移行したため，失業の減少や雇用の拡大はテンポを低めたが，それでもその着実な進展によって失業者は36年秋までに100万人に減少した（図4-2参照）。この失業者は20年代後半の好況期の水準を下回ったから，ナチスは景気回復をつうじて公約どおり失業問題を解決し，完全雇用をほぼ達成したわけである[48]。

　むろんその間に事態が一様に円滑に進行したわけではなく，地域的・業種的に種々の問題をはらんでいた。たとえば農村地帯では失業率がもともと低かったうえ，農村保護政策によって農業経営が好転したため，むしろ農業労働力の不足が早期に現出したのにたいして，大都市では高失業が持続した。そのため34年5月の労働配置規正法では，高失業地域への外部からの流入による就業が労働局（職安）の許可を要件とされ，その流入阻止がはかられた。この措置は，さしあたり50万人の失業者を抱えるベルリンにのみ適用され，その効果をみて8月末にハンブルクとブレーメンの両市に，翌年3月にはドイツに復帰したザール地方にも適用されたが，いずれも36年2月には規制が解除された。なお同法では，過去3年間に農業に従事した者の農外就業にも労働局の許可が必要とされたが，翌35年2月の農業労働力需要充足法では，その不足対策として，農業外に雇用されている元農業従事者に帰農を命ずる権限が労働局に付与された。他方，工業の内部でも，外貨危機や軍備拡大のため，輸入原料不足に苦しむ繊維産業を中心に一般に消費財部門では生産拡

図 4-3　労働経済指標（1933～39年）

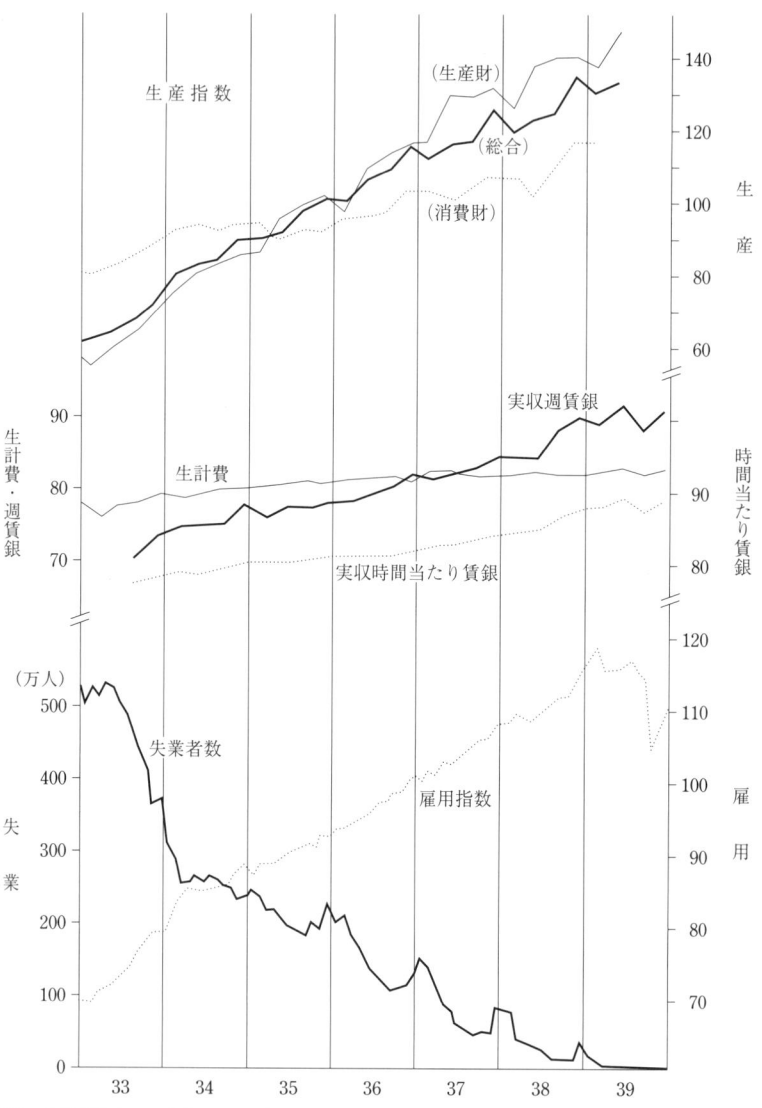

(注)　失業者数（Bry の指数によって季節調整ずみ）以外は，すべて28年＝100の指数。雇用は，労働者・職員の健康保険強制加入者数を基礎とし，恒常的雇用を示す。

(資料)　*St. Jb. D. R. 1939-40*, S. 339-340（生計費），374（雇用），389（失業者数）。生産指数は，Institut für Konjunkturforschung, *Statistik des In- und Auslands* の各号。賃銀は後出の表 4-4 参照。

大のテンポが落ち（図4-3の生産指数参照），失業者が大量に残ったのにたいして，軍需と密接な金属産業などでは熟練工がはやくも不足しはじめ，有利な労働条件を求めてその職場移動も増加した。そこで34年12月には，それを制限するため，地域間移動には以前の就業地の労働局の許可を必要とさせる措置も講じられた。そして翌35年2月には労働手帳の制度が導入され，雇い主はその保有者だけを採用し，かつ雇用期間中はそれを預かることによって，労働力の配分ないし職場移動が規制されることとなり，同年6月から翌年秋までかけて，2200万の労働者・職員の全員に労働手帳が交付された。このように失業の減少につれて一部でははやくも労働力不足が生じたが，つぎにみるように，この不足は36年以降さらに強まることとなった。

ところで，その間の就業者の労働条件にふれておけば，労働省は33年4月6日の訓令によって，労働界の新秩序が確定するまで，現行の労働協約を変更せず維持することを命じた。そしてこのあと，前項でみたように組合が廃止され，労働条件は労働管理官の定める基準を最低条件として経営者が上から決定することとなったが，労働管理官は政府の方針にそって，恐慌期に低下した協約賃銀を最低賃銀として，その後40年代初頭までほぼ不変のまま据え置いた。しかも経営者の一部には，とくに初期には，組合の消滅や失業の圧力を利用して，この最低基準をすら割る賃銀を支払い，従業員の反撥や労働管理官の取締りを受ける者もみられた[49]。むろんそれは局部的現象にすぎなかったが，高失業下では経営者の定める実際の時間当たり賃銀も当然低位に抑えられ，図4-3にみるように28年当時の80%前後の水準にとどまった。もっとも生計費もそれに近い水準まで下がっていたから，実質では28年水準をやや割る程度であった。他方，労働時間は景気の回復につれてしだいに正常に戻り，33〜36年に全工業の年平均で7.16時間から7.59時間に伸びた（軍需景気に浴した投資財部門では6.93から7.97に，逆に好況にあまり浴さない消費財部門では7.15から7.37に）。そのため実収の週賃銀は，33年秋から36年秋までの期間に，28年水準の70%から80%に15%増加し，実質では28年水準にほぼ復帰した（後出の表4-4参照）。つまり，賃銀単価は固定されながら，労働時間が伸びることで労働者の所得は増大したのである。ナチスが労働者

の基本的権利を抹殺しながらも激しい抵抗にあわずに体制を維持できたのは，たんに弾圧によるだけではなくて，景気回復を進めるなかで失業問題を解決し，労働者の所得を増加させることに成功したからでもあった。そして36年秋以降，ナチスの労働政策は逆に労働力不足への対策を中心課題とすることになるのであった。

第二次4ヵ年計画期 第1節で述べたように，ヒトラーは36年9月の党大会で第二次4ヵ年計画の実施を宣言し，軍備拡大にさらに拍車をかけた。当時ドイツ経済はすでに完全雇用に近づき，外貨危機も再燃していたから，経済の安定をはかるためには軍備拡大の停止ないし抑制が必要であった。事実，経済の独裁者といわれたシャハトらは，経済界の利害を代弁してそれを強く要求した。しかしヒトラーはその要求を容れず，逆に4年以内に経済的にも軍事的にも戦争準備を完了するため，軍需生産のいっそうの拡大，とくに輸入原材料に代わる代替品工業の建設・拡大を命じた。それは当然に労働力不足を激化し，賃銀・物価の上昇を招くが，この上昇は国防費の負担を増大させるだけでなく，輸出難をつうじて外貨事情をさらに悪化させる。そこでその対策として，物価については36年11月に全国的な価格停止令を公布し，新設の価格形成官に監視させることとしたが，労働力についても労働配置(Arbeitseinsatz)政策を強化して，国策事業への労働力確保と賃銀の抑制を試みることとなった[50]。

その試みとして，はやくも36年10月6日付で第二次労働配置規制法案が労働省と経済省の協議によって作成された[51]。ここで興味あるのは，その提案理由に述べられた労働市場の現状認識である。それによると，好況の結果，建設業・建材工業・金属産業では専門工（Facharbeiter. 熟練工のほか一部に半熟練工をも含む）のかなりの不足がすでに生じ，これは軍需生産の拡大や兵役年限の延長によって今後さらに激化する情勢にある。そのためすでに経済的・社会的に種々の弊害が生じており，企業とくに官公需受注企業は所要の労働力を調達するため，「過度の高賃銀」を武器にして他の企業から専門工を引き抜き，それによるコスト増を納入価格に転嫁しようとしている。この専門工の引抜きによる賃上げは，価格競争の激しい輸出産業を苦境に陥れ

るだけでなく，社会的には労働者の「経営帰属と労働モラル」にも悪影響を及ぼしている。「多くの場合，契約違反で職場を辞めてしまうか，あるいは規律に反する態度や不十分な労働能率によって解雇されることを要求する。有利な労働者範疇のストライキの試み（いっそうの賃上げ達成のための）も，残念ながらもはや例外的現象ではない。」そのほか，労働力不足に悩む農業からも，建設業などの高給業種への労働力流出は促進されるし，原料不足などのため好況に浴さない業種の労働者の不満は増大している。こうした現状のままでは新4ヵ年計画の達成も不可能であるとして，専門工対策の強化が結論されるのである。

ちなみに当時なお約100万の失業者がいたが，不足しているのが特定分野の専門工であるため，失業者からの充足には狭い限界があった。長い恐慌期間中に専門工の養成が大幅に減少し，またその一部が失業して他の業種に転職したことが，その不足を招いたのであるから，その対策としては，後者の復職を促すほか，新規養成の拡大が必要であった。そして当面は，限られた数の専門工を国策上重要な部面に重点的に配置し，高賃銀によるその勝手な引抜きを抑制する以外になかった。なお，のちの施策との関連で注目されるのは，この提案理由では，引抜き防止のために最高賃銀を設定することに反対していることである。反対の論拠としては，それが国民労働秩序法の精神に反するということのほか，かりにそれを実施すれば最高賃銀が実は最低賃銀になってしまい，個々人にたいする能率手当支給の余地がなくなること，さらに企業が種々の抜け道によって追加支給を行なうのは阻止できず，事態をさらに悪化させるだけであること，があげられていた。したがって，直接的な賃銀統制は避けた形で，金属産業と建設業について専門工の採用を規制することを内容として，法案がまとめられたのである。

しかし，この第二次労働配置規制法案はそのまま法律としては公布されなかった。ヒトラーがこの規制を，法律の形でではなく行政的に行なうことを命じたため，同法案は七つの行政命令に分解され，うち六つは11月7日に，一つは12月22日に公布された。この形式変更の理由は必ずしも明らかでないが，当初の法案に比して命令では多くの点で規制に限定が加えられているか

ら，労働力統制の印象を少しでも弱めることが一つの理由であったと思われる。

それら7命令の内容をみると[52]，重要なのは第2と第4であった。第2命令は，金属産業（鉄鋼・非鉄金属・各種機械・電機等の業種の総称）における専門工（ここでは職員をも含む）の新規採用について，当該経営の就業者数がそれによって各四半期の期首より10人以上増加する場合には，地元の労働局の許可を必要とし，この許可は，その経営の国策上の重要度と専門工の需給を考慮して与えられることとした。ちなみに当初法案では，各四半期10人以上という限定はなく，新規採用は一律に許可制とされていたが，それをやや緩和しながら，新規採用の規制をつうじて国策に反する専門工の移動ないし引抜きを抑制しようとしたのである。

また第4命令は，一定規模以上の建設工事にたいして，事前に所要の専門工の人数と建設資材の数量・価額を地元の労働局に届け出ることを義務づけた。ここでは許可制でなくたんなる届出制がとられ，また直接の雇用規制も欠けているが，当時すでに建設資材が不足し，上記の届出に基づいて資材割当が行なわれたから，これをつうじて個々の建設工事を，したがってまた雇用をも許可制の場合と同様に規制できたのである。ちなみにこの分野でも当初法案は，建設工事を規模の大小にかかわりなくすべて許可制とし，しかも着工後でも国策上の理由から工事を制限または停止しうるとしていたが，そうした統制色は大幅に薄められた。

そのほかでは，第1命令が，金属産業と建設業の企業に専門工の養成を義務づけ，第3命令が，それら専門工のうち他業種で異種の職務に従事する者の，本業種への復帰促進を規定した。なお第5命令は趣を異にし，失業が容易に減少しない中高年職員の採用を企業に命じた。そして第6命令は，金属・建設の両業種での専門工の引抜きや賃上げを抑制するため，求人広告の取締りを規定した。また12月の第7命令は，両業種に煉瓦工業と農業を加えた分野で，労働契約期間中の違法な退職・移動を抑制するため，その場合には解約予約期間の満了まで，雇用の要件とされる労働手帳を本人に返還しないことを定め，月末には労働管理官に訓令を発して，解約予告期間を最低4

週間以上に延長させるよう指導することとなった。

このように新4ヵ年計画実施のための労働力対策は，36年末までに一応の形を整えた。それは全面的な労働力統制ではなく，同計画実施に最も関連のある金属産業と建設業だけを，しかもその専門工だけを対象とし，かつまた直接的な賃銀統制などは避けて，新規雇用を直接間接に規制することによって，国策にそった労働配置を実現しようとした。そのうえ法制化の段階では，当初の構想に比して統制色はかなり弱められた。そこには，労働者の反撥を避けようとする体制側の配慮がうかがえるが，しかし4ヵ年計画の強行によって労働力不足が激化するにつれて，その対策は不備を露呈し，その規制強化が不可避となった。

たとえば金属産業では，さきの第2命令がはやくも37年2月11日の命令によって改正され，専門工の移動ないし引抜きを抑えるため，その新規採用にはすべて最終就業地の労働局の許可が必要となった[53]。金属産業ではなく金属専門工を対象としたこの改正によって，彼らの他の業種での就業にまで規制が拡大した。だがヨリ重要なのは，旧命令では各四半期に純増10人以上でなければ規制が働かなかったが，引抜き合戦が活潑化すれば，そのわずかな限度内でもヨリ多くの職場移動が生じ，そのつど賃上げも生じるから，純増数と無関係の一律許可制は規制力の大幅な強化を意味したことである。ちなみに彼らの地域間移動は既述の34年12月の規制によって従来も制限されてきたが，いまや同一労働局管区内の移動も制限されることとなった。その意味でこの改正は，一見瑣末にみえながら，彼らの自由な職場移動を大幅に制限する重要な改正であった。それだけに当局は労働者の反撥を恐れ，それが自由移動の全面的禁止ではないとして，個々のケースごとに慎重な判断によって許可・不許可を決するよう指導したのである。

同様に建設業でも規制が強化された。第二次4ヵ年計画の重点項目をなす工場建設は，人造石油でも貧鉱開発でも中部ドイツを舞台とし，その建設工事や操業開始が周辺の企業や農業に有害な労働力流出と賃銀上昇をもたらしたから，これを規制するため，37年4月に同地方の化学工業と建設業について特別の労働配置令が出された[54]。また全国的には，建設工事の増大によ

表4-4 実収賃銀指数（1933～39年）
（1928年＝100）

年　月	時間当り賃金		週　賃　銀	
	名目	（実質）	名目	（実質）
1933. 9	77.1	(98.7)	70.5	(90.3)
12	77.9	(98.0)	73.5	(92.5)
1934. 3	78.4	(99.2)	74.7	(94.6)
6	78.4	(98.7)	75.0	(94.5)
9	79.0	(98.6)	75.0	(93.6)
12	79.8	(99.0)	77.5	(96.2)
1935. 3	79.9	(99.1)	76.4	(94.8)
6	79.9	(98.5)	77.3	(95.3)
9	79.9	(98.3)	77.8	(95.7)
12	80.5	(99.0)	78.3	(96.3)
1936. 3	80.8	(98.7)	78.3	(95.6)
6	81.1	(98.8)	79.9	(97.3)
9	81.5	(99.4)	80.8	(98.5)
12	81.9	(100.0)	82.2	(100.4)
1937. 3	82.4	(100.0)	82.0	(99.5)
6	82.5	(98.9)	82.6	(100.0)
9	83.3	(101.0)	83.3	(101.0)
12	84.0	(102.1)	84.7	(102.9)
1938. 3	84.3	(101.9)	84.5	(102.2)
6	84.9	(102.2)	84.8	(102.0)
9	86.7	(105.1)	88.9	(107.8)
12	87.7	(106.2)	90.3	(109.3)
1939. 3	88.0	(105.9)	89.2	(107.3)
6	89.3	(107.1)	92.0	(110.3)
上昇率	％	％	％	％
33.9～36.9	5.7	(0.7)	14.6	(9.1)
36.6～39.6	10.1	(8.4)	15.1	(13.4)

（注）　実質賃銀は名目賃銀を生計費指数で割った商。原表は36年基準であるが，*Wirtschaft und Statistik,* 1938, S. 159 によって28年基準に換算。

（資料）　Bry, *op. cit.,* p. 241.

って左官・大工の不足がとくに激化したため，同年10月の命令によって，従来の建設工事届出制とは別に，さしあたり両職種の新規採用には金属専門工なみに労働局の許可を必要とさせた[55]。だが事態はその後さらに逼迫し，38年5月末の命令では，その規制が上記の両職種に限らず建設業の全職種にまで拡大することとなった[56]。

それだけではなかった。登録失業者数は，36年秋の100万余が1年後には50万に，さらに翌年秋には20万以下に減少した。そのため労働力不足は，もはや特定業種の専門工だけに限らず，不熟練工まで含めた労働者一般にまで拡がり，その不足数は38年に100万にも上ったといわれる。それに対処するため政府は，輸入原料の不足のため不完全就業がつづく繊維産業等の業種について，37年9月に失業手当の支給を停止して転職を促した。また女子労働力を動員するため，同年末には結婚資金貸付制度の退職条項を廃止して，逆に就業の継続を勧め，翌38年2月からは農業その他での一定期間の勤労奉仕を女子にも課した。そして翌3月以降，新規学卒者にたいして登録制や就職指導も開始されることとなった。

こうした労働力不足の激化は，不可避的に賃銀の上昇を加速した。実収賃銀の動向は表4-4のごとくであり，これによれば，36年中頃までにそれは名

目で28年水準の約 8 割，実質ではほぼ同額に復帰したが，その後とくに38年中頃から上昇テンポを早め，39年中頃までに名目で28年水準の約 9 割に上昇し，実質では旧水準を 1 割内外上回った。その間の上昇率をみると，36年 9 月までの前期 3 年間には，時間当たり賃銀は名目で 6 ％弱上昇したものの，実質では 1 ％以下の上昇にとどまり，主として労働時間の回復によって週賃銀が名目で15％，実質で 9 ％の増加をみた。これにたいして39年 6 月までの後期 3 年間には，製品単位当たりの労働コストを規定する時間当たり賃銀が名目で10％，実質でも 8 ％余の上昇をみ，他方で労働時間延長の余地は小さくなっていたから，前者を主因として週賃銀は名目で15％，実質でも13％余の上昇をみたのである。ちなみにこの後期の賃銀上昇はもっと大幅であって，同統計は建設業の賃銀を過小に推計しているほか，後期の賃上げの主要形態である各種手当を除外しているため，実態を過小に表示しているという批判もある[57]。

　企業は当時，政府による各種の規制にもかかわらず，他の企業から労働者を引き抜くために，そして自己の労働者を他に引き抜かれないために，労働側の要求に応じて賃銀その他の労働条件を改善せざるをえなかった。急激な開発のため労働力不足がとくに顕著であった中部ドイツのザクセン地方の実情について，38年 4 月の同地方長官の経済報告はつぎのように述べている[58]。企業間での労働者の引抜き合戦のため賃銀が上昇し，「〔本来の〕賃銀率にそった支払いでは，実際に労働者をもはや仕事につかせることはできない。能率手当や勤勉手当は，もはや『能率』や『勤勉』とは概念的になんの関係もなく，たんに賃銀引上げを表わすだけであるが，それが一部では賃銀率を100％も上回る支払いを生んでいる。」それによって低賃銀部面から高賃銀部面への労働者の移動が激化し，「この状態は労働者に〔自分たちが〕必要不可欠だという感情を抱かせ，これがまた一方では過高な賃銀その他の要求となって表われ，他方では労働者モラルを弛緩させる。」たとえば前年比で15～30％に上る「能率低下」も稀ではなく，「飲酒」による「喧嘩や無規律」，不注意による「労働災害」などが増加し，さらにヨリ有利な職場に移るため，現在の雇い主にたいして故意に「無礼」な態度をとって解雇されるのを待つ

者さえ出るほどである，と。

　こうした労働条件の改善要求には，注目すべきことに労働戦線も推進的役割を演じていた。労働戦線は本来，イデオロギー教育によって従業員を体制側に取り込むためのナチス大衆組織であって，組合とは異質の存在であった。しかしそれも，従業員の関心を惹くためには，彼らの物質的要求をある程度まで代弁し実現する以外になく，疑似組合的活動を展開せざるをえなかったのである。その傾向は，完全雇用に近づいた36年以降とくに強まり，労働戦線は，企業代表も参加する労働者委員会その他の場をつうじて，各経営の労働条件を規定した就業規則の改訂を迫った。ちなみに労働戦線は36年に経営業績闘争（Leistungskampf）を発足させ，労働条件の良い経営を表彰したが，それも，この経営の労働力調達を有利にすることで，逆に自余の経営に労働条件の改善を強いる効果をもった。そのため経済相のシャハトはその闘争に反対したし，労働省・労働管理官も統一的労働政策が妨害されるとして不満を抱き，ともに労働戦線の活動を封じ込もうと試みた。

　その間の事情は，37年4月末に4ヵ年計画庁の労働配置部担当者と経済相とがそれぞれ価格形成官にあてた文書に示されている[59]。前者の文書は，労働管理官が最低賃銀率の引上げを拒否しているのに，労働戦線の要求によって，各経営では賃銀率以外の諸手当の改善によって賃上げが一般化していることを問題にした。「労働戦線によって経営指導者たちは，目下あいついで各経営の賃銀率以外の規律を検討し改善することをやらされている。……この検討の結果は……原則として賃銀や休暇条件やその他の貨幣価値をもつ給付の改善をもたらすことになる。」しかもそれは当該経営だけにとどまらず，「かかる改善は疾風のごとく普及し，同一業種の経営は，従属者内部の不穏を除き，優良労働力の流出を避けるために，余儀なくそれに同調せざるをえない。」「ここでは残念ながら企業家の自己規律には期待できない。」したがって，「国家の統制や影響力を回避し，窮極的には国家の賃銀政策と交錯する，この直接間接の賃銀引上げにたいして，価格面から決定的に対抗し，それによってもたらされる価格引上げをすべて最大の峻厳さをもって抑制すること」を価格形成官に求めたのである。同様に経済相の文書案も，「賃銀

および労働条件の不断の改善によって，賃銀率を30％ないし40％上回る賃銀引上げが記録された」として，それによる輸出産業の打撃を強調した。そして「労働戦線も，その経営ごとの賃銀率以外の労働条件の改善のための，したがってまた賃銀引上げのための，企業者にたいする持続的な介入を控えることが必要である」として，価格形成官から労働戦線に警告を発するよう求めたのである。

これを受けて価格形成官は，37年5月，賃上げを理由とする価格引上げを認めない旨の通達を出したが，それも効果はなかった。労働力不足の激化を背景に，労働戦線は活動をさらに活潑化し，経営内の紛争調停にまで乗り出して，国民労働秩序法に定められた労働管理官の権限を侵害した。しかも37年末にライは，労働戦線の権限を大幅に強化することを狙った四つの法案を作成して，翌年2月にそれを全閣僚に送付した[60]。その内容は，労働戦線を商工業だけでなく全産業の就業者の強制組織に改めて，ヒトラー直属の組織に格上げするほか，労働政策の面では労働省・労働管理官と同等ないし優位の地位に置き，資本の経済組織にたいする影響力をも強化し，さらに当面重要な職業教育でも主導権を握ろうとするものであった。ライのこの権限拡大案にたいしては，政府・党の両次元で猛烈な巻き返し運動が生じた。労働政策についていえば，ライの主張は34年10月のヒトラーの労働戦線令を論拠としたが，これは既述のように同年1月の国民労働秩序法に矛盾し，法的根拠も薄弱であった。そこで労働省は後者の法律を論拠にして，ライの主張が同法に違反し，統一的労働政策を不可能にするとして反論し，労働戦線を国の労働行政に協力するイデオロギー教育機関に押しとどめることを要求した。同様の主張は経済団体も展開した。

反対派の結集によってライの野望は実現せず，逆に経済団体（経済会議所）に対抗した労働戦線側の組織（労働会議所）が廃止される羽目に陥った。また労働戦線の賃上げ攻勢を封ずる意味もあって，38年6月25日の賃銀形成法では，従来の最低賃銀率とは別に最高賃銀率をも設定する権限が，労働管理官に付与された。ちなみに36年10月の労働配置規制法案では，既述のように労働省と経済省とは最高賃銀の設定を有害無益だとして，それに反対したが，

いまや極度の労働力不足のためその導入に踏み切った。しかし，かつて予想したように，それも企業による抜け道のため十分な効果をもちえなかった。その直後の38年第3四半期の労働管理官報告は，「賃金形成令によって阻止された賃金引上げを，他の方法によって達成しようとする試みが数多い」と述べ，「見せかけの出来高制や全然働いていない労働時間の記帳」などのほか，「その他の，一部はきわめて独特な特別給付」として，企業の負担による無料の歯科治療，車での送り迎え，驚くほど多額の扶養家族手当，クリスマス賞与の大幅増額などの例をあげていた[61]。そのほか賃金格付けの引上げや，社会保険料ないし税金の企業による支払い等も，賃上げのための主要な抜け道であった[62]。景気の過熱がつづく以上，賃上げは法的規制によって緩和されても阻止はされなかったのである。

ところで，労働力不足の対策として労働時間の延長も試みられた。従来は34年7月の労働時間令によって，8時間労働を原則とし，最長限度を10時間と定めていたが，38年4月末の改正によって，工場監督官の許可があれば10時間を超える延長も可能となった。38年第3四半期の労働管理官報告によれば，週58〜65時間も「すでにほとんど例外的現象ではない」までになったが，それは超勤忌避，能率低下，病人続出などのため，労働力不足対策としては狭い限界をもった[63]。

さらに38年5月末，国際情勢の緊迫化にともなってヒトラーは急遽，フランス国境沿いに西部要塞の建設を命じた。これは大量の労働力を緊急に必要とし，通常の方法では調達できなかったから，翌6月22日に徴用令が公布され，国民は一定期間，職安の指定する場所で労働する（または職業教育を受ける）ことを義務づけられた。具体的には，職安が企業等に徴用工を割り当てることによって，短期間に労働者35万人と軍隊・勤労奉仕の10万人が，この建設事業に動員された。そしてこれが，特殊目的のための限られた期間の徴用であったのにたいして，翌39年2月13日の命令では，国策事業一般のための無期限の徴用に拡大し，同時に従業員の採用だけでなく退職にも許可制がとられることとなった。これによって，4ヵ年計画の新設・拡大工場には，既存企業の労働者が一括して徴用工として投入されたのである。なお徴用規

模の拡大にともなって，同年4月以降，自営業者やその家族従業者にも労働手帳が交付され，その動員が準備された。このように平時にすでに徴用制度を必要とするほどに，労働力不足は深刻化していたが，これはまた4ヵ年計画による戦争準備をも制約し，重点産業の整備計画も期限を延長せざるをえなかった。こうした労働力の隘路は，資源や外貨の隘路を生み，その打開のため対外侵略による生存圏の拡大をはからせることとなり，39年秋に第二次大戦に突入するにいたったのである。

むすび

　以上で考察したように，ナチスの労働体制は，ヴァイマル体制下の労資関係の全面的否定を内容とした。この後者の労資関係は，労資の団体交渉による労働協約の締結，調停制度をつうじた国家のそれへの介入，これによる下方硬直的な政治賃銀決定と労働平和の維持を，主要な柱としていた。しかし，この政治的賃銀が持続するためには，資本がその負担を価格に転嫁しうることが必要であり，このためには，管理通貨制度を前提としたインフレ的な経済体質が成熟していなければならない。当時のように金本位制が大前提とされる場合には，それは好況期にはともかくも恐慌期には破綻せざるをえなかった。しかもこの恐慌という現実の事態にたいして労資関係の諸制度は即応せず，制度の論理によって惰性を維持するから，このギャップのために資本は労働にたいする反撥を強め，かかる労資関係を基軸とするヴァイマル体制の打破を呼号する右翼勢力への支持を強めた。この反労働路線による現行の労資関係の否定は，パーペン政権によって部分的に試みられたが，ヒトラー政権のもとで全面化されることとなったのである。

　ナチス体制下で，組合は解体されて官製の労働戦線に代置され，経営共同体論と指導者原理とを軸とした労働体制のもとで，経営内における資本の労働にたいする支配が制度的に保証された。それは，労資の同権を前提とした労働条件の決定を否定し，調停官に代わる労働管理官の主導のもとに労働条件の低位維持がはかられた。これによって労働側は弾圧され無権利化したが，しかし弾圧だけで問題が解決されたわけではない。ナチスが景気回復を促進

するなかで，深刻な失業問題の解決と労働所得の増大を実現したことによって，労働側の反撥も吸収され，ナチス体制も安定化しえたのであった。

しかし36年以降，第二次4ヵ年計画によって完全雇用下で軍備拡大が加速され，景気が過熱するに及んで，ナチス労働体制も種々の矛盾を露呈した。労働力の枯渇という根本的制約に逢着して，資本の労働にたいする支配も限界に達し，経済的には賃銀その他の労働条件の改善，社会的には労働規律の弛緩が生じた。しかもそこでは，体制側の組織であるはずの労働戦線が，労働大衆からの遊離を避けるために，大衆の経済的要求を代弁し実現せざるをえなかったが，それは軍備拡大の達成を至上目的とする体制側の政策とは対立した。その過程で，権勢欲旺盛なライの権限拡大のための茶番劇も演じられたが，それを別としても，超完全雇用下での軍備拡大は各種の矛盾を惹起せざるをえなかった。本来であれば，労働力の枯渇のため軍需景気も恐慌によって崩壊するはずであったが，ナチス体制は強力な労働統制によって恐慌を回避し，軍需景気を維持した。しかし，それも際限なくつづきうるわけではなく，労働力の限界を脱却するため対外侵略に転じ，第二次大戦を必至にしたのである。

第3節　農業政策

ナチスの農業政策の基本的枠組みをなしたのは，全農業関係者の組織化とこれによる市場統制を内容とした食糧団制度と，自立的な農民層の土地への定着を企図した世襲農場制度とであった。そしてこれらは，社会の「職分団的編成」とか「血と土」の結合とかといった，ナチスの時代錯誤的なイデオロギーにそって打ち出された制度であった。そのかぎりで，そのもとに展開されたナチスの政策も簡単に破綻するはずであったが，実際には当面の農業危機をともかくも克服することに成功した。このことは，その農業政策が時代錯誤的な主張のもとに展開されながら，実際にはナチス以前の政策よりもむしろ現実に適した内容を秘めていたこと示唆している。以下では，ナチスの農業政策のそうした側面を明らかにするため，まずそれ以前の政策を概観

し、これとの対比においてナチスの政策を位置づけ、あわせてそれのイデオロギー的側面との関係にふれることとしたい。

ヴァイマル体制末期の農業政策

ドイツ経済は1924年の通貨安定以後、世界経済の一環として本格的な復興を開始したが、そのなかにあって農業は陽の当たらない分野をなしていた[64]。工業がともかくも産業合理化によって国際競争力を回復しつつあったなかで、その余地のもともと少ない農業は外国の競争に圧迫されていた。そしてこの競争を緩和するための農業関税も、工業の国際競争力確保のため一般に低めに抑えられたし、それでさえ後進諸国との通商協定によって尻抜けにされた。こうして農産物の価格は圧迫される反面、生産費は社会政策の拡充による賃銀・社会費の上昇、租税の増徴などのため上昇した。そこで収益は悪化し、一部では赤字のため負債が累積し、高金利による利子負担が赤字幅をさらに拡大した。戦前175億マルクといわれた農業負債は、戦後インフレ期にいったん完済されたが、その後ふたたび急増して20年代末には100億マルクを超えた。しかも負債の主因は、戦前には土地購入や相続にあったのが、戦後には経営の赤字に代わっていた[65]。負債は当時の農業問題の集中的表現をなしたのである。

むろん事態は各経営の生産構造によって異なり、とくに中心作物の差が大きく影響した。日本農業が米作を中心としたのとは異なり、当時のドイツ農業では、総生産額のうち小麦・ライ麦等の穀物は2割にも満たず、各種の商業的作物を加えても耕種部門は4割弱にとどまり、豚・牛の肉畜が3割台、酪農が2割という具合で、畜産が6割余を占めた[66]。そして一般に穀作では大規模経営が、畜産では小農民経営が主要な担い手をなしたが[67]、この主体の差は周知の地帯別構造の差と結びついていた。東部ではユンカー等の大経営が支配的であり、それらは畜産を兼営しながらも穀作（地域によってはじゃがいもや甜菜）に重点を置き、逆に農民経営が支配的な西部では、一般に穀作より畜産（都市近郊では野菜）に重点を置いたのである。

しかも穀物と畜産物では、消費構造の高度化を背景に需給関係も異なった。

一般に都市化の進展は主食用穀物に代えて畜産物の消費をふやす傾向にあるが，それを反映して当時のドイツでは穀作の不振と畜産の成長という対照的な事態がみられた。むろん畜産でも外国の競争は重荷ではあったが，国内需要の拡大と一部は安い飼料の輸入に支えられて，経営は相対的に有利であった[68]。それに反して東部を主産地とする主食用穀物では，国内消費量は戦前以下の水準で伸び悩んだ。もっともその内部で小麦（白パン）はライ麦（黒パン）を侵蝕しつつ消費量を微増させ，またその生産量は国内需要の6割余をまかなう程度で数量的には過剰でなかったが，関税保護が薄いため価格は国際価格とほぼ同水準で低迷した。他方ライ麦は，通常は輸出入がほぼ均衡したが，それは主食用としてますます過剰化する部分を飼料用に回したからであって，これは収穫量の約3割，豊作時には4割にも達した。このためその価格は，競合する小麦によって上限を画されつつ，安い輸入品のシェアが大きい大麦その他の飼料用穀物との競争によって不断に圧迫され，そのコスト割れから赤字の発生が不可避とされた。東部の穀物とくにライ麦の過剰が当時の農業問題の中心的内容をなしたのである。それを反映して，たとえば28年夏の時点で課税標準地価にたいする負債の比率は，西部の農民経営では平均30％程度であったのが，東部では50ha以下の層でも40％台，それ以上の層では60〜70％にも上った[69]。しかもその直後から世界農業恐慌が勃発し，ドイツでも事態は悪化の一途をたどった。31〜32年度になると，上記の負債比率が100％を超えるものが東部の大経営では4割前後にも達し，西部の農民経営でも負債比率が上昇し[70]，農産物価格の下落による所得の収縮も重なって，元利支払いの不能による農場の競売が続出し，農業危機が現出することとなった。

　こうした情況を背景に，20年代末から農業団体による保護要求もいちだんと強まった。むろん政府もそれまで無為に過ごしたわけではない。25年に農業の政策金融機関を設置し，翌年には過剰ライ麦の買上げ機関に政府資金を融資したほか，28年2月には総選挙対策の意味もあって大規模な救農緊急計画を発表した。だがこれも，財政緊縮を求める通貨当局や産業界の反対のため大部分が実現されず，農業関係者の不満を買った。そこで29年2月，ドイ

ツ農村同盟（Reichslandbund）など主要3農民組合は，基本路線で対立を残しながらも「緑の戦線」（Grüne Front）という名の共闘を組み，政府に強力な保護政策の実施を迫ることとなった。

　これを受けて政府もようやく本腰をあげ，負債整理と価格支持を2本の柱とする施策をあいついで講じた。まず前者は29年5月のオストプロイセン州援助法で始まった。同州は戦後の領土割譲で本土と切り離されたためとくに苦境にあったが，同法によって各種の助成策がとられ，農業負債についても政府保証や利子補給によりその低利長期への借替えが促進され，債権取立てのための強制執行も一時猶予されるなどした。この施策は翌年には本土の東部国境地域にも，31年3月の東部援助法以後はエルベ河以東の東部全域にまで適用されたが，これによる財政負担の増大に対処するため，負債整理方式も再三変更された。そして31年末以降は，過大な負債を抱えながらも再建可能な農場については，強制執行を猶予したうえで，債権者にたいして債権の一部切捨てや利率の引下げを求め，その一部を政府金融債で買い取ることとした。なお大農場については土地の引渡しによる整理方式も定められたが，それを強行して農民入植地にしようとしたブリューニング政権が，それを「農業ボリシェヴィズム」だとするユンカー等の抵抗にあって瓦壊したことは，周知でのところであろう。

　もう一方の農産物価格支持政策は，29年7月の農業関税引上げにはじまり，これは短期間に輸入禁止的な高税率を生んだ。たとえば小麦の関税は，従来の100kg当たり5マルクがそこで6.5マルクになったあと，30年中に5回の引上げで25マルクに達し，そのもとで国際価格は10マルクを割ったのに，国内価格は24マルク前後で推移した。小麦は当時なお国内で自給しきれなかっただけに，関税の引上げが国内価格の吊上げに役立ったが，それでもなお29年7月からは，外国小麦の製粉には一定割合の国産小麦の混入が強制されるなど，市場確保策も補足的に必要とされた。他方ライ麦も，関税が従来の5マルクから31年3月までに20マルクに引き上げられたが，ここでは国内に過剰があるためそれだけでは効果なく，29年11月から政府資金による過剰分の買上げが大規模に展開された。しかしそれによる価格引上げは，安い外国飼

料の輸入拡大によるライ麦の飼料用消費の代替，これによる過剰の再発を招いて破綻せざるをえなかった。この障害をのぞくため政府は飼料輸入の規制に着手し，飼料用大麦の関税を29年末から1年間に従来の2マルクから18マルクに引き上げて，国内価格を国際価格より大幅に吊り上げ，また通商協定によって低関税がつづくとうもろこしについては，30年3月に政府の管理機関による専売制を採用し，これの許可を国内取引の要件とすることで，輸入制限による価格吊上げを達成した。そのうえで同年5月以降，政府は買上げライ麦の一部を飼料用に着色して値引き販売した（同様のことは東部の過剰なじゃがいもでも実施された）。自由な市場を麻痺させるこれら一連の措置によって，ライ麦価格は当初の目標には回復しなかったものの，国際価格を約10マルク上回る18マルク前後の水準を保った。しかしこうした穀物価格支持は，これまで安い外国飼料に依存してきた西部の畜産業を圧迫し，養豚は東部で過剰なじゃがいもを使ってふえだすことにさえなった。

　こうして「緑の戦線」の突上げを契機として強化された農業政策は，東部の穀作保護として展開された。それはたんにユンカー等の政治力によるのではなく，20年代の農業問題が東部の穀作を中心としたことの当然の帰結であった。そしてこの保護は飼料輸入の規制を不可欠の補完物とすることで，逆に西部の農民経営を苦境に追い込んだ。農場の競売件数は28年まで年2000台，29，30年でも3000台であったのが，31年に6000弱，33年には7000余と激増したが，当時東部ではその猶予措置もとられたから，それは西部での農民の破産増大を表わしている。そこで，西部および北部・中部の両農民組合が参加した呉越同舟の「緑の戦線」は31年に分解し，また全国的に広汎な農民を組織しながら東部の大経営の利害を代弁してきた農村同盟の内部でも対立が深まった。本来は保守的な農民も，没落の危機にさらされて体制への不満を鬱積させ，一部は急進化したが，ここにナチスが浸透する基盤ができた。

　これまでナチスは都市で新旧中間層の一部をつかむのみで，農村には進出できなかった。20年の綱領で謳った「土地改革，公共の目的のためにする土地の無償収奪にかんする法律の制定」も，農村進出の障害をなした。そこでヒトラーは28年にそれを修正し，「私有財産」の尊重を公約し「社会主義」

的要求をおろした。そして30年3月,党は新たに農業綱領を作成し,民族論・国防論の見地からする独特の農民・農業観を提示し,当面の対策としてのちの世襲農場や食糧団の原型を打ち出した。そしてこれ以後,「血と土」のイデオローグたるダレが担当者となって党内に農政部 (agrarpolitischer Apparat) を新設し,各地の農村活動家を組織して農民の不満に訴える運動を展開することで勢力を拡大した。その結果,30年9月の総選挙でナチスは予想外の大躍進をとげ,従来は打倒の対象としてきた既存の農業団体への浸透,それによる組織の乗っ取りとナチス的再編の展望も開け,事実その方向が追求されたのである[71]。

ナチス農業政策の展開

ヒトラーの政権は33年1月末に発足したが,当面それは保守派の国家国民党との連立政権であり,同党首フーゲンベルク (A. Hugenberg) が経済相と農相を兼任したから,その農政はなおナチス本来のものではなかった[72]。むしろ従来の農政を継承し拡大したものといえよう。たとえば負債対策では,33年2月14日の強制執行保護令によって,再建可能な農場の強制執行をとりあえず秋まで猶予し(その後また延期),その間6月1日に負債整理法を制定したが,それらは細目を別とすれば,東部援助法の規定と基本的には同じであり,西部の農民にまで適用を拡げた点に特色があった。ただそれによって農場の強制執行は,前年の7000件,15万haが一挙5分の1に減り,以後この水準がつづいた。また価格支持政策についても,これまで穀物に偏していた施策が各種の畜産物にも適用され,大幅な関税引上げ,管理機関による輸入規制,国産品の強制使用などの手が打たれた。たとえばバターは,輸入品やマーガリンの競争のため30年から価格の下落をつづけたが,その価格支持のためには,その間に輸入バターの数量割当ができたので,マーガリン価格の引上げが必要であった。それは,ライ麦の価格支持が飼料価格の引上げを必要としたのと似ているが,33年3月以降,マーガリンの関税を30マルクから75マルクに引き上げる一方,国内の生産を6割に制限し,さらにその製品に調整金を課したり,原料油脂の輸入を既述のとうもろこしなみに政府の

管理機関が規制したり，国産ラードの使用を強制したりした。これらの措置によってその競争力は後退し，4月以降，バターは顕著な価格回復と販路拡大を達成した。ちなみにこの政策は，たんなるバター対策ではなく，とくに低い油脂の国内自給率を高めるための油脂計画の一環として行なわれ，同計画はその後さらに重要視されたのである。

　この農業政策，とくにバターの価格引上げは，自由主義的だとしてダレ一派の非難・攻撃を受けた。しかしその政策は，これまで東部とか穀物とかに限定されていた施策を全体に拡げることで，その間に生じた不均衡を是正する意味をもち，従来の政策の当然の帰結をなした。ダレ自身はやがて後任の農相となるが，その後も価格政策を無視はできず，バター価格引上げも既定の事実として認めるしかなかった。むしろ彼の狙いは，物価引上げのもつ大衆的不人気を利用してフーゲンベルクを追い落とすことにあった。すでに3～4月，彼は農村同盟その他の農民組合を結集し，「ドイツ農民全国指導者団」(Reichsführergemeinschaft des deutschen Bauernstandes) をつくってその長となり，さらに農業会議所などをも傘下におさめたが，それによってフーゲンベルクの農業界での基盤を奪い，6月末に彼に代わって農相となり，翌年1月には「ドイツ農民指導者」(Reichsbauernführer) に任命され，斯界の第一人者となった[73]。こうして33年夏以降，ナチス本来の農業政策が展開されたが，そこでとくに注目されるのは，同年9月13日の法律による食糧団制度と同月29日の法律による世襲農場制度の発足である[74]。以下，まず後者からみてゆこう。

世襲農場　ナチスにとって農民は，都市を上回る出生率をもつことで民族の生命力の源泉として，また強健な兵士を供給することで国防力の基礎として，さらに戦時に必要な食糧自給の担い手として，イデオロギー的に重視される。そして民族の血を受けつぐこの農民の地位は，一定規模の自作地をもつことで安定するから，ここに「血と土」の結合が理想とされる。しかし商品経済の浸透につれて農民の地位は不安定化し，負債の累積のため土地を失って没落しかねないが，この負債は均分相続からも発生する。というのは，この相

続が農場の分割をともなえば，経営の零細化・弱体化から負債が生ずるし，農場が分割されなくても複数の相続人の共有となれば同じことだし，特定の一人が相続しても他の相続者への支払いのため土地抵当負債が発生するからである。この弊害を除去するため，ナチスは農民の農場について一子相続による世襲化を主張し，すでに33年5月15日にプロイセン世襲農場法を成立させた。もっともそこではなお被相続人の遺言の自由が認められていたが，ダレ農相下の9月のドイツ世襲農場法では，一定の要件を充たした農場の世襲化による「血と土」の結合が全国的に強制された。その考え方は，以下の同法前文に如実に表われている。

　　ドイツ政府は古いドイツの相続慣習を保持して農民層をドイツ民族の血の源泉として維持することを欲する。

　　農民の農場は，これを血族の相続財産として自由な農民の手のなかに永続的に残すため，相続時における過大債務および細分化から防衛さるべきである。

　　多数の生命力ある中小農民の農場が全土に可能なかぎり均等に配分されることは，民族と国家の健全化のための最善の保障をなすから，農業の所有規模の健全な配分に向けて努力すべきである。

こうした主張から，世襲農場の要件は農場と所有者の両面から規定される。農場については規模がとくに重視され，下限は「自立可能面積」（施行令によれば一応7.5ha）であって零細農民が排除され，上限は原則として125haとされる。一般に100ha以上がユンカーの一指標とされるから，その多くは排除されるが，彼らが伝統的保守派に属し，中小農民を基盤とする成り上がりのナチスに違和感をいだいたこととの関連で，この上限の規定は興味深い。それはともかく，所有者の要件としては，上記の農場の単独所有者（したがって，夫婦を含む複数者の共有や法人所有は欠格）で経営能力をもつほか，非ユダヤ系であることも求められる。以上の要件を満たした場合，農場は自動的に世襲農場に指定され，その所有者だけが「農民」（Bauer）と呼ばれ，他は「農業者」（Landwirt）として区別されることで，農民のプレスティジの向上がはかられた。そしてこの農場は，一子相続による一括継承を義務づけ

表 4-5　世襲農場の分布（1933年，1938年）

経営規模 (ha)	経営数					経営面積	
	センサス 結果A 1933年	うち 対象農家B 同左	世襲農場C 1938年6月	C/B	C/A	センサス 結果D 1933年	うち 対象農家E 同左
0.5～5	1,646,008	—	20,067	%	%	3,563	—
5～7.5	621,952	—		51.8	5.2	4,378	—
7.5～10		192,538	99,786				1,650
10～20	451,663	372,758	294,185	78.9	65.1	6,285	5,202
20～50	267,310	232,522	220,753	94.9	82.6	7,955	6,924
50～100	54,572	44,201	44,440	100.5	81.4	3,625	2,912
100～125	16,600	5,009	4,680	93.4	34.7	2,264	556
125～200		—	1,086				—
200以上	17,349	—				13,497	—
合　計	3,075,454	847,028	684,996	78.4	22.3	41,567	17,244

(注)　対象農家とは，法人経営をのぞく所定規模の個人経営。
(資料)　*Vierteljahrshefte zur Statistik des Deutschen Reichs*, Jg. 48, H. 2, 1939, S. 36ff. ただしAとDは *St. Jb. D. R.*

られるとともに，農場の譲渡や担保提供，債権取立てのための強制執行は禁止されたのである。

なお世襲農場の分布は表4-5のごとくである。当初の予想では，総数は所定規模のうち法人所有等を除いた85万戸程度（表の対象農家）と考えられたが[75]，実態が最初に公表された38年6月の時点でも，それは上限下限を超えたものを含めても68万戸にすぎず，33年当時の経営総数の22％，経営総面積の37％にとどまった。この落込みは，おそらくは所有要件に関連して下層とくに10ha未満層に欠格農家が多いためであり，地域的にも，均分相続の行なわれた西部のライン地方や西南部では普及率が全国平均の半分以下であり，また東部では上限を超える大経営が多いため面積での比率が概して全国平均を下回り，逆に中部や西北部が平均を上回った。このように全体としての比率はそう高くないが，しかし10ha以上の自立的農民が大部分この新しい土地制度のもとに置かれたという点では，重要な意味をもった。

ところで世襲農場制度は，ナチス・イデオロギーの産物であったにしても，現実には恐慌下で広汎化した負債累積による農民の破産を，強制執行や新規抵当借入の禁止という非常手段によって抑制しようとする制度であり，その

面積（千ha）世襲農場F 1938年6月	F/E	F/D
134	%	%
876	53.1	} 12.7
4,222	81.2	67.2
6,661	96.2	83.7
2,940	100.1	81.1
520	93.5	
209		} 13.7
15,562	88.3	37.4

1938, S. 82.

点で従来の負債整理事業と密接な関連をもった。そして33年6月の負債整理法では，同事業は農業者の申請，公的金融機関による審査をへて，再建不能農場については申請を却下して強制執行に訴え，自余の農場については再建計画を作製し，さしあたり適正負債限度（課税標準地価に応じてその60〜90％）を超える過大負債部分について，4.5％への利率引下げ，50％の範囲内での元本切捨て，その残額の長期抵当債権への転換をはかり，債権者の事情に応じてそれを，農業金融機関が大蔵省証券担保で発行する債券や直接に政府資金でもって支払ってやるという仕組みであった。この一般の場合に比して世襲農場は優遇され，申請の却下による強制執行や過大負債の長期借替えのための抵当設定をつねにまぬがれ，元本の切捨て率も一般より高められた[76]。しかしそのため，さもなければ強制執行で帳消しになる過大負債までもが残存し，しかもそれは土地抵当によって保証されないだけに，当然に債権者にたいする金融債や政府資金による支払部分が増大し，財政的理由から整理事業も遅れざるをえない。そのため36年末には，世襲農場の新規指定は地価にたいする負債率が70％以下であることを要件とするにいたった。このことは，世襲農場制度が農民を過大負債から守ることを目的としながら，財政負担の増大という事態に直面して，守る必要の少ない農民にのみ対象を限定したことを意味する。この制度は，民族の血の源泉としての農民層の維持という観念的主張に立脚することによって，その過大負債対策を従来以上に徹底させ，そのかぎりで現実的必要に対応したが，しかしこれが新たな矛盾を生み出すや，事実の重みの前に観念的主張も後退を余儀なくされたのである。

食糧団　農民層を維持するためには，負債対策等の事後的措置よりも，価格政策等による経営安定化の措置が必要であった。そしてこれが食糧団制度の

重要な課題の一つをなしたが，ここでもそれは「職分団的編成」といった古風なナチス・イデオロギーと結びついて打ち出された。同制度の準拠法が正式には「ドイツ食糧〔職分〕団の暫定的編成ならびに農産物の市場および価格規制措置にかんする法律」という点にも，それは示されている。全農業関係者の食糧団への強制的組織化が，ナチスの政治・社会体制を強化すると同時に，強力な経済統制をも可能にするというのが，その両者を結びつけた理由だといってよいであろう。

その意味での組織化は，33年春にダレが一連の農業団体を制覇したことで，すでに峠を越した。それらの団体を一部は吸収合併し（たとえば農村同盟や農業会議所など），逆に一部は解散させ（自余の農民組合や農業評議会など），さらに農協などはそのまま団体加盟させるという方法で，新組織の核ができ，あとはそれを整備拡充すればよいからである。そして彼は農相就任直後，7月15日の法律によってこの点での州の権限を排除して地方組織の準備を進め，2ヵ月後には前記の準拠法を制定したが，それでも組織が巨大であるだけに，その法制の一応の整備にも35年5月の第四次施行令までかかった。

この食糧団は，たんに農業生産者（家族や労働者を含む）だけでなく，農産物の加工業者や取引業者（卸・小売のほか農協を含む）までをすべて包含し，それらを代表する「自治団体」だとされた。しかし，本来の職分団であれば農業生産者だけを結集すべきであるのに，それと異質の要素まで包含したのは市場統制の必要からであり，またこの統制は国の政策の一環として国家機関と一体になって展開されるから，そこに「自治団体」の余地などありえようもない[77]。こうした混乱を含むこの団体の多面的性格は，その機構にもみられた。中枢をなす本部の行政局は，内務とライヒの各3部からなるが，後者の第1部（人間部）は農村同盟などの組織を継承したもので，「血と土」のイデオロギーの宣伝を任務とし，世襲農場などの管理に当たる。それにたいして第2部（農場部）は農業会議所の後身であって農業技術の指導普及に当たり，第3部（市場部）は農協や各種経済団体と連繋して市場統制に当たる。むろん同部は全体の指導調整を任務とし，具体的な統制活動は主要農産物ごとの市場団体（Marktverband）が担当した。なお市場団体には2

種類あり，一方は農業生産者・加工業者・取引業者を包含する地方的な経済団体（Wirtschaftsverband）とその中央会（Hauptvereinigung）であり，他方は加工業者（取引業者が加わることもある）だけからなる経済組合（wirtschaftliche Vereinigung）である。このうち後者は早期に結成され，のちに大部分が前者に吸収されたが，前者は各分野の複雑な事情に制約されて徐々に組織され，最終的に中央会は穀物・飼料，畜産，牛乳・脂肪など10にまとめられた。そしてこの中央会や下部の経済団体は，食糧団の本部や州・地方の支部，さらには農業省の指揮命令を受けつつ価格・取引の統制実務に当たった。その統制の実態を，組織づくりで先行した乳業と穀物について例示的にみておこう[78]。

　恐慌下でマーガリンの競争に圧されてバターの価格が低落したことはすでに述べたが，これは加工用乳価を圧迫した。そこで，価格関係の相対的に有利な飲用乳が遠隔地からも都市に搬入されはじめ，乱売合戦からその乳価も下落した。これに対処するため30年7月の乳業法で，生産者と加工業者を強制カルテルに結集させる権限が州政府に認められたが，それは南部諸州で試みられたにすぎず，取引業者をはずしたことも効果を薄くした。そこで33年7月の同法改正によって国が州からその権限を取り上げ，全国に15の乳業経済団体とその傘下に69の牛乳供給組合をつくらせ，これに生産者・加工業者・取引業者を強制加入させ，乳価・乳製品価格・取引マージンを固定させることとした。そしてこれを可能にするため，同年12月20日の乳製品取引法によって，政府の油脂管理機関が輸入の規制に着手し，さらに34年3月27日の命令で前記の経済団体を統轄する中央会を設置させ，組織づくりを一応完了した。なお同年7月にはマーガリン企業も独自の経済組合に結集したが，38年に上記の中央会がこれを合体して牛乳・油脂中央会となった。

　この組織化により，まず飲用乳については，都市への搬入を周辺地域に限定し，その域内の農民に出荷量を割り当てることで競争を制限し，また必要に応じて牛乳店の配達区域も指定し，これらをつうじて生産者価格・小売価格・加工ないし流通マージンをそれぞれ固定させた。そのさい小売価格は維持しながら，流通の簡略化を理由として取引マージンを圧縮することで，生

産者価格の引上げがはかられた。そして上記の割当量以外や域外の牛乳は加工用とされ，自家用以外はすべて指定された加工場への出荷を義務づけられ，その価格は個々の工場ごとに状況に応じて経済団体が定めたが，これは飲用乳よりも不利であったから，後者に調整金を課し，これを加工場に配分することで買上げ乳価を高めさせた。それと同時に加工場の整備・増設を進め，またバターの品種を制限してそれぞれに固定卸売価格を定め，小売段階では最高価格を定めた。その結果，各農家での生産性の低い農村バターの生産は不利となり，20年代後半にはなおそれを下回っていた加工場の生産が支配的となり，品質の改善・統一と牛乳の効率的利用が達成された。こうしてバターの国内自給率は，20年代後半の約75％が90％近くに上昇し，これは油脂計画の一つの成果とされた。

　つぎに穀物では，恐慌期中の価格支持が生産の縮小を遅らせたが，ことに小麦は価格の不利なライ麦からの作付転換による増産と他方での消費減退によって，国内自給率を以前の60％台から100％近くにまで高めた。こうしたなかで33年は大豊作で穀物の過剰が激化した。そこで政府は価格の低位安定をはかり，同年9月26日の穀物価格保証法によってライ麦・小麦の最低生産者価格を定め，それ以下での取引を禁止した。ちなみにこの固定価格は各地域ごとに需給構造に応じて異なり，また在庫促進のため月ごとに高まるように定められた。そして過剰部分の買上げには政府の穀物・飼料管理機関（既述のとうもろこし輸入規制機関の後身）が当たる一方，製粉工場をも動員した。製粉工場は当時，過剰設備を抱えて収益が悪化していたから，33年9月15日の法律でそれらを経済組合に結集させ，製粉量の割当その他によって競争を制限し収益を改善させる一方，前年実績の当面1ヵ月半，のちに2ヵ月分の原料在庫の保有を義務づけた。これによって麦価は一応安定したが，それを確実にするため乳業の例にならって市場の組織化がはかられ，34年7月14日の穀物経済統制法によって生産者・加工業者・取引業者を包含する穀物・飼料経済団体およびその中央会が設置された。これは，生産者価格をさらに細かく区分すると同時に，製粉工場の商人からの買入価格や製品出荷価格，はてはパンの小売価格にいたるまで逐一固定し，それでもって各段階の

加工ないし流通マージンを固定化した。なお34年からは飼料用大麦や燕麦にも固定価格が採用され，飼料の国内自給が促された。

しかし34年には行政指導による作付削減に不作が重なって，ライ麦・小麦の収穫は大幅に減退した。そこで既存の在庫を放出するとともに，各経済団体をして農民に前年の販売実績に応じた供出量を割り当て，それで価格の上昇を回避した。この供出制度はその後もつづき，毎穀物年度の当初に割当が行なわれたが，4ヵ年計画の実施にともない37年度からはいっそう強化され，生産者は自家用食糧以外はすべて供出することを求められ，その飼料用への転用は禁止された。その間，主食用穀物の生産者価格は33年以来ごく小幅にしか上がらなかったが，それは国内自給率の低い飼料や油性植物への転作を促すためであった。ただし飼料の値上りとの均衡を保つため，37年度にライ麦価格がかなり引き上げられたが，それのパン価格への影響を避けるため，小麦製粉工場や大麦を使う醸造所に調整金を課し，これをライ麦製粉工場に支払うことで麦粉の価格を据え置いた。こうした無理がきくほどに食糧団の統制は強力であったといえよう。

以上のような各分野での統制をつうじて，ドイツの食糧自給率は若干上昇した。もっとも外貨不足との関連でとくに重視された飼料等の自給化は容易に達成されなかったが，それでも飼料輸入分まで計算に入れた畜産物の実質的な自給率は，30年代初頭の60％前後から36年までに76％に高まった[79]。また全農家の農産物販売高も32年の640億マルクが37年には960億マルクにふえ，経営費を差し引いた純収入は90億から270億にふえた。もっともこの額は34年度から横這いをつづけ，農工間のシェーレも容易に縮まらなかったが，それでも販売額に占める負債利子の比率はこの間に13％から6％に大幅に低下した[80]。食糧団のイデオロギー的であるがゆえに徹底した市場の組織化が，市場メカニズムの自由な機能を抑え込み，政策的誘導による農業危機からの脱却を可能にしたのである。

しかしここでもまた，現実の展開はやがてナチスのイデオロギーと衝突した。再軍備を軸にして景気回復を進めたドイツ経済は，36年には完全雇用に近づき，景気抑制政策がむしろ必要とされたが，それとは逆にナチス政権は

そのイデオロギー的要求にそって，同年秋から4ヵ年計画によるいっそうの再軍備を強行した。そのため国内的には労働力不足，対外的には外貨危機が深刻化し，それへの対応として農業は自給率向上のための「生産闘争」を求められた。しかし農業人口が大量に流出するもとでは，それは基本的には農業の機械化によるほかなく，事実これはかなり進んだ。だが農業機械の効率的利用には一定以上の農場規模が必要であり，中小農民経営では困難がともなった。また大農層でも，世襲農場制度が経営合理化のための抵当金融の道を制限していた。そうなれば，ユンカー等の大経営に期待をかけざるをえなかった。それは，民族の血の源泉として中小農民を重視するナチス・イデオロギーの否定につながり，党内の論争を呼んだが，結局は時代錯誤的な主張を排して現実の必要を優先させる以外になかったのである[81]。

　以上でみたように，ナチスの農業政策はその特異なイデオロギーに基づいて展開された。そしてこのイデオロギーは，現実から遊離し観念的であっただけに，現実に制約されずに極端な主張となり，これに基づいて農業政策も，農業部面の全面的組織化による市場メカニズムの排除や土地の商品化の禁止などを企図した。こうした徹底性が，もともと市場メカニズムによっては処理されえない農業恐慌への対策において有効性を発揮し，ナチスの「成功」を可能にしたのである。しかしそれも長つづきはしなかった。36年以降の第二次4ヵ年計画によって完全雇用下で軍備拡大が強行され，恐慌下の「過剰」とは逆に景気過熱のため経済の各分野で「隘路」が露呈するに及んで，強権的統制による経済法則の制御も限界に達し，農業政策もそのイデオロギーによる側面を徐々に修正し棚上げせざるをえなかったのである。「血と土」のイデオローグであったダレは，戦時下の42年に失脚した。それは直接には党内の勢力争いの結果であったが，同時にまた彼の農本主義的イデオロギーがもはや現実の必要にマッチしえなくなっていたことの証左でもあった，といってよいであろう。

第4章　ナチス体制下のドイツ資本主義　245

注
1）　本節の概論的性格と紙数の制約のため，個々の論点での参照文献の指示は大幅に省略し，概括的文献の指示にとどめる．さしあたり導入部のヴァイマル期については，邦語文献も多いが，最も優れていて本節でも多くを負ったものとして，加藤榮一『ワイマル体制の経済構造』（東京大学出版会，1973年），有沢広巳『ワイマール共和国物語』〔私家版〕（東京大学出版会，1978年）をあげておく．また近年の外国での研究動向をみるためには，H. Mommsen/D. Petzina/B. Weisbrod (Hrsg.), *Industrielles System und politische Entwicklung in der Weimarer Republik*, Düsseldorf 1974 が便利である．
2）　当時の景気動向については，C. T. Schmidt, *German Business Cycles 1924-1933*, New York, 1934, 参照．
3）　詳しくは，大島通義「ブリューニンク政権における財政政策の指導」（『三田学会雑誌』第63巻第2号，1970年），同「財政政策と賠償問題――ブリューニンク財政の一考察」（同誌，第66巻第2・3号，1973年），参照．
4）　その過程については，戸原四郎「1931年のドイツ銀行恐慌」（大内力編『現代金融』東京大学出版会，1976年）（編者注：本書第3章），参照．
5）　この左派については，R. Kühnl, *Die nationalsozialistische Linke 1925-1930*, Meisenheim 1966, 参照．なお，P. D. Stachura, Der kritische Wendepunkt?: Die NSDAP und die Reichstagswahlen vom 20. Mai 1928 (*Vierteljahrshefte für Zeitgeschichte* 〔以下 *VfZ* と略す〕，26-1, 1976) は，ヒトラーも当初は労働者に期待して反資本主義路線をとったが，28年の総選挙での敗北によって国民主義路線に変わったとする点で，疑問を残すが，当時の左右両派の路線争いについては参照に値する．
6）　以下については，H. Gies, NSDAP und landwirtschaftliche Organisationen in der Endphase der Weimarer Republik (*VfZ*, 15-4, 1967), 参照．
7）　この覚書については，H. A. Turner, Jr., *Faschismus und Kapitalismus in Deutschland*, Göttingen 1972, S. 33ff., 参照．
8）　ナチス経済体制の諸分野での様相については，O. Nathan, *The Nazi Economic System*, Durham, 1944 (reissued 1971); A. Schweitzer, *Big Business in the Third Reich*, Bloomington, 1964; I. Esenwein-Rothe, *Die wirtschaftsverbände von 1933 bis 1945*, Berlin 1965; D. Schoenbaum, *Hitler's Social Revolution*, N. Y., 1966（大島通義・大島かをり訳『ヒトラーの社会革命』而立書房，1978年）；A. Barkai, *Das Wirtschaftssystem des Nationalsozialismus*, Köln 1977 等を参照．なお，つぎに述べる農業でのそれについては，H. Gies, Die nationalsozialistische

Machtergreifung auf dem agrarpolitischen Sektor (*Zeitschrift für Agrargeschichte und Agrarsoziologie*, Jg. 16, 1968); ders, Der Reichsnährstand (*ebenda*, Jg. 21, 1973), 豊永泰子「ナチス体制と世襲農場」(『西洋史学』第79号, 1969年), 戸原四郎「ナチスの農業政策」(日高普ほか編『マルクス経済学 理論と実証』東京大学出版会, 1978年)(編者注：本書第4章第3節)をも参照。

9) 職分団的編成(〔berufs-〕ständischer Aufbau)というのは，本来は同一職業の利益擁護のための組織化を意味した。ドイツでは19世紀中頃から手工業者がギルド制の復活を求めてそれを主張し，これとは別にビスマルクが一時期，普通選挙による国会を制約するため職分団代表から成る第二院の構想を練ったこともあったが，19世紀末以降，階級闘争を克服すると同時に国家の介入をも制約するものとして職分団制がカトリックの社会論に採用され，さらに第一次大戦以後には，シュパンらの全体主義的社会論で国家の介入を前提とする職分団制も展開された。このようにその概念は多様かつ曖昧であり，ナチスの主張でもそれらの諸側面が混在したが，概して左派の論者は職業別の自治組織による現行経済制度の改革を意味するものとして職分団制を重視した。しかしそれは指導者原理と抵触するため，左派の粛清後にはこの概念はナチスのスローガンからはずされるようになった。

10) ナチス治下のドイツ経済の実態については注8の文献のほか，C. W. Guillebaud, *Economic Recovery of Germany*, London, 1939 (世界経済調査会訳『ナチス独逸の経済建設』同会，1944年); G. Kroll, *Von der Weltwirtschaftskrise zur Staatskonjunktur*, Berlin 1958; R. Erbe, *Die nationalsozialistische Wirtschaftspolitik*, Zürich 1958 等を参照。

11) Erbe, *a. a. O.*, S. 25.

12) 以下の第二次4ヵ年計画については，既掲の文献のほか，W. Treue, Hitlers Denkschrift zum Vierjahresplan 1936 (*VfZ*, 3-2, 1955); A. Schweitzer, Der ursprüngliche Vierjahresplan (*Jahrbücher für Nationalökonomie und Statistik*, 168-5/6, 1957); D. Petzina, *Autarkiepolitik im Dritten Reich*, Stuttgart 1968, 大野英二「4ヵ年計画と経済政策の転換」(同ほか編『ドイツ資本主義の史的構造』有斐閣，1972年)等を参照。

13) ナチス治下の化学工業については，工藤章「IG ファルベンの成立と展開」(2)(東京大学『社会科学研究』第29巻第6号，1978年)144頁以下，参照。

14) 工藤章「ナチス体制下の鉄鋼資本」(東京大学社会科学研究所編『ファシズム期の国家と社会3』東京大学出版会，1979年)，参照。(編者注：本節の基になった「ナチス経済」〔編者あとがき，参照〕には「また鉄鋼業では，のちの

章で述べるように」とある。この「のちの章」とは「ナチス経済」が収められた『ファシズム期の国家と社会3』の工藤論文を指すとみてよい。)

15) B. A. Carroll, *Design for Total War*, The Hague, 1968, X, 参照。
16) さしあたり諸説の諸類型については，山口定『現代ファシズム論の諸潮流』（有斐閣，1976年），またディミトロフ・テーゼの形成過程については，富永幸生ほか『ファシズムとコミンテルン』（東京大学出版会，1978年）Ⅳ（西川正雄稿）を参照。
17) ヴァイマル期の労資関係ないし社会政策について詳しくは，Reichsarbeitsministerium, *Deutsche Sozialpolitik 1918-1928*, Berlin 1929; L. Preller, *Sozialpolitik in der Weimarer Republik*, Stuttgart 1949; F. Syrup, *Hundert Jahre staatliche Sozialpolitik 1839-1939*, bearb. v. O. Neuloh, Stuttgart 1957, Teil 2; H.-H. Hartwich, *Arbeitsmarkt, Verbände und Staat 1918-1933*, Berlin 1967 等を参照。これらのうち第2のプレラーの著書が最も包括的であるが，最後のハルトヴィヒの著書も，対象をベルリンの金属産業に限定してはいるものの，広い視野から労働協約締結の具体的過程にまで立ち入って論じている点で有益である。また邦語文献では，久保敬治『ドイツ労働法の展開過程』（有斐閣，1960年）第3章，花見忠『労働組合の政治的役割』（未来社，1965年）第2章，戸塚秀夫・徳永重良編『現代労働問題』（有斐閣，1977年）第3章Ⅲ（徳永稿）等を参照。
18) その変遷については，戸原四郎「ヴァイマール体制と失業問題」（東京大学社会科学研究所編『基本的人権3』東京大学出版会，1968年），参照。
19) もっとも件数だけをみると逆の結論になる。たとえば28年に調停機関に持ち込まれた8037件のうち，斡旋が成功せず強制裁定が申請されたのは1814件（22.6％）であり，それでも妥結せずに実際に強制裁定がくだされたのはわずか434件（5.4％）にすぎなかった。しかし対象人員の面からみると，最終段階の434件の人員は公表されないため不明であるが，強制裁定申請の1814件の人員は，協約傘下の全人員の半分を超える650万人にも上り，しかもその3分の2の420万人にかかわる158件は，常設調停官ではなく労働大臣が個別案件ごとに任命する特別調停官によって処理された（Hartwich, *a. a. O.*, S. 212-217）。この事実は，強制裁定，しかも労働省がストレートに乗り出すそれが，直接間接に労資関係の形成にいかに強く作用したかを示している。
20) G. Bry, *Wages in Germany 1871-1945*, NBER, 1960, pp. 75-77, 362.
21) *Ibid.*, pp. 83-85, 365.
22) 労働運動についてはさしあたり，H. Grebing, *Geschichte der deutschen Arbeiterbewegung*, München 1970, Kap. Ⅳ, 労働総同盟の経済民主主義論につい

ては，F. Naphtali, *Wirtschaftsdemokratie*, Berlin 1929，職員組合については，H. Speier, *Die Angestellten vor dem Nationalsozialismus*, Göttingen 1977; Mommsen et al., *a. a. O.*, S. 792ff. の J. Kocka や L. E. Jones の論文を参照。

23) 資本家団体の対応については，既出の文献のほか，F. Tänzler, *Die deutschen Arbeitgeberverbände 1904-1929*, Berlin 1929; M. Schneider, *Unternehmer und Demokratie*, Bonn-Bad Godesberg 1975 等を参照。

24) この争議の経過は以下のごとくである。ルール地方の鉄鋼業では，27年末に強制裁定によって賃上げと時間短縮を内容とする協約が成立したが，28年10月末の協約満期を控えて組合側は，ストライキ態勢を構えつつ時間当たり賃銀（60～79ペニヒ）の一律15ペニヒの引上げを要求した。しかし，資本側はそれを拒否し，逆に11月以降の全労働者の解雇，ロックアウトを通告した。そこで本件は調停機関に持ち込まれ，10月26日，調停官は一律6ペニヒの賃上げ裁定をくだした。しかし，資本側がそれを拒否したため，組合側の申請に基づいてヴィッセル労相は同月末，それを強制裁定に切り換えた。

従来の例では，これで争議が収拾され，新協約が発効した。しかし今回は資本側が抵抗し，同裁定は労資の調停委員の採決をへずに調停官が単独でくだしたという——従来も行なわれ，資本側も認めてきた——手続きの違法を理由として同裁定の無効を主張し，11月から予定どおり20万余の労働者にたいするロックアウトに入った。そして，この手続き論については，11月12日，地方労働裁判所が資本側の主張を認めて同裁定無効の判決をくだし，同月26日，高等労裁が逆転判決をくだしたが，翌年1月22日には最高労裁が再逆転の判決をくだして，法的には組合側と国の敗北が確定した。

しかしその間，世論の組合支持を背景に，11月中旬に国会決議によって争議中の労働者にたいする公的扶助の支給が認められ，資本側の兵糧攻めの作戦は失敗した。そして同月末には事態収拾のため，社会民主党員のゼーヴェリング内相が新たに特別調停官に任命されたが，その人選から裁定の方向も予想されたため，資本側も12月3日にロックアウトを解除した。そのうえで同月21日，資本の主張を一部とり入れる形で，時間当たり賃銀の引上げ（年内は前回裁定どおり一律6ペニヒの引上げ，翌年からは1～6ペニヒの下厚上薄の引上げに改訂）と時間短縮（週48時間の3交替制を目標として，当面は60時間を57～52時間に短縮）を内容とする裁定（期限は30年6月末まで）がくだされ，労資がそれに服することで新協約が成立し，争議は終結したのである。詳しくは，Preller, *a. a. O.*, S. 399-406; Schneider, *a. a. O.*, S. 76-85; H. Meijer, *Die Bedeutung der Schlichtungstätigkeit für die Entwicklung der Arbeitsbedingungen in* der nordwestlichen Großeisenindustrie, Diss. Jena 1932, S. 72–79; U. Hüllbüsch, Der Ruhreisenstreit in gewerkschaftlicher Sicht (Mommsen et al., a. a. O., S. 271ff.), 参照。

25) この動きについては, U. Wengst, Unternehmerverbände und Gewerkschaften in Deutschland im Jahre 1930 (VfZ, 25-1, 1977), 参照。

26) O. K. Flechtheim, *Die KPD in der Weimarer Republik*, Frankfurt/M. 1969, Kap. 4 (足利末男訳『ヴァイマル共和国時代のドイツ共産党』東邦出版社, 1971年, 第4章); F. Eisner, *Das Verhältnis der KPD zu den Gewerkschaften in der Weimarer Republik*, Köln 1977, Kap. VI, 参照。

27) 以下の数字は, Bry, *op. cti.*, pp. 327, 331, 326.

28) 詳しくは, M. Schneider, *Das Arbeitsbeschaffungsprogramm des ADGB*, Bonn-Bad Godesberg 1975, 参照。

29) 大野英二「ヒルファーディングとシュトラッサー」(京都大学『経済論叢』第105巻第1〜3号, 1970年), 参照。

30) Speier, *a. a. O.*, S. 119.

31) 本項で問題とするナチスの労働者ないし組合対策については, H.-G. Schumann, *Nationalsozialismus und Gewerkschaftsbewegung*, Hannover u. Frankfurt/M. 1958 が現在でも最良の文献である。その後の文献では, D. v. Löhlöffel, Die Umwandlung der Gewerkschaften in eine nationalsozialistische Zwangsorganisation (I. Esenwein-Rothe, *Die Wirtschaftsverbände von 1933 bis 1945*, Berlin 1965); M. H. Kele, *Nazis and Workers*, Chapel Hill, 1972, ナチス期の文献では, W. Müller, *Das soziale Leben im neuen Deutschland*, Berlin 1938 等を参照。

32) この大会での左派の主張については, R. Kühnl, *Die nationalsozialistische Linke 1925-1930*, Meisenheim 1966, S. 309–316, Dok. 13-18, 参照。たとえばハノーヴァーの経営グループ代表は, 社会民主党系の自由組合に対抗するためには, これと同様にナチス経営細胞も, ストライキ, ロックアウト, 不利益処分, さらには病気にたいして救済保証をなしうることが必要だとし, 自由組合がナチス党員にたいして, そのアジテーションを理由に不利益処分を加えるケースが増加していることを指摘した。

33) Schumann, *a. a. O.*, S. 167.

34) *Ebenda*, S. 38–39.

35) ライは権勢欲が旺盛な日和見主義者であったため, その後も種々の問題を惹き起こしたが, それについては, 山口定「R・ライとその周辺」(『季刊 社会思想』第2巻第3号, 1972年), 参照。

36) なおキリスト教系労働組合は，その姉妹組合がフランス管理下のザール地方で影響力をもち，ここではやがてドイツ復帰をかけた国民投票が行なわれるため，ナチス政府も同労働組合だけは例外的に存続させることとした。しかし33年6月のILO総会で，ナチスに反対する国際労連系の諸勢力が，ドイツの労働代表として上記の組合代表だけを認めて，労働戦線代表のライの資格を否認したため，ドイツ代表は会議をボイコットして引き揚げざるをえなかった。この国際的評価を背景にして上記の労働組合がその後ナチスの方針に抵抗したため，6月24日，同組合も裏切り者としてナチス経営細胞によって占拠・解散させられて，労働戦線に吸収され，組合は最終的に消滅するにいたった。

37) Schumann, *a. a. O.*, S. 168. なお Müller, *a. a. O.*, S. 83-84 には，時点がややずれるが，各構成団体別の構成員数が示されている。

38) H. Broszat, *Der Staat Hitlers*, München 1969, S. 113-114. なお同法の成立については，T. W. Mason, Zur Entstehung des Gesetzes zur Ordnung der nationalen Arbeit vom 20. Jan. 1934 (Mommsen et al., *a. a. O.*, S. 303ff.) をも参照。

39) Schumann, *a. a. O.*, S. 101.

40) Broszat, *a. a. O.*, S. 201-202.

41) Müller, *a. a. O.*, S. 84.

42) Schumann, *a. a. O.*, S. 168.

43) *Ebenda*, S. 128-129.

44) Bry, *op. cit.*, p. 401.

45) ナチス労働政策にかんする文献は，労働戦線を主題とするものが多いが，本項の対象については，さしあたり，Guillebaud, *op. cit.*; do., *The Social Policy of Nazi Germany*, Cambridge, 1941; Syrup, *a. a. O.*, Teil 3 等を参照。

46) これをめぐるナチス体制内での論議については，W. Benz, Vom freiwilligen Arbeitsdienst zur Arbeitsdienstpflicht (*VfZ*, 16-4, 1968)，参照。

47) Syrup, *a. a. O.*, S. 459-460.

48) このナチスの景気回復について，軍備拡大よりむしろ自動車工業の発展と道路建設の拡大を重視する説として，R. J. Overy, Cars, Roads, and Economic Recovery in Germany, 1932-8 (*The Economic History Review*, 2nd. Ser., 28-3, 1975); H. J. Henning, Kraftfahrzeugindustrie und Autobahnbau in der Wirtschaftspolitik des Nationalsozialismus 1933 bis 1936 (*Vierteljahrschrift für Sozial- und Wirtschaftsgeschichte*, 65-2, 1978) 等がある。それらは，この景気回復を初発からナチスの軍備拡大志向によって説こうとする一部の性急な主張にたいする批判としては，正当性をもつが，逆に軍備拡大の影響を軽視しようとするあまり，

その論旨にも無理を生じている。オヴァリの場合には，36年秋の第二次4ヵ年計画への転換が不問に付されるし，ヘニングの場合には，その転換があたかも景気維持のために生じたかのごとくに説かれ，実際には景気過熱が当時の問題であった点がまったく誤解されている。

49) たとえば34年に社会的名誉裁判所に起訴された65件のうち，5件が従業員で，60件が経営者であったが，このうち19件は従業員にたいする不当な搾取，とくに基準以下の賃金支払いや過度の時間延長を理由としたといわれる (Müller, *a. a. O.*, S. 125-126)。

50) 第二次4ヵ年計画期の労働政策については，文献は注44以外にも比較的多い。たとえばナチス当局のものでは，*Deutsche Sozialpolitik: Bericht der Deutschen Arbeitsfront, 30. 6. 1936 bis 31. 8. 1937*（大原社会問題研究所訳『独逸社会政策と労働戦線』栗田書店，1939年）; F. Seldte, *Sozialpolitik im Dritten Reich 1933-1938*, München u. Berlin 1939（雪山慶正訳『ナチス独逸社会政策』実業之日本社，1942年），外国での批判的研究としては，L. Hamburger, *How Nazi Germany Has Mobilized and Controlled Labor*, The Brookings Institution, 1940; O. Nathan, *The Nazi Economic System*, Durham, 1944 (reissued 1971), Chap. 7 等がある。また当時の秘密文書を含む資料集として，T. W. Mason, *Arbeiterklasse und Volksgemeinschaft: Dokumente und Materialien zur deutschen Arbeiterpolitik 1936-1939*, Opladen 1975 がある。同書は収録資料に偏りがあるものの，実態の究明には有益であり，以下では，Mason, *Dok. 3*, S. 198ff. のごとく，資料番号を指示して利用する。なお，その編者の見解にたいする批判として，L. Herbst, Die Krise des nationalsozialistischen Regimes am Vorabend des zweiten Weltkrieges und die forcierte Aufrüstung (*VfZ*, 26-5, 1978) がある。また同書の資料を利用した丹念な分析として，矢野久「ナチス後期における労働政策とその実態に関する社会史的考察」(上)(下)（『三田学会雑誌』第70巻第6号，第71巻第3号，1977～78年）があるので，併せて参照されたい。

51) Mason, *Dok. 3*, S. 198ff.
52) Mason, *Dok. 6-13*, S. 223ff.
53) Mason, *Dok. 17*, S. 251ff.
54) Mason, *Dok. 38*, S. 38f.
55) Mason, *Dok. 66*, S. 501f.
56) Mason, *Dok. 80*, S. 550f.
57) Mason, *a. a. O.*, S. 114.
58) Mason, *Dok. 39*, S. 348ff.

59) Mason, *Dok. 57-58*, S. 456ff.
60) ライの要求をめぐる動向については，山口，前掲書，89頁以下，Mason, *a. a. O.*, S. 143ff.; G. Beier, Gesetzentwürfe zur Ausschaltung der Deutschen Arbeitsfront im Jahre 1938 (*Archiv für Sozialgeschichte*, Bd. XVII, 1977)，参照。
61) Mason, *Dok. 136*, S. 787f.
62) Bry, *op. cit.*, p. 236.
63) Mason, *Dok. 147*, S. 847f.
64) ヴァイマル期のドイツ農業ないし農業政策については，さしあたり M. Sering, *Deutsche Agrarpolitik*, Berlin 1934; J. B. Holt, *German Agricultural Policy 1918-1934*, Chapel Hill, 1936; 原田溥「ワイマール・ドイツ資本主義の農業政策と東部援助問題」(『唯物史観』第3号，1966年)を参照。
65) 農業負債問題について詳しくは，Enquete-Ausschuß, II-12: *Die Verschuldungs- und Kreditlage der deutschen Landwirtschaft*, 1930 を参照。
66) *Konjunkturstatistisches Handbuch 1936*, S. 175ff.
67) たとえば穀物の作付面積は，穀種によって若干の差はあるものの，雇用労働にもっぱら依存する100ha以上の大経営に2～3割が，自家労働と雇用労働をともに不可欠とする20～100haの大農経営に3割余が属したが，経営規模が小さいほど自家消費分の割合が高まるから，販売量では上層のシェアはさらに高まるであろう。それにたいして畜産では，たとえば乳牛や豚の飼育頭数は，家族労働に依存する5～20haの小農経営に約4割が，それ以下の零細経営に約3割が属した。
68) たとえば乳業の場合，原乳の使途は飼育用が1割強，飲用が自家用(約1割)を含めて3割台，残りがバター用(5割前後)を中心とする加工用であったが，乳製品ではデンマークやオランダからの輸入が多く，国内自給率はバターで約75％，チーズで80％程度であった。しかもこれら諸国に比してドイツでは酪農工場も未発達で，国産バターの過半は個々の農家の手になる農村バターであったから，品質的にも価格的にも輸入品とは競争できなかった。そのため輸入バターの相場が国産バターの価格を規定し，これが生産者乳価を規定するというように，ドイツ乳業は外国の競争に締めつけられたが，それでも国内需要が拡大したため，牛乳の生産は20年代後半に約3割の増加を達成できた。詳細は Enquete-Ausschuß, II-15: *Die Lage der deutschen Milchwirtschaft*, 1931 を参照。
69) Enquete-Ausschuß, II-12, S. 25.
70) Sering, *a. a. O.*, S. 119.
71) この過程については，H. Gies, NSDAP und landwirtschaftliche Organisationen

in der Endphase der Weimarer Republik (*VfZ*, Jg. 15, 1967) を参照。

72) フーゲンベルクの農政について詳しくは，Sering や Holt の各前掲書のほか，美濃部亮吉『独裁制下のドイツ経済』（福田書房，1935年）第5章を参照。

73) その事情については，H. Gies, Die nationalsozialistische Machtergreifung auf dem agrarpolitischen Sektor (*Zeitschrift für Agrargeschichte und Agrarsoziologie*, Jg. 16 1968) を参照。

74) 以下での主要参照文献をあげれば，概説書としては，永川秀男『ナチス農民政策』（葛城書店，1943年），磯辺秀俊『ナチス農業の建設過程』（東洋書館，1943年）があり，後者は冷静な研究書である。世襲農場については，豊永泰子「ナチス体制と世襲農場制」（『西洋史学』第79号，1968年）が丹念な好論文である。食糧団については，ナチス当局者の著述として，H. Reischle und W. Saure, *Der Reichsnährstand*, 3. Aufl., Berlin 1940（永川秀男訳『独逸食糧団』食糧協会，1943年），H. ライシュレ（福田喜東訳）「国食糧分団と市場統制」（『新独逸国家大系 9』日本評論社，1939年），H. バッケ（近藤康男訳）「農業及び内地植民政策」（同『大系 10』1940年）等がある。

75) *Wirtschaft und Statistik*, 1934, S. 806.

76) W. Jähnig, *Osthilfe, landwirtschaftliche Entschuldung und ihre Auswirkungen*, Diss. Kiel 1938, S. 62ff.

77) H. Gies, Der Nährstand—Organ beruflicher Selbstverwaltung oder Instrument staatlicher Wirtschaftslenkung? (*Zeitschrift für Agrargeschichte und Agrarsoziologie*, Jg. 21, 1973) を参照。

78) 注74の諸著のほか，P. Klauke, *Die deutsche Fett-, Getreide- und Futtermittelpolitik seit 1933*, Diss. Köln 1937; H. v. d. Decken, Entwicklung der Selbstversorgung Deutschlands mit landwirtschaftlichen Erzeugnissen, *Berichte über Landwirtschaft*, 138. Sonderheft, 1938 をも参照。

79) 磯部，前掲書，231頁。

80) 同上，163, 247頁。

81) F. Wunderlich, The National Socialist Agrarian Program (*Social Research*, vol. 13, 1946) を参照。

編者あとがき

　本書は，19世紀前半の産業革命と帝国主義的発展の時期から第一次世界大戦，大恐慌をへて第二次世界大戦にいたるドイツ経済について，それを資本主義発達史として叙述したものである。ヨーロッパでEU地域統合が進展し，EU加盟各国の経済が「ヨーロッパ化」しているにもかかわらず，それぞれの国民経済はなお独自の存在基盤を有し，また課題をかかえながらその解決を模索している。そして，各国経済の独自性は各国経済の歴史的な展開によって刻印されている。このことは，ドイツ経済についても例外ではない。しかもドイツ経済は，労使関係から通貨・金融にいたるさまざまな側面において，EUの制度的モデルを提供し，あるいはまたその牽引車ともなっている。このような意味で，本書は，国民経済としてのドイツ経済の現状の理解にとどまらず，EU経済の歴史的背景の理解についても資するものである。

　本書の著者は，『ドイツ金融資本の成立過程』（東京大学出版会，1960年），「現代資本主義の特質」（大内力・戸原四郎・大内秀明『経済学概論』東京大学出版会，1966年），『恐慌論』（筑摩書房，1972年）をはじめとする著作によって長年にわたりマルクス経済学の研究を主導してこられた。本書は，その著者が上記の業績を踏まえたうえで構想されていたものである。だが，著者はその刊行を果たすことなく2004年秋逝去された。その遺稿を基にわれわれの責任において編纂したのが本書である。

　本書はもともと，宇野弘蔵監修『講座 帝国主義の研究──両大戦間におけるその再編成』全6巻（青木書店，1973，75年）の第5巻として刊行されるはずのものであった。講座の刊行開始を告げるパンフレットのなかで，本書については次のように予告されていた。

　　両大戦間のドイツは波瀾万丈であった。第一次大戦に敗れてのちの数年は革命と反革命の時期であり，この間に課された対外的なヴェルサイ

ユ体制と対内的なヴァイマル体制との矛盾相克から，経済的には史上有名なインフレの破局化も必至となった。この収束後，1920年代後半には相対的安定が訪れ，対内的には一見繁栄も生じたが，これは対外債務の累積による矛盾の深化の過程であった。このため1929年の世界恐慌を契機に，経済の破綻と体制の危機が露呈し，強大な社会主義勢力の存在にもかかわらず，その決定的な抵抗なしにナチスが勢力を拡大して政権を獲得するにいたった。これ以後，ナチスは独裁体制下で再軍備を軸にした景気振興政策を展開し，体制的安定を達成しつつ，やがて対外侵略を強行し，ついに第二次大戦を惹起したのである。

　このような革命・安定・混乱・独裁という変転きわまりない諸局面について，個別的には従来わが国でも研究成果が示されてきた。問題はむしろ，一見矛盾をはらむこの複雑な全過程をいかに整合的・統一的に把握するかにある。そのためには，個々の事象の基礎にあってそれらを窮極的に規定する経済過程の客観的分析こそが必要である。具体的には，第一次大戦を契機とする資本・賃労働関係の実体的な変化，それによる金融資本の蓄積様式の変質と限界，ここから生じる社会的矛盾の累積と噴出が，国家の政策の展開との関連において解明されなければならない。

　このような見地から，本巻では，とりわけ世界恐慌以後の時期を中心に，ドイツにおける国家独占資本主義の展開の必然性と，そのナチズムという特殊ドイツ的な特質の検出に，主たる力点をおいて考察を進めることとする。

　だがその後，上記講座第4巻「イギリス・フランス資本主義」のフランス担当者玉田美治氏の急逝にともない，著者がその遺稿の完成および刊行を引き受けることになったこと，また「ドイツ資本主義」と「フランス資本主義」とが合冊で刊行される計画となり，そのため枚数削減に腐心せざるをえなかったこと，他方で著者はその後福祉国家の研究を精力的に推進し，そのなかでドイツのみならずスウェーデンをも実証的に研究したことなど，さまざまな要因が重なって，刊行は遅延した。もちろんその間にも著者は刊行の意欲

を失われず，さらに戦後ドイツ経済の研究にも歩を進めつつ，玉田著および自著の完成に向かっての作業を進められた。この間の事情について著者は，本書と同時に桜井書店から刊行されることになった玉田美治著『フランス資本主義——戦間期の研究』の「編者あとがき」（2004年8月26日付）のなかで触れられているが，さらにその後2004年夏，闘病生活に入った著者は，自らの主宰するドイツ経済文献研究会のメンバーに宛てたメールのなかで，自らの病状にごく簡単に触れた後，「そこで，やり残した仕事に大わらわで着手するしかなく，まずは玉田美治君の遺稿『フランス資本主義』の何度目かの，望むらくは最後の編集・刊行準備にとりかかるところです。」と記されていた。この「まずは」という言葉に，「次は自らの『ドイツ資本主義』を」との意思の表明を読み取ったのはわれわれだけではなかったと思われる。上記の「編者あとがき」のなかで，著者は自らの『ドイツ資本主義』については刊行を断念する旨記されていた。ということは，その時点まで断念されていなかったことを意味していると考えたい。そして，著者は2004年10月26日逝去された。

　当初われわれは，生前著者が残された原稿やメモを基に本書を編もうとした。しかしながら，原稿は途中までしか遺されておらず，世界恐慌期以降の時期についてのものおよび総括のための終章は，どうしても見つからなかった。それらの原稿は，本書の原稿と同時並行的に執筆され，先行して発表された諸論考に生かされた後，著者自身の手で廃棄されたものと推測される。そのことは，上記の玉田著への「編者あとがき」のなかの記述からある程度推測され，また遺された手書きの図表と発表された論文に掲載された図表との突き合わせなどからも確認できるところである。そこで，われわれの責任において，以下のような形で本書を再構成した。

　「序章　第一次大戦前のドイツ資本主義」および「第1章　第一次大戦とドイツ資本主義」については，宇野監修『講座 帝国主義の研究』の第5巻のための再校ゲラ刷りを基礎とした。このほかにも，初校ゲラ刷りのコピーが残されており，しかもそこには初校ゲラが出版社に戻された後に入れられた訂正も見出される。この訂正は当然ながら上記の再校ゲラには生かされて

いない.「青字＝最終加筆部分（1989～90）」との著者のメモがあるように，青字による訂正がそれであり，また赤字での加筆の一部も第2章にかかわるものは青字と同様と推定された．これらの訂正については，われわれの責任において本書に生かすこととした．ちなみに，初校には枚数削減のための手入れも含まれており，最も大幅な削減は「ドイツの景気指標（1899～1914年）」の削除とそれに関連する本文部分，および金融資本の蓄積様式ないし帝国主義段階における景気循環の変容にかかわる部分であるが，これらの部分を復元して本書に生かすことは，いったんは試みたものの，最終的には断念した．どこまでをどう生かすかの判断においてわれわれの恣意が入り込む余地が大きすぎると思われたからである．

「第2章　相対的安定期のドイツ資本主義」については，再校ゲラ刷りが残された部分については（本書「第2節　産業の合理化」のうちの「化学工業」まで），上記の序章および第1章についてと同様の方針をとった．第2節のうちの「鉄鋼業」以下の部分については，ゲラ刷りはなく手書き原稿のみが残されているので，この手書き原稿を基礎とした．ただし，手書き原稿は「第3節　合理化の限界」の「農業問題」の途中で終わっているが，そこから「農業問題」の末尾までについては，「ドイツ（7）完成稿」という表題の付された大学ノートに素稿が見つかったので，それを生かすことにした．第2章の末尾の，原稿が欠落している部分については，メモの類も見つからなかった．

問題は,「第3章　世界恐慌とドイツ資本主義」および「第4章　ナチス体制下のドイツ資本主義」である．原稿が発見されれば当然それを基礎とする方針であったが，前述のように原稿はついに発見されなかった．そこで，玉田著への「編者あとがき」での，本書で「述べるべき主要論点の多くは，すでに研究書の共同研究で発表した二つの論文で述べてある」との記述を踏まえ，まずその二つの論文，すなわち「ナチス経済」および「ナチスの労働政策」（東京大学社会科学研究所編『ナチス経済とニューディール』〔『ファシズム期の国家と社会3』東京大学出版会，1979年〕に所収．ただし底本としては2刷を用いた）を採録するという方針を立てた．

そのうえで，この方針を次のように具体化した。著者による上記の言及に従って，概論としての「ナチス経済」のみならずいわば各論というべき「ナチスの労働政策」をも収めることにすると，農業についても各論を置かねば均衡を失すると考えられた。本書では，資本家・労働者・土地所有者の3大階級という構図が一貫して前提にされており，農業はいわば本書の柱のひとつだと考えられるからである。そこで，本書の原稿および上記の2論文が執筆された時期に書かれた「ナチスの農業政策」（日高普・大谷瑞郎・斎藤仁・戸原四郎編『マルクス経済学 理論と実証』東京大学出版会，1978年）をも収めることにした。さらに，「ナチス経済」では世界恐慌期にも言及があるものの，それは簡単な概観にとどまっているので，既発表の各論的なものを収めるべきだと考え，やはり同じころに執筆された「1931年のドイツ銀行恐慌」（大内力編『現代資本主義と財政・金融3 現代金融』東京大学出版会，1976年）をも採録することにした。そのうえで，上記の青木書店のパンフレットおよび遺された数種の目次案における扱いに従って，これを独立した章とすることとした。ちなみに章題は，パンフレットではたんに「世界恐慌期」となっているが，目次案のうち最新のものと思われるものでは「世界恐慌とドイツ資本主義」となっているので，この題を採用した。なお，著者の目次案で予定されていた終章については，これにあてるべき適当な論考を見出すことができなかった。

　さて，このように各論的な既発表の論考をも収めるとの方針を定めたうえで，「1931年のドイツ銀行恐慌」を基礎として「第3章 世界恐慌とドイツ資本主義」を，また「ナチス経済」，「ナチスの労働政策」，「ナチスの農業政策」を基礎として「第4章 ナチス体制下のドイツ資本主義」をわれわれの手で再構成ないし復元することをいったんは試みた。だが，これは断念せざるをえなかった。形式上だけではなく内容的にも整合的であることを追求しはじめると，種々の困難に逢着することになったし，著者の構成案に沿ったものになっているかどうかもはなはだ疑問となった。そもそも編者としての権限をあまりにも逸脱することになる恐れが生じたのである。そこで結局は，既発表の論考をそのまま並べて第3章および第4章とすることとした。ただ

し，第2章までに準拠して章・節・項の形式をできるだけ整え，それにともなって注や参照の形式を揃えた。なおその際,「ナチスの労働政策」と「ナチスの農業政策」については，第2章までの記述，とくにそのなかの「合理化の限界」で労働，農業の順となっていることに従って，この順で並べることとした。また,「ナチス経済」以下の論考は相対的安定期から説き起こされており，さらに一部は第一次大戦にまで遡っているため重複があるが，再構成することを断念した以上，重複部分を削除することはしなかった。敢えて言えば，重複した記述を比較検討することによって，著者の主張をより深く理解することができる可能性があるとも考えたのである。

このほか，図にかかわる問題もあった。「ドイツ経済指標（1928～33年）」および「ドイツ金融指標（1928～33年）」という2葉が作成されながらそれが後に触れる上記論文「1931年のドイツ銀行恐慌」では1葉にまとめられ（本書の図3-1），その過程で簡略化されたおり，また「ドイツ経済指標（1932～39年）」および「ドイツ金融指標（1932～39年）」というこれまた詳細な2葉が作成されながら，これらは上記論文「ナチス経済」においてはおそらく紙幅の制限からまったく利用されなかった。これらの元の図だけでも採録することを考慮したが，やはりわれわれの恣意が介在するのではないかとの懸念から，これを断念せざるをえなかった。

こうして，本書にみられるような編別構成となったのである。なお，字句や文献の表記について著者の方式を極力尊重したことはいうまでもないが，そのうえでわれわれの責任において必要最小限の統一を図った。参照文献はおおよそ1980年頃までに刊行されたものであるが，そのままとした。

さて，本書刊行までの経緯と編集方針について思わず紙幅を費やしてしまったが，本書の意義についてもごく簡単に記しておきたい。

本書は19世紀中葉の産業革命期ないし自由主義段階から説き起こされているが，その主たる対象は第一次世界大戦から第二次世界大戦の勃発までのいわゆる両大戦間期である。ただし，第一次大戦期に多くの紙幅が割かれている点は注目に値する。いずれにしても，このような対象時期の設定は，いう

までもなく本書がもともと宇野監修『講座 帝国主義の研究』の一巻として予定されていたことによるものである。講座の副題は「両大戦間におけるその再編成」とされていたのである。このように1世紀にわたる時期を扱った本書は，著者自身の狙いでは，資本家・労働者・土地所有者のいわゆる三大階級という構図を強く前面に出したドイツ資本主義発達史として執筆された。それは，ドイツ資本主義の発達史として独自の位置を占める作品であるということができる。ドイツ資本主義ないしドイツ経済の歴史を扱った研究書はけっして少なくないが，そのなかで本書は，著者ならではの徹底した文献渉猟と文献評価，そして深い読込みによる透徹した概観を与えたものということができる。また，本書は宇野弘蔵の三段階論における現状分析として書かれた。すなわち，現状分析に際しては，マルクスの『資本論』で展開された議論を整序した原論を踏まえながらも，その踏まえ方は直接的であるべきではなく，資本主義の歴史的発展にかんする段階論をも踏まえなければならないとの宇野の方法論を正面から受け止めたうえで，本書は成っているのである。このように，本書が明確な方法的視座に立って書かれたことは，宇野の方法論的提唱の再検討に際しても貴重な素材を提供するものと思われる。

　ただ，本書をどのように読み，どのように評価するかは，いうまでもなく読者各位に委ねられていることであり，ここでこうした点に立ち入ることは控えることにしたい。われわれとしては，ドイツ経済あるいはドイツ資本主義についての研究自体が細分化する風潮のなかにあって，本書はたえず参照されるべき概説として長い生命を保つものとなることを期待し，かつ確信しているということだけは記しておきたい。

　なお，上記の本書成立の経緯から，戦後ドイツについての著者の業績は収録対象からはずした。関心をもたれる読者は，著者自身の論考のうち，とくに次のものを参照されたい。

　「西ドイツにおける戦後改革」(東京大学社会科学研究所編『戦後改革2　国際環境』東京大学出版会，1974年)。

　「歴史と現状」(戸原四郎・加藤榮一編『現代のドイツ経済　統一への経済過程』有斐閣，1992年)。

「社会国家 社会保障改革の模索」（戸原四郎・加藤榮一・工藤章編『ドイツ経済 統一後の10年』有斐閣，2003年）。

　著者は，本書の完成と刊行を断念することを上記の玉田著への「編者あとがき」において明記していた。それにもかかわらず，われわれは本書を編集し，刊行することを敢えてした。これが著者の意思に沿わない行為となってはいないか，しかもつねに完璧を期した著者の姿勢からすれば不満足な出来映えになってはいないかとの恐れは残る。著者からのお叱りを覚悟しながらも敢えて本書の刊行に踏み切ったのは，何よりも，本書の学問的意義にたいするわれわれの確信である。本書が現代資本主義研究がさらに進展する契機となることを切望する。

　戸原つね子夫人は，本書刊行にかんするわれわれの申し出を快諾されたばかりか，原稿やメモ類の探索や原稿の整理・編集に際してご尽力を賜った。さらに，原稿のワープロ入力に際しても，夫人，ご子息の健夫氏，お孫さんの麻美子さん，裕介君のご協力を賜った。松葉裕氏には校正を手伝っていただいた。索引は藤澤の手になる。東京大学出版会は既発表稿の再録を快諾された。桜井香氏は，玉田美治先生の遺著『フランス資本主義』に続いて本書をも引き受けるという決断をして下さった。そしてこの上なく丁寧なお仕事で本書の早期刊行に漕ぎつけて下さった。これによって，桜井氏がかつて手がけられた『講座 帝国主義の研究』が実質的に完結したことを，この講座から多くを学んだ者として心から喜びたい。以上の方方に厚く御礼申し上げる。

　　　2006年6月20日

　　　　　　　　　　　　　　　　　　　　　　　　　　　　工　藤　　　章
　　　　　　　　　　　　　　　　　　　　　　　　　　　　藤　澤　利　治

人名索引

アウフホイザー, S.　209
ヴァーゲナー, O.　175
ヴィッセル, R.(労相)　248
ヴィルト, J.　56
ヴォイチンスキー, W. S.　205
エーベルト, F.(大統領)　46, 48

カウツキー, K.　25
キルドルフ, E.(エーミール)　67
クーノー, W.(政府)　57
クルップ, v. B.-H., G.　179
クロージク, L. S. v.　159
ゲーリング, H.(無任所相)　176, 186
ゲッベルス, J. P.　206, 207, 208
ケプラー, W.　175
ゴルトシュミット, J.　154

シャイデマン, Ph.(首相, 内閣)　46, 48, 52
シャハト, H.(中央銀行総裁, 経済相)　71, 74, 151, 159, 161, 167, 179, 182, 185, 186, 190, 193, 194, 220, 226
シュトラッサー, G.(グレゴール, 兄)　173, 175, 176, 205, 206, 207, 209, 213
シュトラッサー, O.(オトー, 弟)　173, 175, 206, 207, 209
シュティンネス, H.(フーゴ)　49, 50, 66, 68
シュトレーゼマン, G.(政府, 首相, 大連合政府)　57, 58, 69, 70
シュパン, O.　246
シュミット, K.(経済相)　211
シュライヒャー, K. v.(内閣, 首相)　172, 175, 176, 204, 207
ゼーリング, M.　130
ゼーヴェリング, C.(内相)　248
ゼルテ, F.(労相)　211

ダレ, R. W.(農相)　174, 177, 181, 185, 189, 235-237, 240, 244
ドーズ, C. G.　73, 74
ノスケ, G.　47

ハーゼ, H.　46
パーペン, F. v.(内閣, 政府, 政権)　172, 176, 204, 205, 215, 229
バウアー, G.(内閣)　52, 56
ビスマルク, O. v.　6, 24, 246
ヒトラー, A.(政権)　58, 163, 164, 172, 173-176, 179, 180, 183, 185-186, 192, 193, 194, 205, 206-209, 210-213, 214-215, 220-221, 227, 228, 229, 234, 235, 245
ピュンダー, H.(官房長官)　159
ヒルファディング, R.(蔵相)　69, 128, 151, 205
ヒンデンブルク, P. v.(将軍, 総司令官)　37, 42, 43
フーゲンベルク, A.(農相)　176, 177, 180, 202, 235, 236, 253
フェーレンバハ, K.　56
フリック, F.　106
フリック, W.(内相)　176
ブリューニング, H.(内閣)　151, 153-154, 158, 159, 170-171, 203, 205, 233
プロイス, H.(フーゴ)(内相)　48
フンク, W.(中央銀行総裁, 経済相)　186, 190
ベートマン・ホルヴェーク, Th. v.　43
ベーベル, A.　25
ヘルトリング, G. v.　43
ヘルフェリヒ, K.(蔵相)　69, 77
ヘルメス, A.　177
ベルンシュタイン, E.　25

マクス(・フォン・バーデン), M. v.(公, 公内閣)　43, 44
マルクス, W.(内閣)　59, 71
ミヒャエリス, G.　43
ミュラー, H.(内閣, 大連立内閣)　56, 128-129, 151, 169-170, 202, 203
ムーホウ, R.　206, 209, 211, 213

ヤング, O. D.　149

ラーテナウ, W.　27, 39

ライ, R.　178, 209, 211-214, 227, 230, 249, 250, 252
ライパルト, T.　208
リープクネヒト, K,　31
ルーデンドルフ, E.(参謀総長, 将軍)　42, 58
ルクセンブルク, R.(ローザ)　25, 31, 45, 46, 47
ルター, H.(農相, 首相, 中央銀行総裁)　59, 69, 151, 159, 161
レーニン, W. I.　45
レギーン, C.　49

事項索引

1月闘争　47
1兆マルク＝1レンテンマルクの交換比率　71-72
1兆マルク＝1レンテンマルク＝1ライヒスマルク＝2.79分の1グラムの金　73
3B政策　25
4ヵ年計画庁　186, 226
(11月)革命(ドイツ革命も)　30, 43-45, 47, 49, 50-51, 59, 64, 70, 75-76, 146, 163, 202
1873年恐慌　7
1879年の関税法　12
1900年恐慌後　14, 94
1907年恐慌後　15

AEG　15, 27, 39, 111, 206
A製品連合　139
GM　117
IG(ファルベン)　96-99, 100-104, 138, 139, 165, 187
MAN　112
RGO(革命的組合反対派)　203, 207

あ行

アウグスト・テュッセン製鉄所(ATH)　107, 108
アウトサイダー　12, 13, 15
アグファ(Agfa)　94, 96, 102
飴(鞭)の規定　37
アメリカでの株価暴落　151, 168
アメリカの株式ブーム　149, 168
アルザス・ロレーヌ(アルザス, ロレーヌも)　6, 7, 12, 53-54, 65-67, 104, 109, 118-119
安定恐慌(期)　70, 72, 81, 83, 105, 112, 119, 123, 124, 165, 198
安定通貨(の創出)　69, 70
一子相続(制)　178, 237
衣服産業　21, 89, 136
イングランド銀行　74, 153, 154, 155
インフレーション(インフレ)(ドイツの)　36, 55, 63-66, 68, 76, 80, 146, 164-165, 182, 190, 196, 200-201, 205
── 期(下)　64-66, 68, 71, 77, 80-81, 83, 87, 111-112, 116, 119-120, 127, 129, 133, 166, 167, 198, 200, 231
──景気　65, 70
──犠牲者　68
──再燃の危険　72
──的な景気政策　158
──的な経済体質　192, 229
──成り金　106
──の原因(根因, インフレ責任論)　64, 69, 70
──の進行　32, 42, 61, 65, 66
──(の)収束　55, 57, 59, 63, 68-69, 70-71, 77, 119, 120, 125, 127, 129, 147, 164-165, 196, 198, 200
──の破局化　55, 164
──利得　68, 80
インフレがインフレを呼ぶ　61
ヴァイマル憲法(新憲法も)　48, 56, 163, 196
ヴァイマルの「経済生活」　48, 51
ヴァイマル(共和国)期　75, 179, 212, 245, 252
ヴァイマル(民主主義)体制　48, 52, 55, 58, 61, 68, 70-71, 79, 83, 110, 128-129, 135, 146, 148, 151, 163-164, 166, 168-169, 172-173, 191-192, 195-196, 201, 205, 229, 231
ウィギン委員会　158

ウィルソン大統領の平和14ヵ条による講和提案　43, 52
ヴェルサイユ（講和）条約（講和条約も）　52-53, 55-56, 61, 63, 65, 104, 134, 152
　——の調印　52, 56, 164
ヴェルサイユ体制　53, 55, 79, 146, 148, 158, 164, 168, 172-173, 184, 192
運転資金の枯渇　72, 147
営業条例第153条の廃止　43
営業中間層闘争団　175
エルツベルガー蔵相の税制改革　63
エルツベルガーの暗殺　57, 63
厭戦気分（の蔓延）　42, 44, 47
オーストリア皇太子暗殺事件　29
オーストリア合邦　187, 191
オストプロイセン（州援助法）　53, 134, 233
オペル　116, 117
卸売物価（価格）　36, 63, 65, 168, 204

か行

階級対立　70, 79, 87, 192, 212
外貨での送金の保護規定　73, 79, 149, 165, 168
外貨危機　182, 185, 193, 217, 220, 244
外貨（資）流出　153, 154, 155, 171
外貨割当（制）　182, 185
外国為替管理令　157
外国資本（外資, 外国短資）の引揚げ（流出）　86, 145, 149, 152, 153, 154-155, 171
外国資本（外資, 外国短資）の流入（取入れ, 吸引）　81, 86, 88, 145, 147, 166, 168
外国資本（外資, 外国短資）への依存　87, 147, 149
外国短期資本（短資）の据置き　158
外債発行　86, 87, 104, 108, 115, 138, 149, 167
改良主義（者）　25, 44, 49
価格監視官　183
価格競争（力）　11, 85, 220
価格形成官　187, 220, 226, 227
化学工業　15, 26, 39, 41, 67, 83, 85, 89, 91-93, 95, 96, 101, 104, 115, 137, 165, 187, 223, 246
価格支持政策　181, 235
価格停止令　187, 220
科学的経営管理　113
価格統制　36, 183, 190
革命的オプロイテ　45, 46
掛け金の増額か給付金の削減か　151, 169, 203
貸付金庫証券　33, 35
過剰資本の整理　22, 72, 80, 83
過剰人口の滞留（圧力, 累積）　18, 19, 86, 91, 118, 124
過剰設備の温存　23
カッセラ　94, 96
カップ一揆　51, 56, 57, 205
稼働率　11, 22, 114
貨幣法・銀行法の改正　73
株式会社形式（制度）　4, 11, 12, 22
株式会社の配当率　40-41
株式交換　94, 106, 121
（株式）配当の制限　184
火薬生産（増産）　39, 95, 102
カルテル（協定）　11, 12, 13, 14, 113, 142
カレ　94, 96
為替ダンピング　65, 68, 80
為替（の）暴落　111, 116, 119, 129
為替取引・所有の中央銀行への集中　157
為替管理　145, 158, 171, 182
為替取引の認可制　157
歓喜力行団　179, 211, 214
官製メーデー　208, 209
関税自主権　65, 87, 104, 129
完全雇用　185, 186, 190-191, 193, 217, 220, 226, 230, 243, 244
（完全）失業者（数）　87, 126, 151, 158, 168, 182, 193, 198, 204, 211, 214-217, 219, 221, 224
（完全）失業率　36-37, 72, 83, 86, 124, 215-216
換物運動　65, 66, 81, 116, 119, 129

事項索引

管理通貨体制(制度)　159, 192, 229
キール軍港での水兵の反乱　44
議会制民主主義　44, 46, 48, 170
機械工業　22, 39, 41, 89, 91-93, 110-111, 113-114, 117, 140
機関銀行　66, 67
企業(の)収益　40-41, 65, 86, 110, 146, 168
企業(の)集中　13-14, 65, 66, 80, 81, 105-106, 112, 116, 119, 120, 121
企業破綻　72, 154, 171
基礎化学品　96, 97
技術の相互交換　94
北ドイツ連邦　6
旧中間層の没落(解体・整理)　4, 5, 16
旧ドイツ関税領域(ルクセンブルクを含む)　109
救農緊急計画　134, 232
恐慌の急性的性格　22, 145
共産党(ドイツ)　46, 47, 48, 56, 57, 126, 171, 175-176, 203, 205, 207
強制カルテル(法)　180, 241
強制裁定　110, 127, 196, 198, 203, 247, 248
強制執行保護令　235
強制仲裁(制度)(政府の)　87, 165
協約賃金　87, 114, 171, 198, 200, 203, 204, 219
共和制の発足　43
(巨大)株式(大)企業　5, 10, 11, 22
キリスト教系労働組合(職員組合, 店員組合も)　128, 200-201, 205, 208-209, 250
金貨(金為替)本位制　74
緊急失業対策事業　216, 217
緊急通貨　64
緊急扶助(制度)　125, 126, 204
銀行休業　156
銀行救済(措置)　145, 171
銀行恐慌　123, 145, 146, 148, 156, 158, 159, 160, 161
銀行統制　145, 159
銀行の支払い再開　156, 157
銀行の支払い停止　157, 171

銀行法の改正　32
金属産業　186, 189, 201, 203, 207, 219, 220, 221, 222, 223, 247
金属準備　32, 35
金兌換(義務)　32, 33, 73
近代的鉄鋼業　10, 12
金本位制　32, 71, 74, 170, 192, 229
　　——への復帰　69, 73, 79, 81, 165
　　——離脱(イギリスの)　145, 171
金マルク建て債券　70
金融恐慌　171, 182
金融資産の減価　68
金融資本　15, 16, 22-26, 192, 194-195
　　——の蓄積(様式)　11, 22, 23, 24
金融の引締め　69, 70, 71
金利生活者　68
勤労奉仕　181, 215, 216, 217, 224, 228
金割引銀行　74, 155, 156, 157, 160
グーテホフヌング・コンツェルン　112-113
屈伸準備制　32
国の(大)銀行支配　157, 161
グランツシュトッフ・ベンベルク・グループ　102-103
グリースハイム・エレクトロン　95, 96
繰延べ需要(の発動)　60, 119
クルップ　105
クレディット・アンシュタルト　152, 160
軍事占領　52, 55
軍事(需)動員　36, 37, 80
軍需景気　36, 219, 230
軍需産業　37, 38, 75
軍需生産　36, 39, 43, 95
　　——の拡大　37, 186, 220
　　——の民需生産への転換　60
軍備拡大(充)　23-24, 183-186, 190, 191, 193, 217, 220, 230, 244, 250
経営協議会(後の(経営)信任会議)　179, 196, 208, 212
経営協議会法　51, 196
経営協議会方式　128

経営業績闘争　226
経営共同体(論)　179, 211, 212, 229
「経営の科学化」　80
「経営の中へ」の運動　207
景気回復　23, 125, 184, 185, 193, 217, 220, 229, 243, 250
景気(の)過熱　191, 193, 228, 230, 244, 251
景気(振興, 回復, 刺激)政策　145, 159, 172, 185, 215
景気動向(の変動, 変容)　22, 81, 84
軽工業　21, 22, 38, 89, 91, 92, 93, 136
経済(的)民主主義　48, 52, 128, 146, 163, 166, 201, 202, 247
経済の軍事化　185, 191
経済封鎖　37, 52, 80
結婚資金(の無利子)貸付(制度)　181, 189, 215, 224
ケルン・ロットヴァイル社　102
限外発行　32, 33
建艦競争　23
研究開発費　94, 101, 103
現金準備　32, 33, 35
現金賠償　55
建設業　67, 89, 91, 186, 188, 189, 220, 221, 222, 223, 224, 225
健全財政　79, 146, 152, 165, 167
健全通貨　152, 165
現物賠償(生産物賠償も)　54, 55, 66
原毛投機の失敗　123, 154
広域経済圏　183
公益部門　85
高級車　115, 116, 141
公共投資　23, 172, 182, 183
公共(土木)事業　125, 181, 182, 183, 193, 205, 215, 216, 217
公共部門　85, 87
鉱業　89
鉱工業(部門)　84-85, 110
(鉱)工業生産　40, 60, 81, 83, 85, 123, 166, 168, 185

鉱工業の規模別・部門別構成　20, 88-89
鉱工業の規模別労働力数　21-22
公債発行　31, 32, 35, 60
高失業　36, 204, 215, 217, 219
耕種部門　130, 231
工場監督官(報告)　39, 189, 228
工場(動力の)電化　85, 119
後進資本主義国(遅れて資本主義化した国)　4, 6, 7, 9, 10, 12, 16
構造的失業　125
公定価格(制度)　36, 42
公的金(・外貨)準備　32, 69, 73, 168, 182
合成(人造)ゴム　185, 187
合成窒素　101
合成燃料　101
合同製鋼　105, 106, 107, 108, 110, 139, 165
合理化　80-81, 85-86, 91, 93, 97-98, 101, 104, 108, 110, 112-113, 116-117, 119, 123-125, 128, 130-133, 147, 149, 166, 201-202
──景気　83-84, 86-87, 108, 113-114, 121, 123, 124, 147, 166, 184, 198, 202
──投資　86, 168, 184
互換性の増大　113
国営ゲーリング工場　187
国民議会　46, 48, 52
国会(国民議会も含む)の総選挙　46, 47, 56, 59, 128, 152, 158, 170, 172-173, 174, 175, 176, 205, 207-208, 211, 232, 235
国会放火事件　176
国家国民党(国家人民党)　24, 48, 52, 87, 143, 174, 176, 202, 235
国家独占資本主義(的)　145, 193, 195
国家の(経済過程への)介入　23, 40, 146, 165-167, 195, 198, 201, 202, 229, 246
国家の経済活動　183, 185
国際カルテル　102, 104, 109, 110, 138
国際競争力(の強化)　9, 80, 96, 111, 112, 118, 130, 146-147, 231
国際金本位制の崩壊　145

国際決済銀行　155, 158
国際収支（貿易収支）の改善　79, 86, 147, 155, 165-166, 168
国際粗鋼共同体　105, 109
（国際）（販路）協定　98, 100, 102, 108
国際労連　208, 250
穀作　9, 18, 131-132, 134-135, 167, 231, 232, 234
穀作（倉）地帯（東部の）　54, 87, 133
国内自給（化, 率）　186, 242, 243, 244, 252
国内市場の狭隘性（さ）　117, 123
国内資本の逃避　155, 158
国防軍　56, 57, 58
国民共同体（論）　173, 211
国民社会主義　172
国民主義（ないし民族主義）　172, 173, 174, 175, 206, 211, 245
（国民）総動員（体制）　37, 38, 42, 43, 195
国民党（人民党）　48, 52, 56-57, 68-70, 151, 154, 170, 202-203
国民労働秩序法　179, 211, 213, 221, 227
穀物　7, 19, 20, 130, 133-134, 169, 181, 231-232, 235-236, 242-243, 252
穀物価格支持　169, 234
穀物経済統制法（価格保証法も含む）　242
個人企業　4, 22
（固定資産の）減価償却（費）　41, 65, 80, 103
固定資本の巨大化　10
古典的帝国主義　3
コミンテルン　56, 57, 129, 203
コメルツ銀行　160, 206
雇用創出（構想, 事業, 計画, 政策）　175, 181, 183, 205
——手形　182
混合企業（の自家消費）　14, 66-67, 104, 105, 139
コンツェルン（の形成）　41, 66, 67, 77, 120, 121, 137, 154

さ行

ザール（地方）　53, 54, 105, 109, 217, 250
再軍備　184, 243-244
最高賃銀（率）　189, 221, 227
（最高, 最長）8時間労働（制）　49, 50, 51, 64, 70, 71, 127, 128, 196, 228
財政赤字（赤字財政も含む）　63, 64, 69, 164
財政緊縮　72, 170
財政収支の均衡　69, 72, 155
財政の健全化　70, 170
財政の破綻　145, 151-152
最低賃銀（率）　189, 219, 221, 226, 227
三級選挙制（度）（不平等・間接の）　6, 24, 26
産業（の）合理化　79-81, 83-88, 89, 93, 105, 107, 123, 146-147, 165-167, 200, 202, 231
産業資本　4, 5, 6, 10-11, 22, 23, 25, 118
産業資本から金融資本への蓄積様式の転換　11
産業資本の蓄積（段階）　4, 5, 22
産業平和　38, 110, 127, 146, 164, 165, 196, 198
産業予備軍　5, 87
ジーメンス　15, 67, 111, 206
ジーメンス・ラインエルベ・シュッケルト・ウニオン（SRSU）　67, 68, 83
自己金融　86, 94, 184
失業減少法（ラインハルト計画, 第二次も）　181, 182, 215, 216, 217
失業救済（制度）　36, 49, 87, 125-126, 142, 146, 163, 167, 171, 196, 198
失業者への扶助金支給　36, 72, 125, 189
失業扶助（制度）　50, 166, 197, 198
失業保険（制度）　51, 125-127, 151, 169, 171, 197, 203, 204, 215, 216
失業問題　60, 65, 88, 125, 215, 220, 230
実質賃銀　25, 65, 68, 71, 127, 164, 200, 219
指導者（原理）　173, 179, 180, 209, 211, 212, 226, 229, 246
自動車工業　92, 111, 115-117, 140-141, 216,

250
自動車道路の建設　182, 216, 250
自動織機の採用　119, 120
資本家団体　49, 69, 80, 202, 248
資本家・地主・労働者の3大階級　4
資本価値の破壊　11, 60, 66, 81, 147
資本参加　67-68, 77, 106, 138
資本主義(体制)の維持(存続,堅持,補強)　50, 51-52, 163, 175, 192, 193, 202
資本主義秩序の復活　60
資本蓄積の破綻　145
資本(の)過剰　9, 13, 22, 23
資本の価値増殖　65, 194
(資本の)原始的蓄積　4, 5
資本集積(集中も)　10
資本の有機的構成　5, 21
資本の反撥　166, 169, 175, 176, 179, 193, 207, 210
資本輸出　22, 23
「資本類型論」　26-27
社会化　48, 49, 50-51, 56, 76, 128, 163, 164, 202
　　――委員会(第二次も含む)　51, 56
　　――法　51
社会主義　24, 44, 50, 75, 163, 173, 175, 234
　　――化　45, 47
　　――革命　45, 47, 50, 56, 60, 76
「――共和国」　45
　　――綱領の実現　44, 50
　　――路線　50, 174, 206, 213
社会主義者鎮圧法　25
社会政策(的)　24-25, 36, 49, 50, 51, 65, 75, 79, 85, 88, 146-147, 169, 201, 231
社会政策費　61, 86, 146, 147, 164, 165
社会的名誉裁判所　212, 251
社会ファシズム論　129, 203
社会(的)不安　47, 57, 70, 145, 151, 169, 192
社会保険(料)　24, 228
社会民主党(系)　24-25, 30-31, 42-43, 47-49, 52, 56-58, 69, 70-71, 126, 128-129, 151, 152, 154, 166, 169-172, 173, 175, 176, 178, 200-201, 202, 203, 205, 208, 248, 249
写真(部門)　96, 97, 102
シャルロッテン製鉄所　105, 106
受益証券　105, 106
自由競争　10, 11, 22
自由主義系(ヒルシュ・ドゥンカー系)労働組合(職員組合も)　128, 200-201, 205, 208
自由主義段階　9
自由貿易　6, 11, 12
自由職員総同盟　201, 209
自由労働組合　25, 31, 42, 49, 128, 129, 200, 208, 249
修正主義　25, 128
住民投票(ザール,上部シュレジエンにおける)　53, 57
重化学工業　89, 91, 136
　　――化(ドイツ経済の,産業構造の)　39, 89
重工業(鉄鋼業を中心とした)　5, 9, 10, 15, 21-23, 38, 50, 53, 110-111, 136
重工業の(的)生産力　11, 22
従属者　179, 211-212, 226
住宅(建築)部門　23, 85, 147, 167
週40時間制　204
シュッケルト　67
授権法　57, 70-71, 72, 164, 176, 215
シュティンネス・コンツェルン　66-68, 77, 81, 83, 105
ジュネーヴ会議　158
純粋な資本主義社会　4
小営業者　16, 173, 175, 178, 209
消極的抵抗(占領軍に対する)　55, 57, 63, 64, 164
証券業務と融資業務との機能的結合　15
常設調停官　197, 247
城内平和　31, 42
消費構造の高度化　131, 132, 167, 231
少品種大量生産(少品種の量産化も)　98,

事項索引　271

113, 119
（上部）シュレジエン　53, 57, 63
職員（層）　68, 126-127, 166, 173, 175, 178-179, 200-201, 204-209, 211, 213-215, 219
職員組合　128, 178, 200, 201, 202, 205, 208, 210, 248
職員組合同盟　208
職員組合総連合　209
職員団体（職員団も）　210-211, 213
職業紹介・失業保険法　126
職業紹介制度　36
食品産業　21, 89, 91, 136
職分団　178, 179, 193, 209, 211, 240, 246
食糧（職分）団　177, 178, 181, 188, 214, 230, 235, 236, 239-241, 243, 253
食糧（農産物の）自給（化, 率）　177, 181, 188, 236, 243
女子労働者（力）　37, 38, 189, 224
新鋭設備の設置（建設）　81, 83, 85
親衛隊（SS）　208, 209
新計画　182, 183
人絹（スフ）（工業）　92, 93, 96, 97, 102, 117, 187
人造石油（生産）　185, 187, 223
人種論　173
人民代表委員会　46
信用インフレ　72, 194
信用割当（制）　72, 81, 83, 154
ストライキ　31, 42, 43, 60, 110, 204, 207, 221, 248
「スパルタクス団」　31, 45, 46
「すべての権力を評議会へ」　45
生計費　65, 127, 130, 204, 219
製鋼連合　14, 104, 139
生産コストの低下　85, 113
生産手段の社会化　45, 47
生産的失業扶助制度　125
生産闘争　181, 244
生産（の）集中（度）　11, 12, 21, 94, 104, 106

（生産の）専門化　107, 120, 122
生産の特化　81, 165
政治スト　31, 43, 196
政治的（内政）危機（動揺）　56, 60, 145, 151-154, 192
政治的賃銀　128, 146, 151, 169, 198, 201, 203
　――決定（方式）　127, 202, 229
政治的不安(定)　47, 57, 63, 171
生存圏の拡大　173, 191, 229
生存権的基本権　48
製品の規格化（・標準化）（・専門化）　80, 113, 119, 120, 132
西部要塞建設命令　189, 228
勢力圏の拡大　22, 23, 25
世界（大）恐慌（時, 期, 下を含む）　83, 102-103, 106, 110, 114, 117, 123, 132, 145, 151-152, 154, 168, 170, 172-173, 183, 185, 192, 193, 203-205, 219, 221, 238, 241, 242
「世界の工場」　4, 9
石炭液化による合成燃料の生産　99
石炭（業）　13, 53, 67
石炭・鉄鋼業　21, 26, 39, 40, 54, 67, 91, 92, 93, 195
石油業　67, 92
世襲農場（制度）　178, 230, 235, 236-239, 240, 244
（設備）拡張投資　84, 85
設備過剰　96, 97, 114
設備更新（投資）　80, 84, 115, 165
設備投資（企業の）　14, 65-66, 80, 83-85, 90-91, 95, 99, 101, 104, 107, 147, 166, 182, 184
ゼネスト　44, 47, 56, 57, 205
繊維産業　5, 39, 89, 91, 93, 117, 119, 123, 136, 141, 142, 189, 217, 224
全国経営共同体　213, 214
全国工業連盟　179
全国労兵評議会代表者大会　46
戦後ブーム　7, 60, 65

272

戦時(経済)体制　30, 31, 37, 43
戦時会社ないし戦時原料会社　39, 40
戦時局(戦時原料局も)　39
戦時公債(長期戦時公債も含む)　30, 32, 35
　——法案　31
戦時社会政策　36, 49, 75
戦時利得(税)　41, 42, 121
戦費(金融,調達)　30, 31, 32, 33, 34
(銑鋼)一貫生産企業　10, 12, 14
専門工　186, 189, 220-222, 223, 224
染料(工業)部門　15, 94-99, 101, 103
(争議)調整(停)委員会　38, 49, 51, 195, 196
(争議)調整(停)制度　50, 127, 165, 196, 202, 203, 229
操業率　96, 97, 109, 112, 184
相対的安定(期)　74, 123, 126, 135, 145, 165, 168, 173, 192, 196, 197, 205
総統　176
総力戦　30, 40, 43, 60, 61, 163, 191
粗鋼共同体　104, 109, 139
祖国奉仕法　37-38, 42, 50, 195
組織化(市場の組織化も)　178, 180-181, 213, 230, 240-244, 246
組織された資本主義論　128
租税証券　172, 190

た行

タール染料　93, 94, 137-138
第一次世界大戦(前,中,後を含む)　3, 10, 25, 29-30, 32, 60, 79, 95, 111, 116-119, 124, 127, 129, 132, 146, 159, 163, 172, 195
第一次4ヵ年計画(期)　180, 214
対外借入(債務)　145, 147-148, 168, 171
対外債務(の累積)　88, 148, 160, 167, 168
対外侵略　187, 191, 229, 230
大銀行の再民有化　161, 180
大衆運動　135, 176, 191, 192-193
体制的危機　45, 68, 124, 164, 169
(大)地主(層)　5, 6, 11, 18
(大統領)緊急令(大統領令,第四次緊急令も)　72, 151-153, 157-158, 170-171, 198, 203
第2インターによる国際社会主義運動　31
第二次大戦　191, 229, 230
(第二次)4ヵ年計画(新4ヵ年計画も)　185-188, 190-191, 193-194, 220-221, 223, 228-230, 243-244, 246, 251
大農経営　18, 19, 131, 244, 252
「大不況」(期,下)　7, 9, 10, 11, 15, 26
耐乏生活　42, 44, 81, 165
大砲もバターも　191
ダイムラー　116
大陸型の銀行ないし信用銀行　5
大量失業　125, 151
多数派社会民主党(旧社会民主党右派)　31, 44, 45, 46, 47
ダナート銀行　123, 154, 155, 156, 157
短期借り・長期貸し　147, 166
短資据置協定　171
短期(の)大蔵省証券(蔵券)　32, 33, 35, 36, 61, 156-157, 190, 239
団結権(労働者の)　43, 49, 163, 196
男子労働者　37, 38
ダンピング輸出　22, 23
畜産(業)(部門)　9, 18, 24, 130-131, 133, 135, 167, 169, 181, 188, 231-232, 234-235, 252
窒素(工業)部門　95, 96, 97, 99, 101, 102, 103
窒素肥料　99, 101, 138
「血と土」　177, 178, 230, 235, 236, 237, 240, 244
中央銀行　32-33, 35-36, 61, 64, 66, 68, 71, 74, 81, 83, 152-153, 156, 161, 182, 184, 190
　——券の増発(の膨張)　36
　——の公債引受け　32-33, 35, 61
　——の金・外貨準備　64, 148, 149, 152, 153, 154-155, 164
　——の信用膨張(拡大)(創造)　32, 33, 35, 69, 157, 190, 205
　——の発券限度　32, 35
　——のマルク買支え　63-64

中央銀行法の改正　32-33, 190
中央党　43, 47, 48, 52, 56, 59, 128, 143, 154, 170, 171, 202, 209
中間層の(動揺, 不満, 運動)　171, 172, 192, 206
中間層(中間階級)の没落　147, 164
長期失業　87, 125, 126
調停官　196, 202, 204, 210, 229, 248
調停機関　127, 196-197, 198, 247, 248
徴兵制(の復活)　184, 229
徴用(令)　37, 189, 228
賃金　19, 41-42, 49, 51, 64-65, 68, 113-114, 126-127, 133, 167, 183, 185, 188-190, 196, 198, 200, 204, 212, 219-221, 224-225, 226, 230
　——形成令(法)　189, 227, 228
　——引上げ(賃上げも)　38, 64, 87, 110, 189, 202, 221-223, 225-228, 248
　——の下方硬直(性, 的)　114, 127, 198
　——の下落(切下げ)　87, 169, 198, 203-204, 207
　——の上昇　85, 186, 190, 220, 223, 224, 225, 231
　——(賃上げ)の抑制　220, 222
　——の生活給化　127, 200
　——の物価スライド制　68
通貨(価値の)安定　59, 69, 70-71, 73, 74, 80, 83-84, 95, 104, 111, 116, 120, 124, 127, 129, 133, 146, 165, 186, 231
通貨管理官　71
通貨不安　145
通貨膨張　61, 64, 66
テア・メーア　95, 96
低価格車　115, 117
帝国主義政策　23, 25
帝国主義戦争　30, 31
帝政の廃止　43
停戦協定　44, 52
低賃金労働(者, 力)　18, 19, 24, 118
低品位の国内鉄鉱石(貧鉱)の開発(採掘)　185, 187, 223
ディミトロフ・テーゼ　192, 247
鉄鋼革命　10
鉄鋼企業　41, 65, 105, 106
鉄鋼業(部門)　7, 10, 12-13, 15, 40, 53, 67, 83, 104, 106, 108, 110, 115, 138, 165, 187, 203, 248
鉄鋼・金属業　89, 91, 136
鉄鋼資本(家)(ルール地方の)　49, 164, 187, 202
鉄鋼(大)争議(ルール地方の)　110, 129, 149, 202, 248
鉄鋼独占体　104, 113-114
鉄道の建設　3, 10
デバーグ　121
デフレ政策　72, 152, 153, 158, 170, 171, 203, 205
デマーグ(Demag)　113, 139
テュッセン　105, 139, 140
電化の進展　115
電機工業　15, 26, 67, 83, 89, 91, 110-111, 114-115, 117
電撃戦　30, 191
店員組合(DHV)　202, 205, 206, 209
天文学的インフレ　69
電力業　85
ドーズ(賠償)案　73, 79, 81, 146, 149, 165, 168
ドーズ委員会　73
ドーズ公債　73
トーマス製鋼法　12
ドイツ関税同盟　3
ドイツ機械工業会　113, 114, 141
ドイツ金融資本　15-16, 76
ドイツ銀行　155, 160
ドイツ経済有機的構成準備法　179
ドイツ穀物会社　134
ドイツ産業標準　113
ドイツ世襲農場法(プロイセン世襲農場法も含む)　188, 237
ドイツ帝国の建設　6

ドイツにおける産業資本の成立　4
ドイツにおけるブルジョア革命(1848年)　4
ドイツの企業勃興期　4,5,7
ドイツの銀行と企業の密接な関係　15
ドイツの高金利　81,86
ドイツの資本主義化　3
ドイツの金本位制への移行　7
ドイツの敗北　40
「ドイツ農民全国指導者団」　236
「ドイツ農民指導者」　236
ドイツ労働保護行動委員会　209
同権的参加(労働側の)　163
東部援助(法)　134-135, 181, 233, 235
東部農業　167, 169
独墺関税同盟案　152, 155
独占価格　13, 15, 171, 204
独占組織　11, 13, 77, 100, 104, 139, 165
独占体(独占企業も)　13, 14, 15, 22, 23, 40
　　――の価格支配　22
　　――の過剰設備の温存　23
　　――の供給制限　13, 22, 23
　　――の共同販売規制　13
独占体制　15, 26, 104, 180
　　――の確立　14, 15, 22
　　――の強化　40, 80, 81, 105, 113
独占の形成(成立)　11, 12, 13, 139
独立社会民主党　31, 44, 45, 46, 47, 48, 52, 56
都市化　16, 85, 167, 232
土地改革　173, 174, 178, 234
突撃隊(SA)　208, 209
ドル基準の価格形成　68
ドル建てマルク払い　68
ドレスデン銀行　154, 156, 157

な行

内外(対内・対外)の二つの政治的な枠　79, 146, 159
内政改革　43
内部資金(形成)　41, 104
流れ作業方式(アメリカ式の)　116

ナチス(国民社会主義ドイツ労働者党)　58, 87, 106, 110, 126, 135, 143, 152, 158-159, 161, 171-179, 180-181, 185, 188, 191-195, 202, 205-211, 214-215, 217, 219-220, 226, 229-231, 234-238, 240, 243-244, 246, 249, 250-251
　　――化　177, 208, 210
　　――右派　173, 174-176, 206-207, 245
　　――研究　191-195
　　――左派　172-176, 179, 192-193, 205-207, 209-214, 245, 246, 249
　　――党綱領　173, 174, 178, 180, 206, 234
　　――(独裁)体制(下)　163, 176, 180, 189, 191, 193-194, 208-209, 215, 229-230
　　(――)農本主義(的農政)　174, 189, 244
　　(――)の経営細胞(組織)　174-175, 203, 206-213, 249, 250
　　――の(経営細胞の)(経営)介入　179, 210, 211
　　――の農業綱領　235
　　――への「同質化」　177, 179
乳業　181, 241-242, 252
入超から出超への転換　86, 123, 147
農業会議所　177, 236, 240
農業経営の規模別構成　16-17
農業恐慌(世界)　7, 9, 11, 129, 134, 135, 177, 183, 232, 244
「農業者(Landwirt)」　178, 237
農業の機械化　133, 188, 244
農業の自家労働力　16, 18, 20, 167
農業の集約化　99, 133
農業の職分団的編成　177
農業不況　86, 134
農業負債　87, 133, 134, 143, 167, 169, 231, 232, 233, 235-239, 252
　　――整理法　235, 239
　　(――)整理(事業, 方式)　135, 169, 180, 181, 233, 239
農業保護(政策)　129, 134, 169, 233
農業(保護)関税　12, 19, 24, 87, 129, 130, 135,

167, 231, 233, 235
農業ボリシェヴィズム　135, 233
農業問題　88, 131, 135, 231-232, 234
農業労働者(力)　18, 19, 133, 217
農業労働力需要充足法　217
農産物の価格支持政策　135, 233
農場の競売　232, 234
農政部　174, 235
農村住民運動　143, 144
農村同盟　143, 169, 174, 177, 233, 234, 236, 240
農村の過剰人口　18, 20
農地相続制度　174
「農民」(Bauer)　178, 237
農民組合　143, 177, 234, 236
農民経営(小農経営, 小農民経営も)　16, 18-20, 87, 131-132, 134, 167, 178, 188, 231-232, 234, 244, 252
農民団体　143
ノルトヴォレ　121-123, 154, 155, 160

は行

ハーバー・ボッシュ法　95, 99
バイエル　94, 96
賠償　54, 56, 64, 72, 73, 79, 148, 155, 159, 165, 168, 171
　──金　7, 31, 148, 149
　──支払い　60, 63, 79, 86, 146, 164-165, 167, 168, 171
　──総額　55, 73, 147, 149
　──(の)改訂(廃棄, 停止, 打切り)　151, 153, 155, 158, 170, 172
　──(の)履行　88, 148, 152
　──費　61, 86, 146-147, 165
　──問題　55, 63, 65, 72, 149, 158, 192, 215
バスフ(旧バスフ社も)　94, 95, 96, 99
発券(行)限度　32, 35, 70
(発券, 発行)準備(率)　33, 73, 149, 155, 156
バルカン戦争　25
反インフレ政策　175

反自由主義　174
反資本(主義)　173, 176, 192, 193, 212, 245
反動恐慌　7, 65, 129
半製品連合　14
ハンマーゼン・ディーリヒ　121
反マルクス主義　174, 202
反ユダヤ主義　173, 174, 202
ヒトラーの秘密の覚書　185, 194
比例準備制(3分の1準備制)　32, 33
肥料(化学肥料も)　39, 42, 95, 99, 100, 101, 133, 188
ヒンデンブルク計画　35, 37, 39, 41
フーヴァー提案　155
ファシズム　192, 194
フェニクス　105
フォード　115, 117
福祉扶助(生活保護)　204
副生アンモニア　95, 107
普通株　96, 157
普仏戦争　53
フォルクスワーゲン　187
フランス短資　149
フランスの反ドイツ感情(対独復讐)　7, 53
ブルジョア民主主義革命　76
プロイセン州政府　172, 205
プロイセン選挙法(改正)　24, 25
プロイセン邦議会　6, 24, 26
ヘヒスト　94, 95, 96
ベルリン商業銀行　67, 123, 154, 160
ベルリン大銀行　15, 154, 160
ベンツ　116
ポーランド進攻　191
ポーランド回廊　53, 134
俸給の生活給化　68, 127
紡績業　118, 120, 141
保護関税(育成保護関税, 独占保護関税を含む)　6, 11-12, 22-23
保護貿易(体制)　6, 12

ま行

マルク相場(の暴落)　64, 65, 66, 73
慢性(的)不況　7, 9, 86, 166
「緑の戦線」　134, 135, 169, 233, 234
ミュンヒェン一揆　58
民主党　48, 52, 56, 143-144
民族の血(と力)　174, 178, 237, 239, 244
メフォ(冶金研究所)手形　184, 190
綿工業　4, 5, 7, 10, 117, 118, 119, 121

や行

薬品工業部門　96, 97
ヤング案　149, 151, 168
優先株　83, 96, 156, 157
油脂計画　236, 242
輸出拡大　65, 79, 86, 108, 166, 186
輸入(の)防遏(政策)　65, 80, 86, 104, 108, 116, 166
ユンカー(経営)(大経営, 資本家的大経営も)　5-6, 18-19, 24, 26, 48, 68, 87, 131, 133-135, 143, 167, 174, 178, 189, 231-232, 233-234, 237-238, 244, 252
羊毛工業　93, 117, 118-119, 120, 121-123
養豚(業)　132, 135, 143, 188, 234

ら行

ラーテナウ外相の暗殺　57, 63
ライヒスバンク　32-33, 70-74, 149, 154, 155
ライプツィヒ協定　179, 214
ライ麦マルク(の)構想　69, 77
ラインエルベ・ウニオン社　67, 105, 139, 140
ライン左岸地帯　52, 54, 57
ライン製鋼　105, 139
ライン駐留(連合軍の)　149
ライン・ヴェストファーレン石炭シンジケート(銑鉄シンジケートも)　13
酪農(業)　131, 132, 143, 231
ラフーゼン一族　154
利益共同体(契約)(協定)　67, 77, 94, 95, 116, 121
流通費用(コスト)の節減(節約)　10, 85, 98
量産化(量産方式, 量産体制, 大量生産を含む)　80-81, 83, 86, 116, 141, 147, 165
量産効果　110, 166
領土割譲(第一次大戦後の)　53, 104, 164, 233
臨時政府　46, 48, 49, 50
ルール(地方)　5, 12-13, 15, 47, 49, 53, 56, 65-66, 104-105, 107, 110, 164, 203
ルール(地方の軍事)占領　55, 57, 60, 63, 64, 72, 164
レクリエーション事業　179, 214
レーム事件　176, 179, 213
レイトン報告　147, 158, 160
連合軍への降伏　43, 44, 163
連合国　29, 52-53, 55, 64-65, 72-73, 79, 146, 164-165, 167-168, 171
(連合国)賠償委員会　55, 72-73, 136, 149
(連合国)賠償管理委員会　73
レンテンバンク　69, 71, 72, 74, 134
レンテンマルク　58-59, 69, 70, 71, 72, 74, 81
──の奇跡　70
ローザンヌ会議　158
ロイナ工場　95, 99
労使(資)関係　50, 51, 164, 190, 195-197, 202, 211, 217, 229, 247
労使(資)協調契約　49, 51
労使(資)協調(路線)(体制)　49, 64, 76, 195, 201, 202
労使(労資)の団体交渉(権)　38, 49, 51, 146, 163, 195, 196
労働運動　27, 45, 51, 200
労働管理官　179, 189, 210, 212, 213, 219, 222, 226, 227-228, 229
(労働)協約　51, 65, 71, 127, 165, 172, 195-198, 201, 204, 219, 229, 247
労働協約の一般的拘束力　51, 197
労働局(職安)　186, 214, 217, 219, 222, 223, 224, 228
労働組合(員)　25, 31, 36-38, 42, 49, 56, 64,

110, 128, 170, 178, 195, 200-204, 206, 208, 210, 219, 229
——運動　129, 203, 208-209
——の大憲章(マグナカルタ)　196
——(労働者)の体制内化　31, 49, 51, 128-129, 195, 201, 205
労働コスト　70, 203, 225
(労働)時間　37, 70-71, 110, 127, 165, 185, 189-190, 197, 200, 204, 219, 225, 228, 248
労働時間令　71, 189, 196, 228
労働者委員会　38, 49, 50, 51, 195, 196
労働者階級　24, 25, 30, 50, 68, 75
労働者の(社会的・政治的)地位の向上　31, 201
労働者の同権化　49, 229
労働者評議会(のちの経営協議会)　46, 49, 51, 196
労働者保護(規定)　48, 196
(労働)生産性の向上(上昇)　83, 85, 99, 108, 113, 120, 165, 166

労働戦線(DAF)　178, 179, 187, 209-214, 226, 227, 229-230, 250
労働争議(の頻発)　60, 196, 198
労働総同盟　128, 166, 175, 201-205, 207, 208, 209, 247
労働手帳　186, 219, 222, 229
労働配置規正法(第二次案も)　217, 220, 221, 227
労働配置(政策)(労働配置令も)　186, 189, 220, 223
労働力統制　222-223, 230
労働力不足(の隘路, の枯渇, の限界)　37-38, 42, 129, 186, 188-189, 193, 215, 219, 220-221, 223-225, 227-229, 230, 244
(労兵)評議会　44-45, 46, 47, 48, 50
ロンドン会議(第2回も含む)　55, 56, 63, 73

わ行

『わが闘争』　206

著者略歴

戸原 四郎
(とはら しろう)

1930年1月　東京に生まれる
1952年3月　東京大学経済学部卒業
東京大学社会科学研究所助手，同助教授を経て，
1972年11月　東京大学社会科学研究所教授
1990年3月　東京大学停年退官・東京大学名誉教授
新潟大学経済学部教授，国士舘大学大学院経済学研究科客員教授を歴任，
2002年3月　国士舘大学定年退職
2004年10月26日　死去

主要業績

『ドイツ金融資本の成立過程』東京大学出版会，1960年
『経済学概論』東京大学出版会，1966年（大内力・大内秀明と共著）
『恐慌論』（『経済学全集』7）筑摩書房，1972年
『マルクス経済学 理論と実証』東京大学出版会，1978年（日高普・大谷瑞郎・斉藤仁と共編）
『現代のドイツ経済 統一への経済過程』有斐閣，1992年（加藤榮一と共編）
『ドイツ経済 統一後の10年』有斐閣，2003年（加藤榮一・工藤章と共編）

ドイツ資本主義──戦間期の研究──

2006年9月1日　初　版

著　者　戸原四郎
編　者　工藤 章・藤澤利治
装幀者　加藤昌子
発行者　桜井　香
発行所　株式会社 桜井書店
　　　　東京都文京区本郷1丁目5-17　三洋ビル16
　　　　〒113-0033
　　　　電話　(03)5803-7353
　　　　Fax　(03)5803-7356
　　　　http://www.sakurai-shoten.com/
印刷所　株式会社 ミツワ
製本所　誠製本株式会社

Ⓒ 2006 Takeo Tohara

定価はカバー等に表示してあります。
本書の無断複写(コピー)は著作権法上
での例外を除き，禁じられています。
落丁本・乱丁本はお取り替えします。

ISBN4-921190-35-6　Printed in Japan